Rapport final de la trente-cinquième Réunion consultative du Traité sur l'Antarctique

RÉUNION CONSULTATIVE
DU TRAITÉ SUR L'ANTARCTIQUE

Rapport final de la trente-cinquième Réunion consultative du Traité sur l'Antarctique

Hobart, Australie
11 - 20 juin 2012

Volume I

Secrétariat du Traité sur l'Antarctique
Buenos Aires
2012

Réunion consultative du Traité sur l'Antarctique (35e : 2012 : Hobart)
Rapport final de la trente-cinquième Réunion consultative du Traité sur
l'Antarctique, Hobart, du 11 au 20 juin 2012.
Buenos Aires : Secrétariat du Traité sur l'Antarctique, 2012.
312 p.

ISBN 978-987-1515-44-8

1. Droit international – Questions liées à l'environnement. 2. Système du
Traité sur l'Antarctique. 3. Droit environnemental – Antarctique. 4. Protection
de l'environnement – Antarctique

DDC 341.762 5

ISBN 978-987-1515-44-8

Ce rapport est également disponible à : *www.ats.aq* (version numérique) et
exemplaires achetés en ligne

Contenu

VOLUME I

VOLUME II

DEUXIÈME PARTIE – MESURES, DÉCISIONS ET RÉSOLUTIONS (suite)

4. Plans de gestion

TROISIÈME PARTIE – DISCOURS D'OUVERTURE ET DE CLÔTURE ET RAPPORTS

1. Rapports présentés par les Dépositaires et les observateurs

2. Rapports d'experts

QUATRIÈME PARTIE – DOCUMENTS ADDITIONNELS DE LA XXXVᵉ RCTA

1. Documents additionnels

2. Liste des documents
Documents de travail
Documents d'information
Documents du Secrétariat
Documents de contexte

3. Liste des participants
Parties consultatives
Parties non consultatives
Observateurs, experts et invités
Secrétariat du Gouvernement hôte
Secrétariat du Traité sur l'Antarctique

Sigles et abréviations

ACAP	Accord sur la conservation des albatros et des pétrels
API	Année polaire internationale
API-BIP	Bureau international des programmes de l'API
ASOC	Antarctic and Southern Ocean Coalition
CAML	Recensement de la vie marine en Antarctique
CCAMLR	Convention sur la conservation de la faune et de la flore marines de l'Antarctique et/ou Commission pour la conservation de la faune et de la flore marines de l'Antarctique
CCAS	Convention pour la protection des phoques de l'Antarctique
CCNUCC	Convention-cadre des Nations Unies sur les changements climatiques
CHA	Comité hydrographique sur l'Antarctique
CIUS	Conseil international pour la science
COI	Commission océanographique intergouvernementale
COMNAP	Conseil des directeurs des programmes antarctiques nationaux
CPE	Comité pour la protection de l'environnement
CS-CCAMLR	Comité scientifique de la CCAMLR
EGIE	Évaluation globale d'impact sur l'environnement
EIE	Évaluation d'impact sur l'environnement
EPIE	Évaluation préliminaire d'impact sur l'environnement
GCI	Groupe de contact intersessions
GIEC	Groupe d'experts intergouvernemental sur l'évolution du climat
GT	Groupe de travail
IAATO	Association internationale des organisateurs de voyages dans l'Antarctique
IP	Document d'information
OHI	Organisation hydrographique internationale
OMI	Organisation maritime internationale
OMM	Organisation météorologique mondiale
OMT	Organisation mondiale du tourisme
ORPG	Organisation régionale de gestion des pêches
PCTA	Partie consultative au Traité sur l'Antarctique
PNUE	Programme des Nations Unies pour l'environnement
RCETA	Réunion consultative extraordinaire du Traité sur l'Antarctique

RCTA	Réunion consultative du Traité sur l'Antarctique
SCALOP	Comité permanent pour la logistique et les opérations en Antarctique
SCAR	Comité scientifique pour la recherche en Antarctique
SMH	Site et monument historiques
SP	Document du Secrétariat
STA	Système du Traité sur l'Antarctique ou Secrétariat du Traité sur l'Antarctique
UICN	Union mondiale pour la nature
WP	Document de travail
ZGSA	Zone gérée spéciale de l'Antarctique
ZSP	Zone spécialement protégée
ZSPA	Zone spécialement protégée de l'Antarctique

PREMIÈRE PARTIE
Rapport final

1. Rapport final de la XXXVe RCTA

Rapport final de la trente-cinquième Réunion consultative spéciale du Traité sur l'Antarctique

Hobart, 11-20 juin 2012

1. Conformément aux dispositions de l'article IX du Traité sur l'Antarctique, les représentants des Parties consultatives (Afrique du Sud, Allemagne, Argentine, Australie, Belgique, Brésil, Bulgarie, Chili, Chine, Équateur, Espagne, États-Unis d'Amérique, Fédération de Russie, Finlande, France, Inde, Italie, Japon, Norvège, Nouvelle-Zélande, Pays-Bas, Pérou, Pologne, République de Corée, Royaume-Uni de Grande-Bretagne et d'Irlande du Nord, Suède, Ukraine, Ukraine et Uruguay) se sont réunis à Hobart du 11 au 20 Juin 2012, en vue d'échanger des informations, de se consulter, d'étudier et de recommander à leurs Gouvernements des mesures destinées à assurer le respect des principes et la poursuite des objectifs du Traité.

2. Ont également assisté à la réunion des délégations des Parties contractantes au Traité sur l'Antarctique, qui n'en sont pas des Parties consultatives, nommément : Canada, Colombie, Malaisie, Monaco, République slovaque et République tchèque.

3. En application des articles 2 et 31 du Règlement intérieur, des observateurs de la Commission pour la conservation de la faune et de la flore marines de l'Antarctique (CCAMLR), le Comité scientifique pour les recherches antarctiques (SCAR) et le Conseil des directeurs des programmes antarctiques nationaux (COMNAP) ont assisté à la réunion.

4. Conformément à l'article 39 du règlement intérieur, des experts des organisations internationales et non gouvernementales suivantes ont été invités à assister à la réunion: Accord sur la conservation des albatros et des pétrels (ACAP), Antarctic and Southern Ocean Coalition (ASOC), Association internationale des organisateurs de voyages dans l'Antarctique (IAATO), Organisation hydrographique internationale (OHI), le Programme des Nations Unies pour l'environnement (PNUE) et l'Organisation météorologique mondiale (OMM).

5.   Le Gouvernement hôte, l'Australie, s'est acquitté de ses obligations d'information à l'égard des Parties contractantes, des observateurs et des experts au moyen de circulaires du Secrétariat, de lettres et d'un site Internet, qui comprenait des zones d'accès publique et restreint.

Point 1 – Ouverture de la réunion

6.   La réunion a été officiellement ouverte le 11 juin 2012. Au nom du Gouvernement hôte, conformément aux articles 5 et 6 du Règlement intérieur, le Secrétaire exécutif du Secrétariat du Gouvernement hôte, M. Andrew Jackson, a ouvert la réunion. Il a formellement reconnu le peuple Mouheneener, les gardiens traditionnels de la terre sur laquelle la réunion s'est tenue. Il a noté les mesures prises par l'Australie pour réduire les impacts environnementaux de la réunion (BP 19). Il a proposé que l'éminent diplomate et conseiller juridique principal au ministère australien des Affaires étrangères et du Commerce, M. Richard Rowe soit porté à la présidence de la XXXVe RCTA. Sa proposition a été acceptée.

7.   Le président a souhaité une chaleureuse bienvenue à toutes les Parties, les observateurs et experts à Hobart. Les délégués ont observé une minute de silence en l'honneur de la perte tragique des lieutenants Roberto Lopes dos Santos et Carlos Alberto Vieira Figueiredo lors de l'incendie en février 2012 à la station brésilienne Comandante Ferraz, et la disparition soudaine en septembre 2011 de M. Alexandre de Lichtervelde un ancien représentant du CPE pour la Belgique. Il a également vivement félicité la Malaisie et le Pakistan pour leur récente adhésion au Traité sur l'Antarctique, et le Pakistan au Protocole sur Traité sur l'Antarctique relatif à la protection de l'environnement.

8.   L'honorable David O'Byrne, député, ministre du Développement économique et ministre de la Science, de l'Innovation et de la Technologie de la Tasmanie, a souhaité la bienvenue aux délégués en Tasmanie. Le ministre a déclaré que la Tasmanie avait ouvert ses portes et ses cœurs pour les cent dernières années aux membres d'expédition en partance pour l'Antarctique, il a noté que la recherche scientifique et la logistique sur l'Antarctique a contribué annuellement à 180 millions de dollars australiens à l'économie de la Tasmanie, et qu'il s'attend à une croissance continue dans ce domaine.

9.   L'honorable Tony Burke, député, Ministre australien pour le Développement durable, de l'Environnement, des Eaux, de la Population et des Collectivités,

a encouragé les délégués à réfléchir sur le succès remarquable du Traité sur l'Antarctique, notant qu'ils participaient à la 35e réunion, en s'appuyant sur la science et l'exploration des 100 dernières années, et en utilisant les preuves scientifiques de la glace qui remonte à plus de un million d'années. Il a attiré l'attention sur le caractère unique du Traité en faisant de l'Antarctique une zone de coopération pacifique et de collaboration scientifique internationale, et a souligné le rôle important joué par l'Antarctique dans notre compréhension des processus globaux. Il a salué toutes les Parties pour leurs réalisations dans la protection de l'environnement en Antarctique et a rendu un hommage tout particulier aux contributions de l'honorable Michel Rocard, ancien Premier Ministre de la France et de l'honorable Bob Hawke, ancien Premier ministre d'Australie, au régime de protection de l'environnement en Antarctique.

10. Le président a remercié les Ministres pour leurs paroles inspirantes et a salué la présence des anciens hommes d'État.

Point 2 – Élection des membres du bureau et création de groupes de travail

11. M. Jean-Arthur Regibeau, représentant de la Belgique (Gouvernement hôte de la XXXVIe RCTA) a été élu vice-président. Conformément à l'article 7 du Règlement intérieur, le Dr Manfred Reinke, Secrétaire exécutif du Secrétariat de Traité sur l'Antarctique, a fait fonction de secrétaire de la réunion. M. Andrew Jackson, directeur du Secrétariat du Gouvernement hôte, a fait fonction de secrétaire adjoint. Dr. Yves Frenot, représentant de la France a poursuivi ses fonctions de Président du Comité pour la protection de l'environnement à la réunion du CPE XV.

12. Trois groupes de travail ont été constitués comme suit :
    - le groupe de travail sur les questions juridiques et institutionnelles;
    - le groupe de travail sur le tourisme et les activités non gouvernementales, et
    - le groupe de travail sur les questions opérationnelles.

13. Ont été élus présidents des groupes de travail les représentants suivants :
    - Pour le groupe de travail sur les questions juridiques et institutionnlles : Professeur René Lefeber des Pays-Bas;
    - Pour le Groupe de travail sur le tourisme et les activités non gouvernementales : L'ambassadeur Donald Mackay de la Nouvelle-Zélande;

- Pour le Groupe de travail sur les questions opérationnelles : Dr José Retamales du Chili.

Point 3 – Adoption de l'ordre du jour et répartition des points qui y sont inscrits

14.   L'ordre du jour suivant a été adopté :

1. Ouverture de la réunion
2. Élection des membres du Bureau et création de groupes de travail
3. Adoption de l'ordre du jour et répartition des points qui y sont inscrits
4. Fonctionnement du système du Traité sur l'Antarctique : Rapports des Parties, observateurs et experts
5. Fonctionnement du système du Traité sur l'Antarctique : Questions de caractère général
6. Fonctionnement du système du Traité sur l'Antarctique : Examen de la situation du Secrétariat
7. Élaboration d'un plan de travail stratégique pluriannuel
8. Rapport du Comité pour la protection de l'environnement
9. Responsabilité : Application de la décision 4 (2010)
10. Sécurité et opérations dans l'Antarctique
11. Tourisme et activités non gouvernementales dans la zone du Traité sur l'Antarctique
12. Inspections effectuées en vertu du Traité sur l'Antarctique et du Protocole relatif à la protection de l'environnement
13. Questions scientifiques, recherche sur le climat, coopération et facilitation scientifiques, y compris la préservation de l'héritage de l'Année polaire internationale 2007-2008
14. Conséquences des changements climatiques pour la zone du Traité sur l'Antarctique
15. Questions opérationnelles
16. Questions éducatives
17. Échange d'informations
18. Prospection biologique en Antarctique
19. Préparatifs de la XXXVIᵉ réunion
20. Divers
21. Adoption du rapport final

15.	La réunion a adopté la répartition suivante des points de l'ordre du jour :

	Plénière : Points 1, 2, 3, 4, 8, 19, 20, 21

	Groupe de travail sur les questions juridiques et institutionnelles : Points 5, 6, 7, 9, 18

	Groupe de travail sur le tourisme et les activités non gouvernementales : Point 11 :

	Groupe de travail sur les questions opérationnelles : Points 10, 12, 13, 14, 15, 16, 17.

	La réunion a accepté que certains documents soumis dans le cadre du point 10 soient abordés en une réunion conjointe du groupe de travail sur le tourisme et du groupe de travail sur les questions opérationnelles.

16.	La réunion a décidé de confier tout projet d'instrument juridique découlant des travaux du Comité pour la protection de l'environnement et des groupes de travail au groupe de travail sur les questions juridiques et institutionnelles afin que ce dernier puisse examiner les aspects juridiques et institutionnels du projet en question.

Point 4 – Fonctionnement du système du Traité sur l'Antarctique : Rapports des Parties, observateurs et experts

17.	Conformément à la Recommandation XIII-2, Les Parties ont été saisies des rapports des gouvernements et secrétariats dépositaires.

18.	Les États-Unis, en leur qualité de Gouvernement dépositaire, ont présenté leur rapport sur le statut du Traité sur l'Antarctique et du Protocole sur la protection de l'environnement (document d'information IP 19). L'année dernière, deux Etats ont adhéré au Traité sur l'Antarctique : la Malaisie le 31 octobre 2011 et le Pakistan, le 1er mars 2012. Un Etat a adhéré au Protocole : le Pakistan y a adhéré le 1er mars 2012 et le Protocole est entré en vigueur pour lui le 31 mars 2012. Il existe actuellement 50 Parties au Traité et 35 Parties au Protocole. Le Japon a ratifié un certain nombre de recommandations et de mesures non satisfaites et les États-Unis ont encouragé les autres Parties à faire de même.

19.	La Malaisie a remercié les Parties pour l'accueillir dans le système du Traité sur l'Antarctique. La Malaisie a noté que son investissement dans des recherches en Antarctique depuis 1999 en avait fait l'un des rares pays tropicaux à avoir marqué les recherches polaires. Au cours des dix dernières années, le programme malaisien de recherche en Antarctique (MARP) a organisé 62 expéditions impliquant 24 projets de recherche en sciences biologiques et physiques, conduisant à plus de cinq doctorats en recherche polaire et plus de 20 diplômes d'études supérieures au niveau de maîtrise ès sciences. La Malaisie était reconnaissante du soutien fourni par plusieurs Parties dans le développement de son expertise en Antarctique. La Malaisie est membre du SCAR depuis 2008 et elle a prévu d'adhérer au Protocole de Madrid dès que possible. La législation relative à l'Antarctique devrait être soumise au Parlement d'ici à la fin de l'année. La Malaisie a attiré l'attention sur la toute récente visite en Antarctique du 13ème Roi de Malaisie, avec l'aimable assistance des gouvernements de Nouvelle-Zélande et des États-Unis, et son émission de timbres postaux avec un thème polaire.

20. L'Australie, en sa qualité de dépositaire de la Convention sur la conservation de la faune et de la flore marines de l'Antarctique (CCAMLR), a indiqué une nouvelle adhésion à la Convention depuis la XXXIVe RCTA : le Pakistan a adhéré à la Convention le 24 janvier 2012 et la Convention est entrée en vigueur pour le Pakistan le 22 février 2012 (IP 9 rev.1). Il existe actuellement 35 Parties à la Convention.

21. Le Royaume-Uni, en sa qualité de Dépositaire pour la Convention pour la protection des phoques de l'Antarctique (CCAS), a annoncé qu'il n'y avait eu aucune nouvelle adhésion à la Convention depuis la XXXIVe RCTA. Toutefois, le Pakistan a souhaité y adhérer et, conformément aux dispositions de l'article 12 de la CCAS, le Royaume-Uni s'efforcera de solliciter le consentement des Parties contractantes pour inviter le Pakistan à y adhérer. L'Espagne a également fait part de son intention d'adhérer à la Convention. Cinq phoques ont été accidentellement tués au cours de programmes scientifiques entre mars 2010 et février 2011 (IP 5). Le Royaume-Uni a remercié les Parties à la Convention d'avoir respecté la date butoir annuelle du 30 juin pour faire rapport au SCAR et aux Parties contractantes sur les informations indiquées au paragraphe 6 de l'Annexe à la Convention.

22. L'Australie, en sa qualité de dépositaire de l'Accord sur la conservation des albatros et des pétrels (ACAP), a indiqué qu'il n'y avait pas eu de nouvelle adhésion à l'Accord depuis la XXXIVe RCTA et qu'il existe actuellement 13 Parties à l'Accord (IP 10).

23. Le représentant de l'ACAP a noté que l'Accord progressait nettement dans l'identification et l'adoption de mesures appropriées pour la protection des oiseaux marins et il a encouragé les Etats qui ne sont pas encore parties à adhérer à l'Accord afin d'en renforcer l'efficacité.

24. L'observateur de la CCAMLR a présenté les résultats de la XXXᵉ CCAMLR qui s'est tenue à Hobart, Australie, en octobre- novembre 2011 (IP 27). Il a indiqué que des navires menant des opérations de pêche en vertu des mesures de conservation de la CCAMLR en vigueur 2010/11 avaient déclaré, au 24 septembre 2011, une capture totale de 179 131 tonnes de krill, 11 254 tonnes de légine et 11 tonnes de poissons des glaces. Il a également mentionné que d'autres espèces faisaient partie des captures accessoires et qu'en outre, 9 190 tonnes de légine ont été capturées en dehors de la zone de la Convention en 2010/11, par rapport à 12 441 tonnes en 2009/10. Sept membres, pour un total de 15 navires, ont adressé des notifications de projets de pêche au krill pour 2011/12, avec une capture prévue de 401 000 tonnes. Il a également noté des activités de pêche du krill à l'intérieur de la ZGSA n°1 en 2010 pourraient aller à l'encontre des objectifs de gestion de la ZGSA. En matière d'aires marines protégées (AMP), il a mentionné les résultats d'un atelier tenu en 2011 à Brest en France concernant la mise en place de de domaines de planification pour les systèmes représentatifs d'AMP. Il a également mentionné les travaux de la Nouvelle-Zélande et des États-Unis concernant la région de la mer de Ross, ainsi que ceux de l'Australie et de la France relativement au domaine de planification de l'Antarctique de l'Est. Il a indiqué que la CCAMLR avait écrit à Singapour suite à la révocation du statut de Singapour en tant que Partie non-contractante, ainsi qu'au Secrétariat du Traité sur l'Antarctique pour faire part des efforts de la CCAMLR pour tenter d'obtenir de la Malaisie qu'elle combatte la pêche pour lutter contre la pêche illicite, non déclarée et non réglementée. D'autres points du rapport ont été mentionnés, notamment l'atelier 'Antarctic Krill and Climate Change' (le krill antarctique et le changement climatique) parrainé par l'UE et les Pays-Bas, de nouvelles initiatives relatives à l'activité de pêche de fond, les niveaux faibles de mortalité accidentelle des oiseaux marins et les bons niveaux de conformité aux mesures de protection.

25. L'observateur de l'ACAP a noté que le travail de l'ACAP constituait un élément intégral de la conservation de l'environnement enAntarctique. Il a félicité les efforts de la CCAMLR en matière de prises accessoires d'oiseaux marins et il a noté que, parce que beaucoup reste à faire, l'ACAP avait besoin de plus de Parties mettre son travail en œuvre et soutenir une réduction similaire rigoureuse des prises accessoires dans les organisations régionales de gestion des pêches.

26. Le Président du Comité scientifique pour la recherche en Antarctique (SCAR) a présenté le rapport annuel du SCAR (IP 1) et a indiqué que les réunions du SCAR en juillet 2012 déboucheraient sur la prise de décisions importantes, notamment la détermination de la prochaine génération de Programmes de

recherche scientifique du SCAR. Il a mentionné l'initiave du SCAR vers une nouvelle stratégie à long terme en faveur de la conservation en Antarctique, qui a démarré par une réunion aimablement organisée par l'Afrique du Sud. Un autre travail important concernait le rôle du SCAR dans le Système d'observation de l'océan Austral et du groupe sur le « bilan massique des couches de glace et niveau de la mer ». Par ailleurs, Prof. Diana H Wall des États-Unis recevra la médaille 2012 du Président du SCAR, Dr John Priscu, également des États-Unis, recevra la médaille du SCAR pour l'excellence scientifique et Dr Ian Allison d'Australie, la médaille du SCAR pour la coopération internationale.

27. Le Secrétaire exécutive du Conseil des directeurs des programmes antarctiques nationaux (COMNAP) a présenté le rapport annuel du COMNAP (IP 3). Elle a mis en avant le lancement d'un nouveau site Internet avec un accès public aux informations étendu, ainsi que de nouveaux produits et outils. Elle a également mentionné que Dr José Retamales du Chili était arrivé au terme de son mandat en sa qualité de Président du COMNAP et que le Prof. Dr Heinrich Miller d'Allemagne avait été élu Président pour un mandat de trois ans.

28. Conformément à l'article III-2 du Traité sur l'Antarctique, les Parties ont les rapports d'autres organisations internationales.

29. L'observateur de l'Organisation hydrographique internationale (OHI) a présenté le rapport de l'OHI sur la coopération en matière de levés hydrographiques et de cartographie des eaux antarctiques (IP 70), notant que l'on pouvait encore améliorer la coordination en la matière. La XVIIIe Conférence hydrographique international d'avril 2012 a approuvé les tâches de mener une évaluation des risques pour la région Antarctique et d'améliorer la cartographie dans l'Antarctique. Il a noté que la Commission hydrographique sur l'Antarctique (CHA) avait tout fait pour se conformer au cadre de la Résolution 2 de la RCTA (2010) et qu'il avait participé à plusieurs groupes de contact de la RCTA. Il a convié la RCTA à considérer la façon dont seront gérées, suite à l'introduction du Code polaire de l'OMI, les activités hydrographiques en Antarctique.

30. L'Uruguay a chaleureusement invité tous les États membres concernés à la Conférence de la CHA en octobre 2012 en Uruguay.

31. La représentante de l'Antarctic and Southern Ocean Coalition (ASOC) a présenté le rapport de l'ASOC (IP 85). Elle a noté que l'ASOC avait soumis cette année une série de documents sur des sujets-clé qui abordent des questions comme l'examen des politiques relatives au tourisme, le Code polaire obligatoire, les signalement d'incidents de navires et la coopération

de la RCTA et de la CCAMLR concernant la pêche du krill. L'ASOC était également préoccupée par d'autres questions, notamment les impacts du changement climatique, les informations relatives aux activités de recherche et sauvetage, un plan stratégique pluriannuel, un cadre qui inclut le partage d'informations pour la prospection biologique et les impacts des prélèvements scientifiques sur les lacs sous-glaciaires.

32.   Le représentant de l'Association internationale des organisateurs de voyages dans l'Antarctique (IAATO) a présenté son rapport annuel (IP 36), qui notait une réduction de 22 pour cent du nombre total de touristes au cours de la saison 2011/12 par rapport à la saison précédente et attribuait cette baisse de l'activité se limitant aux croisières de plaisance à la mise en œuvre de l'interdiction de l'utilisation et du transport de fioul lourd. Le rapport mettait également en évidence les progrès sur un certain nombre d'initiatives en matière de sécurité et de communications et notait leur politique de transparence sur les accidents et les incidents afin de tirer des leçons de l'expérience.

33.   L'Organisation météorologique mondiale (OMM) avait soumis une présentation générale (IP 8) des opportunités pour réduire les risques aux personnes et aux biens dans l'Antarctique à travers une amélioration des renseignements sur l'environnement comprenant les observations météorologiques et autres examens, données, recherches et services associs (y compris les produits comme les prévisions météorologiques). Le XVIᵉ Congrès de l'OMM (mai et juin 2011) avait reconnu l'importance de la relation entre l'OMM et la RCTA, notamment à travers le nouveau groupe d'experts du Conseil exécutif de l'OMM pour les observations, la recherche et les services polaires, qui a participé aux processus intersessions de la RCTA, et l'intégration de tous les réseaux et stations opérationnelles de l'Antarctique dans un réseau d'observation de l'Antarctique pour les données climatiques.

34.   Au cours de la discussion, le Brésil a exprimé sa reconnaissance pour les messages et déclarations de condoléances concernant la tragédie de la Station Comandante Ferraz. Le Brésil a commémoré son 30ᵉ anniversaire des programmes en Antarctique et a souhaité déclarer sa détermination à rebâtir la station.

Point 5 – Fonctionnement du système du Traité sur l'Antarctique : Questions de caractère général

35.   Le Président a rappelé à la réunion la Résolution 1 (2011) sur l'augmentation du nombre de Parties au Protocole au Traité sur l'Antarctique relatif à la

protection de l'environnement et il a convié les responsables à prendre l'initiative de partager leurs résultats.

36. L'honorable Michel Rocard ancien Premier ministre de la France, a indiqué à la réunion que cinq États – Malaisie, Portugal, Colombie, Danemark et Hongrie – avaient décidé de ratifier le Protocole, alors que cinq autres États ont indiqué un intérêt d'y adhérer. Il a reconnu l'assistance de beaucoup d'autres Parties qui avaient précédemment approché des États qui n'avaient pas encore adhéré au Protocole. Tout en félicitant les Parties au Traité sur les progrès à ce jour, la France a noté que la mission d'atteindre une ratification complète du Protocole restait encore à accomplir.

37. L'honorable Bob J Hawke AC, ancien Premier ministre de l'Australie, a soutenu les remarques de la France, rappelé la valeur unique du Traité sur l'Antarctique et de son Protocole, salué la coopération incarnée par la RCTA et exhorté toutes les Parties à ratifier le Protocole.

38. L'Espagne a également soutenu l'initiative du Protocole de Madrid et a noté que deux facteurs parfois invoqués comme des obstacles à la ratification du Protocole par les Parties, à savoir les coûts et un niveau de priorité faible, étaient inacceptables en raison de l'importance des ratifications du Système du Traité sur l'Antarctique et pour l'environnement de l'Antarctique. L'Espagne a encouragé toutes les Parties qui avaient signé le Protocole à le ratifier dès que possible.

39. La Colombie a confirmé qu'elle avait entrepris les procédures internes pour adhérer au Protocole de Madrid.

40. La France a présenté le document de travail WP 31, *Renforcement du soutien au Protocole au Traité sur l'Antarctique relatif à la protection de l'environnement*, préparé conjointement avec l'Australie et l'Espagne. Dans l'ensemble, les Parties au Traité n'ayant pas encore adhéré au Protocole ont répondu positivement aux démarches et reflété un soutien général pour les principes et les objectifs du Protocole. Certains États avaient déjà entamé des procédures pour y adhérer ou le ratifier, mais tous n'étaient pas encore en mesure de s'engager à y adhérer.

41. La réunion a félicité les Parties qui avaient participé aux démarches pour leur travail à ce sujet et elle a confirmé que la question était d'une grande importance pour toutes les Parties. Notant que certaines questions spécifiques avaient été soulevées, particulièrement en ce qui concerne les conséquences financières et administratives d'adhérer au Protocole, la réunion a accepté le fait que le travail devrait se poursuivre pendant la période intersession et

elle a accueilli favorablement l'offre de l'Australie, la France et l'Espagne de continuer à coordonner ce travail pendant la période intersessions et de soumettre à la XXXVIᵉ RCTA des rapports sur les résultats des représentations de suivi au cours de la période intersessions de 2012/13.

42. La réunion a adopté la Résolution 1 (2012), Renforcement du soutien au Protocole au Traité sur l'Antarctique relatif à la protection de l'environnement.

43. L'Australie a présenté le document de travail WP 1, *Communiqué de la réunion consultative du Traité sur l'Antarctique*, qui proposait que les Parties émettent, au terme de chaque RCTA, un court rapport factuel ou un communiqué comprenant un récapitulatif des questions abordées et des décisions prises. L'Australie a suggéré qu'un communiqué permettrait de mieux sensibiliser le grand public et des organismes internationaux pertinents aux caractéristiques uniques de l'Antarctique et du Système du Traité sur l'Antarctique ainsi que sur le travail important entrepris au cours des réunions annuelles des Parties.

44. La réunion a accepté de développer un communiqué de la RCTA qui offrirait une réflexion factuelle de la réunion et serait développé sous l'autorité du Président de la RCTA. En plus d'une insertion sur le site Internet du Secrétariat, le communiqué devrait être déligemment diffusé à la presse internationale et aux médias internationaux par le Secrétariat du Traité sur l'Antarctique, le Secrétariat du Gouvernement hôte et les Parties.

45. La France a présenté le WP 28, *La juridiction en Antarctique*, définissant la complexité de l'exercice de juridiction dans la zone du Traité sur l'Antarctique et proposant un groupe de contact intersessions pour discuter des questions qui s'y rapportent. La France a mentionné un incident où des ressortissants français avaient endommagé le site et monument historique Wordie House et pour lequel plusieurs questions sur l'exercice de juridiction dans la zone du Traité sur l'Antarctique avaient été soulevées, notamment les catégories de délits qui pourraient survenir, les fondements de l'exercice d'autorité, l'établissement de rapports sur les incidents et le recueil de preuves.

46. La réunion a noté la nécessité d'améliorer la coopération entre les Parties en instituant une discussion sur les questions de juridiction dans la zone du Traité sur l'Antarctique et elle a adopté la Résolution 2, Coopération sur les questions liées à l'exercice de la juridiction dans la zone du Traité sur l'Antarctique.

47. La réunion a accepté d'établir un groupe de contact intersessions (GCI), consacré à la coopération sur les questions liées à l'exercice de juridiction dans la zone du Traité sur l'Antarctique.

48. Il y a eu un soutien en faveur de l'avis que le GCI devrait se concentrer sur un échange relatif à des situations concrètes.

49. Il a également été convenu que :

   • Les observateurs et les experts qui ont participé à la XXXVᵉ RCTA seront invités à participer au GCI ;

   • Le Secrétaire exécutif ouvrirait le forum de la RCTA pour le GCI et fournirait une assistance au GCI et

   • la France assurerait la coordination des travaux et rendrait compte à la XXXVIᵉ RCTA des progrès accomplis par le GCI.

50. Le Chili a présenté le document de travail WP 64, *Établissement d'un Groupe de travail sur la coopération antarctique,* rappelant l'importance d'une coopération scientifique dans le Traité sur l'Antarctique et le Protocole relatif à la protection de l'environnement.

51. Les Parties, tout en reconnaissant et apprécint la contribution du SCAR et du COMNAP à la coopération scientifique et logistique entre les Parties au Traité, ont décidé d'établir un groupe de contact intersessions (GCI), organisé par le Chili.

52. Le GCI travaillerait sur l'identification des moyens pour renforcer l'amélioration de la coopération dans l'Antarctique, ce qui peut inclure des questions comme : l'enseignement et la promotion de connaissances du public sur les problèmes de l'Antarctique ; l'échange d'expériences sur la coopération bilatérale ; la mise en œuvre des règles du Système du Traité sur l'Antarctique dans le droit national et les procédures ; et l'identification des autorités nationales compétentes pour réglementer le tourisme et les activités non scientifiques dans l'Antarctique.

53. Le GCI préparerait un rapport pour la XXXVIᵉ RCTA. Le GCI serait établi avec l'aide du Secrétariat du Traité sur l'Antarctique dans les limites des ressources existantes.

54. La réunion a adopté la Résolution 3 (2012) Améliorer la coopération dans l'Antarctique.

55. Le Secrétaire exécutif a présenté le document du Secrétariat SP 9, *Rapport du Groupe de contact intersessions sur l'examen des Recommandations de la RCTA sur les questions opérationnelles,* qui poursuivait l'analyse des recommandations opérationnelles comme convenue par la XXXIVᵉ RCTA, coordonnées par le Secrétariat et fournies par les Parties et les organes d'experts. Le GCI avait examiné vingt-huit recommandations dans quatre catégories.

56. Le GCI a identifié onze recommandations qui sont d'actualité ; sept recommandations qui ne sont plus d'actualité ; douze recommandations contenant des principes généraux d'actualité mais également des paragraphes opérationnels obsolètes nécessitant une mise à jour ; et huit recommandations techniques liées à la météorologie, sur lesquelles des conseils étaient requis de la part des organes d'experts pertinents, notamment l'OMM, le COMNAP et le SCAR. La réunion a adopté la Décision 1 (2012) Mesures sur des questions opérationnelles désignées comme n'étant plus d'actualité.

57. Le COMNAP a noté qu'il avait activement participé au GCI sur le statut des recommandations (récapitulées dans le SP 9) et qu'il avait fourni des commentaires détaillés sur les aspects pratiques et techniques des recommandations. Le COMNAP a proposé de fournir un projet de formulation pour les recommandations identifiées par le GCI comme nécessitant une mise à jour et il a également suggéré un projet de formulation de rapport pour le rapport final de la RCTA de l'an prochain, dans le cas où les principes généraux des recommandations seraient encore valables, mais où les aspects techniques et pratiques seraient éventuellement obsolètes et ne seraient donc plus d'actualité.

58. Compte-tenu du sujet contenu dans les recommandations qui nécessitent une mise à jour, le COMNAP inviterait d'autres organisations possédant une expertise sur des sujets techniques spécifiques, comme l'OMM, l'IAATO et l'OHI en particulier, pour contribuer au travail de projet. En ne perdant pas de vue les discussions du GCI et du document du Secrétariat SP 9, le projet de formulation serait proposé pour examen à la XXXVIᵉ RCTA par le COMNAP en tant que document de travail.

59. La réunion a accepté l'offre du COMNAP.

60. L'ASOC a noté l'importance des négociations relatives au Code polaire et a souligné l'importance du leadership des Parties en la matière afin d'accomplir des progrès et d'obtenir un résultat cohérent à l'OMI. Certaines Parties ont soutenu ce constat.

61. La réunion a également accueilli favorablement l'offre de l'OHI de remettre à la XXXVIᵉ RCTA un texte consolidé, pour considération, relativement aux recommandations faites antérieureement en matière d'hydrographie.

62. La réunion a discuté de l'utilisation d'un modèle indicatif pour les mandats des groupes de contact intersessions et a accepté de le développer lors de la XXXVIᵉ RCTA.

Point 6 – Fonctionnement du système du Traité sur l'Antarctique : Examen de la situation du Secrétariat

63. La réunion a examiné les documents du Secrétariat SP 2, *Rapport du Secrétariat 2011/12 ; SP 3, Programme du Secrétariat pour 2012/13 ; SP 4, Contributions reçues par le Secrétariat du Traité sur l'Antarctique pour 2009-2012 ; et SP 5, Budget prévisionnel sur cinq ans pour 2012–2017.*

64. Le Secrétaire exécutif a remercié les Parties pour leurs conseils et a exprimé sa reconnaissance envers le Gouvernement d'Argentine pour son soutien excellent pour les activités du Secrétariat, notamment la fourniture d'un nouveau bureau du Secrétariat et la prise en charge des frais associés à cette relocalisation.

65. Présentant son rapport sur les activités du Secrétariat, le Secrétaire exécutif a noté le soutien qu'il a apporté lors des réunions de la RCTA et du CPE et de treize groupes de contact intersessions, la mise à jour du Manuel du CPE en ligne, la révision et l'amélioration du système électronique d'échange d'informations (EIES) et la publication du Manuel sur les espèces non-indigènes conformément à la Résolution 6 (2011). Il a également souligné plusieurs questions liées au personnel.

66. Le Secrétaire exécutif a présenté le rapport financier audité pour 2010/11 et le rapport financier provisoire pour 2011/12. La conclusion de l'auditeur était que les rapports financiers contenaient une présentation juste, quant à tous les aspects importants, de la position financière du Secrétariat au 31 mars 2011 et il confirmait que ses résultats financiers pour cette période correspondaient aux normes et règles comptables internationales décidées par la RCTA.

67. Lors de la présentation générale des activités du Secrétariat prévues pour 2012/13, le Secrétaire exécutif a mis en avant le soutien qui sera fourni par la Belgique en tant que Gouvernement hôte de la XXXVIᵉ RCTA et du XVIᵉᵐᵉ CPE. En outre, le Secrétariat continuera à développer le SEEI et un certain nombre de bases de données d'informations, notamment pour les zones protégées. Le Secrétariat envisageait également de poursuivre la coopération avec l'Institut de Recherche Polaire Scott pour identifier tous les documents manquants de la RCTA et les intégrer dans la base de données du STA.

68. Le Secrétaire exécutif a noté que le profil de prévision budgétaire reflétait des défis financiers spécifiques qui ont fait suite à des développements

économiques mondiaux et locaux et que les facteurs les plus frappants qui avaient contribué au l'augmentation des prévisions de dépenses étaient l'inflation en Argentine et la hausse des coûts associés aux frais de traduction et d'interprétariat.

69. Les Parties ont remercié le Secrétariat pour son travail, notamment la compilation de documents et la présentation de rapports complets. En réponse à une demande du Chili, le Secrétaire exécutif a indiqué que, pour autant qu'il sache, tous les documents que les Parties ont fourni pour archivage au STA à ce jour ont été inclus dans la base de données du STA.

70. Plusieurs Parties ont soulevé des questions spécifiques concernant le projet de budget pour 2012/13 et le budget prévisionnel pour 2013/14 et ont noté que beaucoup de Parties se trouvaient confrontées à des contraintes budgétaires strictes dont il fallait tenir compte lors de l'analyse et de l'approbation du budget.

71. Répondant aux questions des Parties, le Secrétaire exécutif a fourni des informations complémentaires, par exemple sur les dispositions quant aux traductions et à l'interprétariat ; le fonctionnement des fonds pour le remplacement du personnel et la fin de contrat d'employés ; l'achat d'électricité en Argentine et la différence entre verser des salaires en dollars américains ou en pesos argentins.

72. Suite à des discussions complémentaires sur le budget, le Secrétaire exécutif a produit des chiffres révisés (SP2 (rév.1) et SP3 (rév.1)). Ceux-ci ont été acceptés par la réunion, qui a ensuite adopté la Décision 2 (2012), Rapport, programme et budget du Secrétariat.

73. Au cours de ces discussions, la réunion a décidé de soutenir le Secrétaire exécutif à travers l'établissement d'un groupe de contact intersessions (GCI) permanent. Le GCI, mentionné à la Décision 2 (2012), cherchera également des moyens d'assurer un budget durable pour les années à venir, notamment en tenant compte des éléments suivants :

> 1) moyens éventuels pour développer des flux de revenus autres que provenant des contributions des Parties consultatives ;
>
> 2) options pour réduire les frais de traduction et d'interprétariat ;
>
> 3) amendements éventuels aux règles et réglementations de la RCTA, notamment le règlement financier et le statut du personnel ;
>
> 4) utilisation de formules appropriées pour calculer l'augmentation des coûts et principes de base de ces formules ;

5) échelles de salaires pour le personnel cadre et général ;

6) utilisation d'un profil de prévision budgétaire pluriannuel approprié.

74.   Le Japon a exprimé sa reconnaissance pour les efforts accomplis par le Secrétariat dans l'élaboration d'un budget à croissance nominale nulle. Le Japon a également fait remarquer que l'échelle des salaires jointe au statut du personnel (Décision 3 (2003)) était obsolète et qu'il faudrait la désigner comme n'étant plus d'actualité.

75.   L'Australie a présenté le document de travail WP 24, *Guide pour les systèmes et les sources d'information du Secrétariat*, proposant que la réunion demande au Secrétariat d'élaborer et de mettre à jour selon les besoins un document ou 'guide' de référence concis et factuel sous format électronique sur les méthodes d'accès et d'utilisation de ses systèmes et sources d'information. Le guide fournirait des orientations et des instructions sur l'utilisation des systèmes et des ressources d'information administrés par le Secrétariat et expliquerait les aspects pratiques de la participation aux réunions et de l'interaction avec le Secrétariat et d'autres Parties.

76.   Suite à la confirmation par le Secrétaire exécutif que cela pourrait être accompli dans les limites des ressources existantes, la réunion a demandé au Secrétariat de développer un guide électronique sur ses systèmes et sources d'information destiné à être intégré sur le site Internet du Secrétariat et mentionné dans le Manuel pour les délégués.

Point 7 – Élaboration d'un plan de travail stratégique pluriannuel

77.   L'Australie a présenté le document de travail WP 30, *Élaboration d'un plan de travail stratégique pluriannuel pour la réunion consultative du Traité sur l'Antarctique*, préparé conjointement avec la Belgique, l'Allemagne, les Pays-Bas, la Nouvelle-Zélande, la Norvège, l'Afrique du Sud, le Royaume-Uni et les États-Unis. Le document soulignait l'existence de deux documents d'information qui le complètent : IP 11, *Résumé thématique de l'élaboration d'un Plan de travail stratégique pluriannuel pour la réunion consultative du Traité sur l'Antarctique* et IP 12, *Exemples illustrant la proposition de mise en application du Plan de travail stratégique pluriannuel*. La proposition était que la réunion adopte une approche stratégique par rapport à la conduite de son travail, en développant un plan de déploiement quinquennal destiné à être joint à son rapport final et mis à disposition sur le site Internet du Secrétariat.

78. Un délégué du CPE a fourni des informations sur l'expérience du CPE dans le développement d'un plan de travail de déploiement quinquennal. En particulier, il a été noté que l'adoption du plan avait considérablement aidé le CPE à fonctionner avec plus d'efficience et d'efficacité dans son travail.

79. Tandis que beaucoup de Parties et l'ASOC soutenaient l'idée d'un plan de travail et son potentiel pour augmenter l'efficacité du travail de la RCTA, un certain nombre de Parties ont exprimé des inquiétudes, notamment sur la complexité et le degré de mobilisation potentiels de la définition de priorités, la nécessité que le plan de travail reste subordonné au programme de la RCTA et qu'il ne perturbe pas son développement régulier et les conséquences potentielles en termes de coûts de production d'un plan de travail.

80. La Nouvelle-Zélande a présenté le document de travail WP 47, *Hiérarchisation des problèmes dans un plan de travail stratégique pluriannuel de la RCTA*, qui proposait que la réunion envisage de hiérarchiser les questions dans trois groupes thématiques :

    (i) protection effective de l'environnement changeant de l'Antarctique ;

    (ii) gestion effective des activités humaines dans l'Antarctique ; et

    (iii) fonctionnement effectif du Système du Traité sur l'Antarctique ; et suggérait une méthodologie de hiérarchisation en fonction de la 'probabilité' et des 'conséquences' d'événements pour l'Antarctique et le Système du Traité sur l'Antarctique. Il mentionnait également le document d'information qui le complétait : IP 16, *Hiérarchisation des problèmes de la RCTA : Tableau illustratif.*

81. En réponse à la méthodologie proposée basée sur les risques pour identifier les priorités, les Pays-Bas ont mis en avant le fait que la méthodologie ne tenait pas compte de la dimension de la hiérarchisation en termes de politique. En ce sens, les États-Unis ont suggéré que, tandis que le modèle proposé pourrait être utile à un niveau national, il y a d'autres facteurs que les Parties pourraient souhaiter prendre en compte lors de la détermination de priorités nationales.

82. Tenant compte de ces préoccupations et considérations dans la suite des discussions, la réunion a adopté la Décision 3 (2012) portant sur L'élaboration d'un plan de travail stratégique pluriannuel pour la Réunion consultative du Traité sur l'Antarctique. La réunion a noté que les propositions avaient été mises en avant relativement à un format éventuel pour le plan. La réunion a demandé que le Secrétaire exécutif établisse un fonds spécial afin de recevoir des contributions volontaires pour les services d'interprétariat lors de l'atelier établi par la Décision 3 (2012).

83. La réunion a accepté d'établir le groupe de contact intersessions (GCI), mentionné dans la Décision 3 (2012), avec le mandat suivant :

> a) Coordonner, sous forme électronique, les idées des Parties consultatives et des autres participants à la RCTA sur les éventuelles questions de priorité à identifier dans le plan ; et
>
> b) Compiler un document reflétant les idées, à diffuser aux Parties consultatives et aux autres participants à la RCTA, au plus tard trois mois avant la XXXVIe RCTA.

84. Il a également été convenu que :

- Les observateurs et les experts participant à la XXXVe RCTA seraient invités à fournir des informations au GCI ; et
- Le Secrétait exécutif ouvrirait le forum de la RCTA pour le GCI et fournirait une assistance au GCI.

85. L'Australie et la Belgique ont reconnu le fait que le consensus sur un format pour le plan de travail stratégique pluriannuel n'avait pas été atteint lors de cette réunion. Reconnaissant cela, l'Australie et la Belgique souhaiteraient que le projet de format présenté dans le document d'information IP12 *Exemples illustrant la proposition de mise en application du Plan de travail stratégique pluriannuel*, soit encore envisagé en tant que base éventuelle pour le format du plan, notamment lors de l'atelier visant à discuter du développement d'un projet de plan de travail pour être étudié lors de la XXXVIe RCTA.

Point 8 – Rapport du Comité pour la protection de l'environnement

86. Le Dr Yves Frenot, Président du Comité pour la protection de l'environnement (CEP), a présenté le rapport du CPE XV. Le CPE a examiné 44 documents de travail, 46 documents d'information, 5 documents du Secrétariat et 13 Documents de contexte.

Débat stratégique sur l'avenir du CPE (point 3 de l'ordre du jour du CPE)

87. Le Comité a révisé et mis à jour son plan de travail quinquennal, ce qui était important pour gérer son travail et ses priorités. Le Comité a décidé d'élever à la priorité 2 les sujets de 'Présentation générale du système des aires protégées' et 'Lignes directrices de site' et d'identifier en tant que priorité

3 (précédemment priorité 2) les sujets de 'Sites et monuments historiques' et 'Échange d'informations', qui restent des éléments non satisfaits.

88. Le Comité a également soutenu le concept d'un portail en ligne sur les environnements de l'Antarctique qui servirait de source d'information principale sur les environnements de l'Antarctique, de lien entre la science et la politique et de méthode de facilitation et d'amélioration des rôles consultatifs du SCAR et du CPE pour la RCTA et qui assisterait dans la communication au public des informations sur les environnements de l'Antarctique. Le Comité se réjouissait à la perspective d'un travail intersessions sur un modèle de démonstration en vue de discussions approfondies en 2013.

89. La RCTA a noté que le CPE continuait de travailler stratégiquement en vue de hiérarchiser les problèmes à travers son plan de travail quinquennal, ce qui permet de centrer le travail sur les sujets les plus importants tout en encourageant les membres individuels à poursuivre des domaines de leur expertise. La RCTA a remercié le CPE pour sa réactivité par rapport aux demandes de conseils. L'importance d'une utilisation complète du SEEI a été rappelée.

Fonctionnement du CPE (point 4 de l'ordre du jour du CPE)

90. Le Comité a discuté des efforts en cours pour améliorer l'échange d'informations et il a accepté l'offre du Secrétariat d'arranger de nouvelles améliorations des éléments d'établissement de rapports sur l'environnement dans le Système électronique d'échange d'information (SEEI).

Conséquences des changements climatiques pour l'environnement : Approche stratégique (point 5 de l'ordre du jour du CPE)

91. Le Comité a discuté des mesures prises par rapport aux recommandations de la réunion d'experts du Traité sur l'Antarctique (RETA) sur le changement climatique, tenue en 2010. Il a examiné un rapport du COMNAP sur les meilleures pratiques dans la gestion de l'énergie et une présentation générale du SCAR de son travail pour communiquer sur la science en matière de changement climatique. Il a également noté la proposition de l'ASOC, de l'Australie et du Royaume-Uni de coordonner une fermeture de tous les éclairages non-essentiels dans les stations de recherche en Antarctique pour marquer l'événement «Une Heure pour la Terre» le 30 mars 2013, afin de faire preuve d'un soutien pour l'action visant à contrecarrer la menace du changement climatique.

92. Le Comité a avalisé la proposition de la Norvège et du Royaume-Uni de tester dans l'Antarctique la méthodologie de l'évaluation rapide de la résilience de l'écosystème circum-arctique (RACER), un outil d'évaluation de la résilience des écosystèmes et des zones d'importance en termes de conservation tout en prenant en compte la nécessité d'adapter la méthodologie au contexte de l'Antarctique.

93. La RCTA a remercié le CPE pour son travail dans la progression de plusieurs recommandations depuis la réunion d'experts sur le changement climatique et elle a rappelé qu'il restait encore un certain nombre de recommandations non satisfaites et a encouragé à poursuivre le travail dans ce domaine.

94. L'Australie a noté que le CPE progressait sur les recommandations de la Réunion d'experts du Traité sur l'Antarctique (RERA) relatives à l'environnement à travers son plan de travail quinquennal. Elle a noté qu'un plan de travail stratégique pluriannuel pourrait aider la RCTA de manière similaire dans la programmation de l'examen de recommandations relatives à d'autres questions, comme le suggère le document d'information IP 12.

Évaluation d'impact sur l'environnement (point 6 de l'ordre du jour du CPE)

Projets d'évaluation globale d'impact sur l'environnement

95. Aucun projet d'évaluation globale d'impact (EGIE) n'a été soumis lors du XVᵉ CPE.

Autres questions relatives aux évaluations d'impact sur l'environnement

96. Le Comité a avalisé l'étude menée par la Nouvelle-Zélande sur les aspects environnementaux et les impacts des activités touristiques et non-gouvernementales en Antarctique et il a transmis l'étude et ses 8 recommandations à la RCTA pour soutenir son intérêt en matière de gestion du tourisme. L'étude faisait suite à une demande de la XXXIIᵉ RCTA et constituait une étape importante dans l'identification des impacts connus et inconnus du tourisme et des activités non gouvernementales. Le Comité a reconnu que l'étude était un document dynamique qui nécessiterait une attention continue de la part du CPE.

97. La réunion a accueilli favorablement les conseils opportuns du CPE sur les aspects environnementaux et les impacts du tourisme et elle a noté que le CPE était prêt à mener un travail plus approfondi selon les besoins.

98. Le Comité a accueilli favorablement les efforts du Brésil pour minimiser les impacts sur l'environnement au cours de la mise hors service et de

la reconstruction des installations de la Station Comandante Ferraz. Il a également reçu des informations complémentaires de la Fédération de Russie sur la percée du lac sous-glaciaire Vostok, notamment une explication de la raison pour laquelle la Fédération n'était pas passée à la technologie de forage thermique comme initialement prévu et ses intentions pour les travaux futurs consistant à prélever des échantillons de la colonne d'eau du lac.

99. Le Comité a été informé de la préparation de 2 EGIE finales :

- Évaluation globale d'impact sur l'environnement (EGIE) finale pour la construction et l'exploitation de la station de recherche d'Antarctique Jang Bogo, Baie de Terra Nova, en Antarctique (République de Corée)
- Évaluation globale d'impact sur l'environnement (EGIE) finale pour l'exploration proposée du lac sous-glaciaire Ellsworth en Antarctique (Royaume-Uni).

100. La RCTA était reconnaissante pour ces deux EGIE finales et a salué la Corée pour l'EGIE de haute qualité concernant la construction de la nouvelle station Jang Bogo et elle a noté la réponse complète aux questions soulevées par le CPE dans son examen du projet d'EGIE.

101. L'Inde a présenté un document d'information sur la construction et la mise en fonction de sa nouvelle station de recherche Bharati dans les collines Larsemann et a remercié plusieurs Parties pour leurs commentaires utiles durant l'élaboration de l'EGIE.

Gestion et protection des zones (point 7de l'ordre du jour du CPE)

Plans de gestion pour les zones gérées et protégées

102. Le Comité avait précédemment examné les plans de gestion pour 14 Zones spécialement protégées de l'Antarctique (ZSPA) et 1 Zone gérée spéciale de l'Antarctique (ZGSA) et 3 propositions pour désigner de nouvelles ZSPA. L'un de ces documents avait été soumis à un examen du Groupe subsidiaire des plans de gestion (GSPG) et les autres avaient été directement soumis au CPE XV.

103. Faisant siens les conseils du CPE, la réunion a adopté les mesures suivantes sur les Zones protégées et gérées :

- Mesure 1 (2012) : Zone spécialement protégée de l'Antarctique n° 109, (Île Moe, îles Orcades du sud) : Plan de gestion révisé.

- Mesure 2 (2012) : Zone spécialement protégée de l'Antarctique n° 110, (Île Lynch, îles Orcades du sud) : Plan de gestion révisé.
- Mesure 3 (2012) : Zone spécialement protégée de l'Antarctique n° 111, (Île Powel du Sud et îles adjacentes, Orcades du Sud) : Plan de gestion révisé.
- Mesure 4 (2012) : Zone spécialement protégée de l'Antarctique n° 112 (Péninsule Coppermine de l' île Robert, îles Shetland du Sud) : Plan de gestion révisé.
- Mesure 5 (2012) : Zone spécialement protégée de l'Antarctique n° 115 (île Lagotellerie de la Baie Marguerite, Terre de Graham) : Plan de gestion révisé.
- Mesure 6 (2012) : Zone spécialement protégée de l'Antarctique n° 129 (Pointe Rothera, île Adélaïde) : Plan de gestion révisé.
- Mesure 7 (2012) : Zone spécialement protégée de l'Antarctique n° 133 (pointe Harmonie, île Nelson, îles Shetland du Sud) : Plan de gestion révisé.
- Mesure 8 (2012) : Zone spécialement protégée de l'Antarctique n° 140 (parties de l'île de la Déception) : Plan de gestion révisé.
- Mesure 9 (2012) : Zone spécialement protégée de l'Antarctique n°172 (Partie inférieure du glacier Taylor et Blood Falls de la Vallée Taylor, dans les Vallées sèches de McMurdo en Terre Victoria): Plan de gestion.
- Mesure 10 (2012) : Zone spécialement protégée de l'Antarctique n° 4 (île de la Déception) : Plan de gestion révisé

104. Le Comité a mentionné les projets de plans de gestion et des propositions de nouvelles ZSPA au GSPG pour un examen intersessions :

- ZSPA 128 (rive occidentale de la baie Admiralty, île du Roi George, îles Shetland du Sud).
- ZSPA 132 (péninsule Potter).
- ZSPA 144 ('baie du Chili' (baie Discovery), île Greenwich, îles Shetland du Sud).
- ZSPA 145 (port Foster, île de la Déception, îles Shetland du Sud).
- ZSPA 146 (baie du Sud, île Doumer, archipel Palmer).
- ZSPA 151 (Lions Rump, île du Roi George, îles Shetland du Sud).
- Nouvelle ZSPA (zones géothermiques de haute altitude de la région de la mer de Ross).
- Nouvelle ZSPA (Cap Washington et baie Silverfish, baie Terra Nova, mer de Ross).

Groupe subsidiaire du CPE des plans de gestion

105. Le Comité a adopté le plan de travail pour les activités du GSPG au cours de la période intersessions 2012/13, il a nommé Mme Birgit Njåstad de Norvège en tant que nouvelle organisatrice et a remercié M. Ewan McIvor d'Australie pour son rôle d'organisateur.

106. La réunion a noté la lourde charge de travail en perspective pour le GSPG en raison de plans de gestion nouveaux et révisés et a encouragé la participation à ce travail, notant l'efficacité du groupe. La Nouvelle-Zélande a suggéré que le Comité pourrait considérer l'utilité d'établir des groupes subsidiaires supplémentaires pour faciliter son travail. Il a également été noté que plusieurs des plans de gestion à examiner le seront également par la CCAMLR au cours de la prochaine période intersessions. La réunion a encouragé un dialogue efficace entre la SC_CCAMLR et le CPE sur les points d'intérêt communs pour les deux comités.

Sites et monuments historiques

107. Le Comité a examiné le rapport sur les discussions intersessions menées par l'Argentine sur les sites et monuments historiques et a noté la proposition de liste d'informations complémentaires qui pourrait être ajoutée à la description des SMH, notamment des informations sur le type de SMH, les caractéristiques physiques et le paysage local / culturel, les caractéristiques historiques / culturelles, la description du contexte historique, un lien aux lignes directrices de site pour les visiteurs le cas échéant, des photos et cartes et la désignation de ZSPA le cas échéant. Le Comité a accepté le fait que les Parties devraient s'impliquer avec des spécialistes en patrimoine et/ou des représentants nationaux d'organes d'experts externes lors de l'examen de mécanismes de gestion pour les SMH.

108. Auparavant, le Comité avait eu 7 propositions de révisions des descriptions des SMH.

109. Acceptant les conseils du CPE, la réunion a adopté la mesure 11 sur les sites et monuments historiques de l'Antarctique :

- n° 4 Bâtiment de la station Pôle d'inaccessibilité
- n° 7 Pierre d'Ivan Khmara
- n° 8 Monument d'Anatoly Shcheglov
- n° 9 Cimetière de l'île Buromsky
- n° 10 Observatoire de la station soviétique Oasis
- n° 11 Tracteur de la station Vostok
- n° 37 Site historique O'Higgins.

Lignes directrices pour les visites de site

110. Le Comité a discuté des propositions de lignes directrices de site révisées pour un site et de nouvelles lignes directrices pour trois nouveaux sites. Le Comité a avalisé les nouvelles lignes directrices de site pour l'île D'Hainaut, le port Mikkelsen, l'île de la Trinité, le port Charcot, l'île Booth et l'anse Pendulum sur l'île de la Déception dans les îles Shetland du Sud.

111. La réunion a considéré et approuvé 3 nouvelles lignes directrices de site à travers la Résolution 4 (2012).

112. Le Comité a examiné une proposition de révision des lignes directrices de site pour l'île Aitcho-île Barrientos, en vue de modifier les points d'ancrage et de changer la voie piétonne désignée traversant une zone fermée. Le Comité a accepté le fait qu'il serait approprié de placer un moratoire sur l'accès à la zone centrale fermée pour d'autres raisons que les recherches scientifiques et la surveillance. Il a également accepté le fait qu'il serait approprié de : modifier les lignes directrices de site pour tenir compte du moratoire ; d'encourager les programmes nationaux actifs dans la zone à coopérer dans la collecte de nouvelles données et informations sur les dommages qui se sont produits sur les lits de mousses ainsi que sur le développement d'un programme de surveillance pour évaluer la remise en état du site et ré-évaluer le problème, notamment les lignes directrices de site, lors du CPE XVI.

113. La réunion a examiné et approuvé 1 nouvelle cadre de lignes directrices de site avec la Résolution 5 (2012) pour l'île Barrientos dans les îles Aitcho.

114. La réunion a accueilli favorablement l'adoption de lignes directrices de site nouvelles et révisées pour les visiteurs, qui s'avèrent très utiles et, dans le cas de l'île Barrientos / Aitcho, constituent un outil efficace pour gérer les impacts sur les sites de débarquement de touristes.

Empreinte humaine et valeurs de la nature à l'état sauvage

115. Le Comité a discuté des concepts d'empreinte et des valeurs de la nature à l'état sauvage pour développer la protection de l'environnement en Antarctique. Le Comité a accueilli favorablement une offre de la Nouvelle-Zélande et des Pays-Bas de travailler avec le SCAR et d'autres Parties intéressées avant le CPE XVI en vue de développer des éléments guides pour assister les Parties à tenir compte des valeurs de la nature à l'état sauvage et d'explorer les possibilités pour prendre en compte les zones inviolées dans la planification de la conservation et les synergies potentielles avec la protection des valeurs de la nature à l'état sauvage.

116.   La Nouvelle-Zélande a mis en avant le travail en cours sur l'empreinte et la nature à l'état sauvage et la reconnaissance du Comité sur le fait qu'il y avait eu un déclin progressive sous certains aspects de la nature à l'état sauvage en Antarctique. Elle a noté que ce travail était pertinent par rapport à certaines des questions stratégiques à plus long terme qui sont considérées par le groupe de travail sur le tourisme autour de l'expansion et de la diversification des activités touristiques.

Gestion et protection marines territoriales

117.   Le Comité a noté le fait que la question de la pêche du krill dans la ZGSA n° 1 au cours de la saison 2009/10 soulevée par l'ASOC serait examinée par le groupe de coordination de la gestion de la ZGSA n° 1 lors de l'examen et de la révision du plan de gestion de la zone dans l'année à venir. L'observateur de la SC-CCAMLR s'est également assuré que les préoccupations concernant cette question seraient soumises à l'attention de la CCAMLR.

Autres questions relevant de l'annexe V

118.   Le Comité a examiné une proposition des États-Unis et de la Nouvelle-Zélande sur la protection des zones géothermiques dans les grottes glacières du Mont Erebus sur l'île de Ross. Il a également accepté d'encourager : les Parties intéressées et leurs scientifiques à coopérer pour établir un inventaire sur les grottes glacières du Mont Erebus ; les Parties intéressées et leurs scientifiques à coopérer sur le développement d'un Code pour empêcher une contamination ; et les scientifiques, les Parties intéressées et le SCAR à travailler ensemble pour développer des éléments guides appropriés pour d'autres zones géothermiques en Antarctique. Le Comité a également noté d'autres recommandations pour encourager les Parties à adopter un moratoire temporaire sur les visites informelles ou les visites à d'autres fins que des recherches scientifiques ; et sur l'entrée à des fins quelconques dans les grottes glacières du Mont Erebus, qui sont considérées de nature sauvage, jusqu'à un accord sur un Code de conduite ; et pour encourager les scientifiques à stériliser leur équipement et leurs vêtements.

119.   Le Comité a également examiné une analyse présentée par l'Australie, la Nouvelle-Zélande et le SCAR qui identifiait 15 régions libres de glace biologiquement distinctes (Régions de conservation biogéographiques de l'Antarctique) englobant le continent antarctique et les îles au large à l'intérieur de la zone du Traité sur l'Antarctique. Le Comité a accepté que les régions

de conservation biogéographiques de l'Antarctique devraient être utilisées de manière systématique et de concert avec d'autres outils au sein du système du Traité sur l'Antarctique, en tant que modèle dynamique pour l'identification de zones susceptibles d'être désignées comme des zones spécialement protégées de l'Antarctique dans le cadre environnemental et géographique systématisé dont il est fait mention au paragraphe 2 de l'article 3 de l'annexe V du Protocole. Le Comité a également demandé au Secrétariat et aux Parties de contribuer à la collecte de données spatiales et à leur accessibilité et il a accepté d'incorporer la carte des 15 régions de conservation biogéographiques de l'Antarctique dans le manuel du CPE sur les espèces non-indigènes.

120. La réunion a adopté la Résolution 6 (2012) sur les régions de conservation biogéographiques de l'Antarctique.

121. La réunion a accueilli favorablement l'approbation des régions de conservation biogéographiques de l'Antarctique récemment développées en tant que nouvel outil de soutien à l'identification de zones destinées à être examinées pour une protection ou une gestion spéciale, au sein d'un cadre de travail environnemental systématisé.

122. Le Comité a étudié une proposition de la Fédération de Russie d'exiger d'une Partie qu'elle examine un plan de gestion pour une Zone principalement désignée pour protéger les valeurs de la vie en Antarctique et qu'elle soumette au CPE les résultats d'un programme de surveillance scientifique sur l'état de ces valeurs. Tandis que le Comité a convenu de la nécessité d'une surveillance à long terme des zones protégées, certains membres ont exprimé des inquiétudes quant aux conséquences potentielles d'un système obligatoire, qui pourrait inclure un accès très tentant aux zones protégées et décourager la révision des plans de gestion.

Conservation de la flore et de la faune de l'Antarctique (point 8 de l'ordre du jour du CPE)

Quarantaine et espèces non-indigènes

123. Suite à la conférence du SCAR sur les résultats du projet SCAR de l'API sur les espèces non-indigènes de l'Antarctique, le Comité a accepté :

- D'inclure les évaluations des risques d'activités différenciées spatialement explicites lors de la poursuite du développement de stratégies visant à atténuer les risques posés par les espèces non-indigènes terrestres.

- En collaboration avec le SCAR, le COMNAP, l'IAATO, l'IUCN et les Parties de développer une stratégie de surveillance pour les zones à haut risque d'établissement d'espèces non-indigènes identifiées par le projet 'Espèces non-indigènes en Antarctique'.
- D'accorder plus d'attention, en collaboration avec ses partenaires, aux risques posés par le transfert dans l'Antarctique de propagules, compte-tenu du fait que ces évaluations ne constituaient qu'une part réduite du projet Espèces non-indigènes en Antarctique.

124. Le Comité a également examiné le document du SCAR sur la réduction du risque d'introduction involontaire d'espèces non-indigènes associées à l'importation d'aliments et de légumes frais dans l'Antarctique et il a accepté : d'encourager les Parties à mettre en œuvre les listes de contrôle du COMNAP/SCAR pour les responsables logistiques ; et de mener une enquête approfondie sur les méthodes de réduction du risque d'introduction d'espèces non-indigènes en Antarctique relativement aux aliments frais. Il a également accepté d'inclure dans le Manuel sur les espèces non-indigènes les lignes directrices proposées par l'Australie et la France pour minimiser les risques d'espèces non-indigènes et de maladies associés aux installations de culture hydroponique en Antarctique.

Autres questions relevant de l'Annexe II

125. Le Comité a noté avec intérêt les informations de l'Allemagne et du SCAR concernant les sons anthropogéniques dans l'océan Austral et il a demandé des mises à jour régulières sur des recherches approfondies dans ce domaine.

Surveillance et établissement des rapports environnementaux (point 9 de l'ordre du jour du CPE)

126. Le Comité a poursuivi sa discussion engagée au cours CPE XIV sur l'utilisation potentielle de télédétection pour obtenir une surveillance améliorée de l'environnement et des changements climatiques en Antarctique. En réponse à un document soumis par le Royaume-Uni sur les techniques de télédétection pour surveiller le changement de la végétation dans les ZSPA et l'environnement plus général de l'Antarctique, le Comité :
- a reconnu la valeur significative offerte par la combinaison de télédétection par satellite et aéroportée en tant que nouvelle technique pour rassembler des indices détaillés sur le changement

de la végétation en rapport avec le changement climatique localisé ;

- a encouragé les Parties avec des programmes de travail liés au changement de la végétation à envisager une collaboration avec le Royaume-Uni dans la poursuite du développement et de l'application de ces techniques de surveillance ; en particulier pour identifier les zones géographiques ou les programmes scientifiques spécifiques adaptés à ces techniques ; et

- a invité les Parties à exprimer leurs commentaires sur la méthodologie et à partager leurs expériences dans l'application de techniques similaires.

127. Le Comité a également accepté que l'Allemagne coordonne et dirige un groupe de contact intersessions informel sur le sujet de la télédétection à titre d'outil supplémentaire pour surveiller les populations de manchots en Antarctique, qui entiendrait des liens avec la CCAMLR et soumettrait un rapport au CPE XVI.

128. En réponse à une soumission de la Nouvelle-Zélande sur des techniques simples et rapides à l'aide de l'analyse de SIG pour surveiller les changements de la végétation un niveau de détails très élevé, le Comité :

- a reconnu l'utilisation potentielle des techniques de SIG, en tant que méthode de surveillance des changements survenant dans la répartition et la richesse des espèces à petite échelle, laquelle pourrait être couplée avec des techniques de télédétection permettant de suivre les changements survenant à des macro-échelles à la fois pour les espèces et l'environnement

- a convenu d'établir un réseau de sites permettant de suivre la répartition et la richesse des espèces, en accordant la priorité aux ZSPA désignées en raison de la diversité et/ou de la richesse de leur flore et de leur faune, lorsque la surveillance peut être faite durant le processus d'examen des plans de gestion; et

- a reconnu la valeur de l'application de méthodologies aux ZSPA de façon à pouvoir comparer les changements dans la diversité et l'abondance des espèces à travers le continent afin de mieux comprendre les effets du changement climatique en Antarctique.

129. En réponse à une soumission du Chili sur la présence de micro-organismes humains-associés et qui sont issus des évacuations d'usines de traitement des eaux usées dans l'Antarctique, le Comité a accepté que les Membres renforcent leur surveillance préventive de l'activité microbienne dans les

espaces à proximité des points d'évacuation des usines de traitement des eaux usées et il a noté que le COMNAP envisagerait lors de sa réunion générale en juillet 2012 la possibilité d'examiner des informations et lignes directrices associées concernant la gestion des eaux usées.

Rapports d'inspection (point 10 de l'ordre du jour du CPE)

130. Le Comité a examiné le rapport d'inspection soumis par la Fédération de Russie et les États-Unis sur leur inspection conjointe de la base Scott (Nouvelle-Zélande), de la station Concordia (France et Italie) et de la station Mario Zuchelli (Italie). La France, l'Italie et la Nouvelle-Zélande ont fourni des réponses préliminaires aux résultats et le Dr. H. Miller, en tant que Président du projet EPICA, a donné des informations complémentaires sur les caractéristiques historiques et techniques du projet de carotte de glace profonde au Dôme C.

131. En réponse à un examen des inspections en vertu de l'article 14 du Protocole de Madrid soumis pas l'ASOC et le PNUE, le Comité a noté que le mécanisme de l'inspection était vital pour soutenir la mise en oeuvre pratique du Protocole de Madrid et plusieurs Membres ont recommandé que les Parties inspectées donnent un compte-rendu des mesures qu'elles ont prises en réponse aux recommandations des rapports d'inspection. À ce propos, la Fédération de Russie a informé le CPE des progrès accomplis en réponse aux inspections des stations Molodezhnaya, Druzhnaya IV, Soyouz, Leningradskaya et Vostok entreprises par l'Australie en 2010 et 2011.

Coopération avec les organisations (point 11 de l'ordre du jour du CPE)

132. Le Comité a reçu les rapports annuels du COMNAP, du SCAR et de la CCAMLR. À la lumière de la pertinence des rapports provenant d'autres organisations sur un éventail d'éléments à son ordre du jour, le Comité a décidé d'examiner cet élément à l'ordre du jour plus tôt dans les réunions futures.

Réparation et réhabilitation des dégâts environnementaux (point 12 de l'ordre du jour du CPE)

133. Le Comité a rappelé le fait que la réparation et la réhabilitation étaient d'une importance capitale et il a décidé de poursuivre les discussions informelles au cours de la période intersessions pour développer de façon plus approfondie le projet de manuel de nettoyage de l'Antarctique proposé par l'Australie et

le Royaume-Uni. Le Manuel contiendra des conseils pour assister les Parties dans l'exécution de leurs obligations en vertu de l'Annexe III du Protocole sur l'environnement pour nettoyer les anciens sites de dépôt de déchets sur le terrain et les sites de travail abandonnés issus d'activités passées et il pourrait être régulièrement mis à jour.

134. Le Comité a examiné la présentation générale par l'Australie des principaux points pour répondre à la demande, qui faisait partie de la XXXIIIᵉ RCTA dans la Décision 4 (2010), de conseils sur les problèmes environnementaux liés à l'aspect pratique de la réparation et de la réhabilitation des dégâts environnementaux. Le Comité a établi un GCI que le Dr. Neil Gilbert de Nouvelle-Zélande organisera, en vertu du mandat suivant :

- s'inspirant du WP 26 de la XXXVᵉ RCTA sur les problèmes environnementaux liées à l'aspect pratique de la réparation et de la réhabilitation des dégâts environnementaux (Australie) et, selon les besoins, d'autres documents soumis lors du CPE XV sur le sujet de la réparation et la réhabilitation des dégâts environnementaux.

- préparer un projet de réponse à la Décision 4 (2010) dans laquel la RCTA demandait au CPE de «d'examiner les questions environnementales liées à la possibilité de réparer les dommages causés à l'environnement en Antarctique ou d'y remédier afin de faciliter l'adoption en 2015 par la RCTA d'une décision éclairée sur la reprise des négociations »

- le cas échéant, chercher à identifier et présenter des exemples permettant d'illustrer les questions soulevées dans le projet de conseils ;

- et informer le CPE XVI des résultats de ce travail.

135. La RCTA a accueilli favorablement la réponse du CPE à la demande de la RCTA de s'avancer sur la Décision 4 (2010) et elle attend avec impatience les résultats de la proposition de programme de travail du CPE sur la question de la réparation et de la réhabilitation qui sont des éléments importants pour préserver l'héritage environnemental des sites d'activités passées.

Questions générales (point 13 de l'ordre du jour du CPE)

136. Après avoir examiné le rapport du COMNAP sur son étude de la planification d'urgence en cas de déversement de carburant, le Comité a invité les Parties à poursuivre l'amélioration de leurs plans d'urgence dans le cadre de leurs programmes antarctiques nationaux.

Élection du Bureau du CPE (point 14 de l'ordre du jour du CPE)

137. Le Comité a réélu le Dr Yves Frenot (France) en tant que Président du CPE pour un second mandat de deux ans.

138. Mme Birgit Njåstad de Norvège a été élue en tant que Vice-présidente du CPE.

139. Le Comité a chaleureusement remercié Ewan McIvor d'Australie pour avoir assuré le rôle de Vice-président sur deux mandats et pour avoir convoqué le GSPG.

Préparation de la réunion du CPE XVI (point 15 de l'ordre du jour du CPE)

140. Le Comité a adopté l'ordre du jour prévisionnel pour le CPE XVI contenu dans l'Annexe [1] du rapport du CPE.

141. La réunion a remercié le Dr Frenot pour sa présidence excellente, le Vice-président sortant, Ewan McIvor, pour ses services remarquables au Comité au cours de ses deux mandats et il a félicité le Comité pour sa capacité à fournir à la RCTA, de façon constante et dévouée, des conseils de gestion avisés sur un travail de fond solide.

Point 9 – Responsabilité : Application de la décision 4 (2010)

142. Les Parties ont fourni des informations mises à jour sur le statut de leur ratification de l'Annexe VI du Protocole. Au mois de juin 2012, six Parties consultatives avaient ratifié l'Annexe VI et il était prévu qu'environ six autres Parties consultatives la ratifient avant la XXXVIe RCTA. La réunion a accueilli favorablement le travail en cours des Parties consultatives et des autres Parties, tout en notant qu'il était peu probable que l'Annexe entre en vigueur avant la XXXVIe RCTA. Les Parties consultatives ont confirmé leur engagement à ratifier l'Annexe VI et elles ont attribué les retards dans la ratification à des contraintes en termes de ressources et/ou des défis de mise en œuvre.

143. La Fédération de Russie a présenté le document d'information IP 71, *On preparation for ratification of Annex VI of the Protocol on Environmental Protection to the Antarctic Treaty*, présentant les changements pertinents dans sa réglementation interne au cours de l'année précédente. En 2012, le Parlement russe a examiné un projet de loi sur la réglementation des activités des ressortissants et des entités juridiques russes en Antarctique requise en Antarctique par la Mesure 4 (2004) et la Mesure 1 (2005). Au

cours de la réunion, la Fédération de Russie a indiqué que la réglementation en question avait déjà été adoptée par le Parlement russe et qu'elle était entrée en vigueur le 5 juin 2012.

144. La Fédération de Russie a noté la difficulté à laquelle elle avait été confrontée dans le calcul précis du coût des mesures de réponse, qui exigeait une compréhension de l'envergure et de la nature de chaque mesure et une méthodologie pour le calcul des coûts de ces mesures. Elle a suggéré qu'il était nécessaire de développer un cadre de travail unifié pour ce faire, afin d'éviter des divergences entre les Parties.

Point 10 – Sécurité et opérations dans l'Antarctique

145. Le COMNAP a présenté le document de travail WP 13, *Comprendre le risque de tsunami pour les opérations et le personnel des programmes antarctiques nationaux sur le littoral de l'Antarctique*, préparé conjointement avec le SCAR, qui signalait qu'une analyse préliminaire avait démontré que des risques de production d'un tsunami de niveau modéré à inquiétant étaient possibles pour les opérations des programmes antarctiques nationaux et le personnel sur les zones côtières en Antarctique.

146. Le Royaume-Uni et l'Espagne ont noté qu'ils avaient entrepris des procédures d'intervention en cas de tsunami dans certaines stations en Antarctique après le tremblement de terre de 2010 au Chili et, dans le cas de l'Espagne, le tremblement de terre de 2011 au Japon. Les États-Unis ont noté leur investissement important et leur expérience pour les systèmes d'alerte aux tsunamis. L'Argentine a rappelé les informations qu'elle avait fournies à la XXXIVᵉ RCTA à ce sujet. L'OHI et l'OMM ont indiqué qu'elles souhaiteraient apporter leur assistance en cas de besoin.

147. La réunion a soutenu la recommandation du COMNAP visant à ce que les organisations possédant une expertise en détection, modélisation, recherche et gestion de système d'avertissement de tsunami travaillent ensemble avec le COMNAP et le SCAR sur la prochaine phase de ce projet, à savoir développer un plan de communications d'alerte aux tsunamis simple, rentable et pratique et des éléments d'information et de sensibilisation sur les tsunamis.

148. La Nouvelle-Zélande a présenté le document de travail WP 49, *Réponse de la RCTA aux incidents de navire de pêche de la CCAMLR* , qui donnait un compte-rendu sur deux interventions de recherche et sauvetage dans la mer

de Ross au cours de la saison 2011/12 impliquant le navire battant pavillon russe *FV SPARTA* et le navire battant pavillon coréen *FV JEONG WOO 2*. La Nouvelle-Zélande a proposé que les Parties soutiennent le protocole de Torremolinos de 1993 et le Code polaire de l'OMI, qu'elles améliorent les normes de sécurité des navires, exhortent la CCAMLR à renforcer sa Résolution 20/XXII, rappellent aux opérateurs de fournir des coordonnées au centre de coordination de sauvetage en mer responsable avant de pénétrer dans la zone du Traité sur l'Antarctique et qu'elles soutiennent les efforts pour établir des rapports au CPE visant à limiter les impacts sur l'environnement causés par les navires naufragés.

149. Tandis que les Parties ont convenu que la sécurité des navires était un point d'importance à considérer par la RCTA, un certain nombre de Parties ont exprimé des inquiétudes sur le fait que la RCTA ne devrait pas préjuger les négociations en cours de l'OMI et elles ont noté la nécessité d'une cohérence avec les résolutions existantes en la matière de la CCAMLR.

150. L'Australie a accueilli favorablement l'encouragement aux navires de mettre leurs coordonnées à la disposition d'un MRCC lorsqu'ils pénètrent dans la zone du Traité. Selon l'avis de l'Australie, en tant qu'Etat avec des responsabilités pour la coordination des activités de recherche et sauvetage dans l'océan Austral, il était également important que, une fois à l'intérieur de la zone du Traité, les navires rendent compte auprès des MRCC concernés lorsqu'ils pénètrent dans une nouvelle zone pour laquelle un MRCC différent est responsable. L'Australie pensait que la promotion de la sécurité des navires dans l'Antarctique revenait à la RCTA et que cette question devrait être mieux considérée à l'avenir.

151. Suite à des discussions plus approfondies, la réunion a adopté la Résolution 7 (2012) Sécurité des navires dans la zone du Traité sur l'Antarctique.

152. Les États-Unis ont présenté le document de travail WP 51, *Coordination d'opérations de recherche et sauvetage (SAR) maritimes et aéronautiques – Proposition de considération de moyens pour améliorer la coordination du SAR dans l'Antarctique*. Ils ont noté que les activités de recherche et sauvetage constituaient une préoccupation majeure pour toutes les Parties au Traité, notamment leurs programmes antarctiques nationaux et les organismes qui gèrent et mettent en œuvre les activités de recherche et sauvetage en Antarctique. À la lumière du nombre croissant d'incidents maritimes en Antarctique ces dernières années, les États-Unis étaient d'avis qu'il est temps d'envisager des moyens d'exploration variés pour améliorer la coordination des opérations de recherche et sauvetage, par exemple à

travers l'établissement de pratiques d'excellence ou d'autres dispositions. Des discussions entre les Parties au Traité peuvent améliorer la coordination concernant les circonstances dans lesquelles les cinq États qui opèrent les Centres de coordination de sauvetage en mer (MRCC) avec des responsabilités de coordination des opérations de recherche et sauvetage dans la zone du Traité sur l'Antarctique devraient solliciter l'assistance des programmes antarctiques nationaux et d'autres impliqués dans des missions scientifiques ou autres dans des zones d'opération spécifiées. En conséquence, les États-Unis ont proposé qu'il y ait une discussion centrée sur les activités de recherche et sauvetage lors de la XXXVIᵉ RCTA dans un groupe de travail spécial qui se réunirait pour une journée, avec la participation d'experts en recherche et sauvetage des Parties, qui seraient inclus dans des délégations nationales pour ces discussions.

153. Les Parties ont accueilli favorablement cette proposition et soulevé des questions qui pourraient être examinées par un tel groupe de travail, notamment la prévention d'accidents. Le Chili a noté que chaque jour pendant la saison, au moins 20 navires seraient dans sa zone de responsabilité de recherche et sauvetage, dont la moitié seraient des navires de l'IAATO. Ceci indiquait la nécessité de partager les informations sur les plans de rapports avec d'autres MRCC. L'Allemagne a demandé l'introduction spécifique d'experts de DROMLAN dans le groupe de travail spécial. La Russie a noté qu'un nouveau brise-glace serait mis à la disposition des opérations de recherche et sauvetage dans l'Antarctique en 2012/13 si nécessaire. La Suède a indiqué son intention d'impliquer des experts expérimentés dans la coopération en vertu du nouvel accord de recherche et sauvetage en Arctique. L'IAATO a souligné l'importance d'inclure des activités de recherche et sauvetage aériennes, spécifiquement des politiques relatives au suivi de position et à la gestion du trafic aérien. L'Inde a noté que des regroupements régionaux d'activités de recherche et sauvetage pourraient être nécessaires, car beaucoup de stations côtières se trouvent hors de portée des MRCC et des ARCC. L'Argentine, un État avec une responsabilité de recherche et sauvetage en Antarctique, a déclaré qu'elle était pleinement engagée par rapport à ses obligations et qu'elle pensait que, tandis qu'elle souhaite envisager des moyens d'améliorer la coordination entre les MRCC, il était important que leurs responsabilités spécifiques ne soient pas érodées.

154. Le COMNAP a confirmé qu'il mettrait à disposition les rapports de ses deux ateliers de recherche et sauvetage précédents pour soutenir le groupe de travail spécial pour examiner cette question et il a noté que des services d'interprétariat

seraient utiles à ce groupe de travail spécial. Les États-Unis consulteraient les Parties intéressées et les participants à la RCTA entre les sessions en vue de préparer le programme de la discussion du groupe de travail spécial.

155. La réunion a adopté la Résolution 8 (2012) Amélioration de la coordination des opérations de recherche et sauvetage (SAR) terrestres, maritimes et aéronautiques.

156. L'OHI a présenté le document d'information IP 70, *Report by the International Hydrographic Organization (IHO) on "Cooperation in Hydrographic Surveying and Charting of Antarctic Waters"*, qui donnait un compte-rendu sur le statut des relevés hydrographiques et la production de cartes marines dans l'Antarctique. L'OHI a appelé les Parties à reconnaître l'importance de ce travail, notant que l'augmentation de l'échange d'informations hydrographiques par les Parties était essentielle pour son objectif d'améliorer la cartographie hydrographique et marine pour la sécurité de la navigation et la protection de l'environnement marin dans l'Antarctique. L'OHI a noté que la 11ème réunion en octobre 2011 de la Commission hydrographique de l'Antarctique de l'OHI avait accepté le fait que l'amélioration de la coordination à un niveau national devrait se faire continuellement entre les Parties. L'OHI a attiré l'attention sur son programme de travail pour 2013-2017, qui inclut une évaluation des risques pour la région de l'Antarctique et le développement d'un programme de travail pour améliorer la cartographie de l'Antarctique (2013/14).

157. Les Parties ont accueilli favorablement le rapport et ont remercié l'OHI pour son travail. La réunion a noté l'importance de la cartographie hydrographique pour éviter des pertes de vie et de graves incidents de navires.

158. La Nouvelle-Zélande a signalé qu'elle cherchait activement à coopérer avec d'autres programmes antarctiques nationaux pour compléter sa couverture de relevés hydrographiques des voies de navigation dans la mer de Ross, en s'appuyant sur les relevés effectués dans la mer de Ross en 2001 et 2004, et elle a soutenu la demande de l'OHI aux Parties d'encourager une participation volontaire aux activités liées aux données.

159. Le Royaume-Uni a noté que, tandis qu'il soutenait pleinement le travail de l'OHI et en particulier son CHA, il se demandait si oui ou non, comme le Code polaire était encore en cours de développement, il était maintenant temps pour la RCTA de communiquer à propos de la question spécifique de participation volontaire dans la collecte de données.

160. Le Royaume-Uni a présenté le document de travail WP 4, *Évaluation des activités terrestres en Antarctique*, qui contient une liste de questions à soumettre à la considération des autorités compétentes dans le cadre du processus d'autorisation pour des activités terrestres non gouvernementales. La liste (une nouvelle formulation de la liste de contrôle présentée lors de la XXXIVe RCTA) vise à améliorer la cohérence des évaluations et répond aux commentaires reçus en cours de période intersessions à travers le forum du site Internet du Secrétariat.

161. Beaucoup de Parties ont exprimé leur soutien pour ce travail et ont remercié le Royaume-Uni. La Norvège a noté que toutes les questions ne concerneraient pas toutes les activités terrestres. Les Pays-Bas ont rappelé le fait que les autorités nationales compétentes étaient responsables de l'amélioration des activités conformément aux exigences nationales et que la liste de questions devrait refléter ce point.

162. La réunion a adopté la Résolution 9 (2012) L'évaluation des activités d'expéditions à terre.

163. Le COMNAP s'est référé au document d'information IP 32, *COMNAP Survey of National Antarctic Programs on Oil Spill Contingency Planning*, qui avait également fait l'objet d'une discussion lors du CPE et présentait les résultats d'une nouvelle étude du COMNAP sur la planification d'urgence en cas de déversement de carburant menée au cours de la période intersessions en 2011/12. 22 des 28 programmes antarctiques nationaux des membres du COMNAP ont répondu à l'étude, ce qui a permis de mettre à jour efficacement l'étude menée par le COMNAP en 1996.

164. Accueillant favorablement ce rapport, l'IAATO a noté sa participation à l'étude et les bénéfices d'une coopération avec le COMNAP.

Questions relatives à la sécurité et au tourisme

165. L'Allemagne, le Royaume-Uni et les États-Unis ont présenté le document de travail WP 17 rév. 1, *Élaboration de lignes directrices relatives aux yachts pour compléter les normes de sécurité du trafic maritime autour de l'Antarctique*, portant sur le GCI mené par l'Allemagne organisé en 2011/12. Le GCI a examiné et mis à jour la liste de contrôle des éléments spécifiques aux navires présentée au document de travail WP 37 lors de la XXXIVe RCTA et il a fourni des lignes directrices pour les yachts naviguant en haute mer et dans les régions polaires.

166. La réunion a adopté la Résolution 10 (2012) Lignes directrices relatives aux yachts.

167. La Nouvelle-Zélande a présenté le document de travail WP 48, *Expédition commerciale non autorisée répétée : Nilaya/Berserk,* fournissant aux Parties des informations mises à jour sur l'effort de la Nouvelle-Zélande, en coopération avec l'Argentine, le Chili, la Norvège, la Fédération de Russie et les États-Unis, pour coopérer relativement à cet indicent et les tentatives répétées effectuées par l'organisateur de l'expédition du *Nilaya /Berserk* pour entreprendre des expéditions non autorisées en Antarctique. Le document d'information IP 75, *Relation of Activities Performed by Chile Regarding Nilaya/Berserk Yacht Situation* (Chili) et le document d'information IP 81, *The Nilaya/Berserk Expedition* (Norvège), ont fourni des informations complémentaires sur cet incident. La Nouvelle-Zélande a également remercié l'IAATO pour sa coopération en alertant ses opérateurs et elle a cherché à encourager les Parties à prendre des mesures pratiques pour limiter ces activités, en particulier d'autres expéditions par l'organisateur d'expéditions du *Nilaya/Berserk*.

168. La Norvège a informé la réunion que les autorités norvégiennes avaient signalé en avril 2012 l'organisateur responsable de l'expédition *Nilaya* aux autorités poursuivantes pour les infractions aux réglementations norvégiennes relatives à l'Antarctique. Le rapport s'appuyait sur le manque de notification suffisante et l'EIE, et l'absence d'assurance pour la recherche et le sauvetage. Actuellement, l'affaire est entre les mains des autorités poursuivantes en Norvège, qui ont un rôle indépendant dans le système juridique norvégien. Aucune indication n'a été donnée quant à une date d'enquête finale.

169. Suite à la demande de soutien effectuée par la Nouvelle-Zélande, l'Argentine a demandé à ses autorités d'immigration, son port de contrôle et son MRCC, ainsi qu'aux chefs de la station argentine en Antarctique de faire un compte-rendu au plus tôt sur les informations concernant les passagers voyageant à bord du navire. En attendant le navire au port d'Ushuaia, il y avait des contacts réguliers avec la Nouvelle-Zélande. Le 10 avril à 17h, le navire est entré à Ushuaia depuis Puerto Williams (Chili), battant pavillon russe et sous le nom de « Berserk ». L'autorité maritime l'a signalé au Consulat de Nouvelle-Zélande, qui a contacté son citoyen à bord du navire, afin de faire avancer les démarches requises en matière d'immigration.

170. Le Chili a remercié l'Argentine, la Nouvelle-Zélande, la Fédération de Russie et l'IAATO pour leur coopération sur le partage d'informations qui ont permis de connaître la position du *Nilaya/Berserk* et a signalé que le navire était alors à Puerto Williams et qu'il pourrait se préparer à une autre expédition au cours de la nouvelle saison. Les expéditions de navires

non autorisées vers l'Antarctique (y compris les risques associés) ont été identifiées comme une préoccupation commune à toutes les Parties.

171. Les Parties ont reconnu que les activités contraires au Protocole et autres instruments conventionnels pertinents, y compris celles qui sont répétées et/ou financées commercialement, sont une source de préoccupation majeure. À ce propos, les Parties ont réaffirmé leur engagement pour prendre les mesures préventives et de mise en application appropriées conformément à la réglementation nationale concernée en réponse à des activités contraires au Protocole et aux autres instruments pertinents du Traité de l'Antarctique. Rappelant la Résolution 3 (2004), les Parties ont également souligné l'importance de poursuivre une coopération et un partage d'informations concernant les activités contraires au Protocole et aux autres documents pertinents du Traité.

172. Mentionnant les incidents impliquant des expéditions non autorisées, le Brésil a présenté le document d'information IP 64, *Brazilian Motor Yacht Accident*. Le Brésil a déclaré que sa Marine tenterait de retirer, au cours de la prochaine saison estivale, un yacht qui s'est échoué dans la baie Maxwell.

173. Faisant écho aux préoccupations des Parties, l'IAATO a présenté le document d'information IP 37, *Report on IAATO Operator use of Antarctic Peninsula Landing Sites and ATCM Visitor Site Guidelines, 2011-2012 Season*, réitérant son engagement pour fournir ces informations chaque année à la RCTA et au CPE.

174. L'IAATO a présenté le document d'information IP 38, *Establishing IAATO Safety Advisories*, sur l'établissement par l'IAATO d'un système interne formalisé visant à renforcer la sécurité pour les opérateurs dans l'Antarctique, permettant ainsi qu'il existe une banque directement accessible et interrogeable de 'connaissances locales', à la fois sur les questions d'ordre général et sur les conseils spécifiques aux sites, conservés au fil du temps. L'IAATO a présenté le premier groupe consultatif dédié à la baie Whalers sur l'île de la Déception et il a noté que les recommandations précédentes pour renforcer la sécurité seront converties dans ce format et redistribuées à travers le Manuel de l'IAATO relatif aux opérations sur le terrain.

175. Le Royaume-Uni a indiqué que ce système était extrêmement utile et a encouragé à des liens plus étroits entre l'IAATO et le COMNAP sur les questions liées à la sécurité des navires.

176. En réponse, le COMNAP a noté qu'il maintenait un système de rapports d'accidents, d'incidents et d'incidents manqués de peu qui permettait aux

programmes antarctiques nationaux de partager des informations sur les questions de sécurité à travers des alertes par courriel instantané auxquelles des détails complémentaires peuvent être ajoutés.

177. Rappelant l'importance d'une collecte et de rapports de données précises dans ce contexte, le Royaume-Uni a présenté le document d'information IP 42, *Data Collection and Reporting on Yachting Activity in Antarctica in 2011/12,* préparé conjointement avec l'IAATO. Le rapport (une mise à jour du document de travail WP 20 présentée lors de la XXXIVe RCTA) a identifié huit yachts potentiellement non autorisés opérant dans l'Antarctique au cours de la saison 2011/12. L'IAATO a déclaré que, tandis que le nombre de navires non autorisés avait baissé au cours de la dernière saison, le problème continuerait de nécessiter une grande attention de la part des Parties.

178. Lors de la présentation du document d'information IP 53, *Follow-up to Vessel Incidents in Antarctic Waters,* l'ASOC a mis en avant les documents de travail WP 49, *Réponse de la RCTA aux incidents de navire de pêche de la CCAMLR (Nouvelle-Zélande), WP 51, Coordination d'opérations de recherche et sauvetage (SAR) maritimes et aéronautiques – Proposition de considération de moyens pour améliorer la coordination du SAR dans l'Antarctique* (États-Unis) et WP 63, *Échange d'informations en temps réel sur le trafic maritime dans l'Antarctique* (Chili), qui démontraient les dangers potentiels dans la navigation en Antarctique et soulignaient la nécessité d'actions complémentaires pour assurer la protection maximale de la vie des personnes et de l'environnement. L'ASOC a également souligné le manque de rapports adéquats dans la plupart des incidents et a appelé les Parties à prendre des mesures définitives pour signaler les incidents, mener des enquêtes à leur propos, y répondre et en effectuer un suivi.

179. L'ASOC a présenté le document d'information IP 56, *Progress on the Development of a Mandatory Polar Code*, et il a rappelé la Résolution 8 (2009), qui exprimait le souhait des Parties pour que l'OMI commence à travailler dès que possible au développement d'exigences obligatoires pour les navires opérant dans les eaux antarctiques. L'ASOC a encouragé les Parties à assurer que le Code s'applique aux navires nouveaux et existants, qu'il exige des normes de classe polaire pour tous les navires susceptibles de naviguer dans les glaces, qu'il s'applique à tous les navires, y compris les navires de pêche et qu'il inclut un chapitre relatif à la protection de l'environnement. L'ASOC a exhorté les Parties à participer au groupe de travail de l'OMI, au sous-comité conception et équipement du navire (Sous-comité DE) et d'équipement en février 2013 et au Comité de protection

du milieu marin en octobre 2012. L'ASOC a rappelé aux Parties que leurs qualités de leaders sur cette question dans l'OMI assureraient la bonne efficacité du Code.

180. Les Parties ont noté l'importance de poursuivre leur engagement dans le développement du Code, du fait de sa pertinence par rapport aux opérations dans l'Antarctique.

181. La Fédération de Russie a présenté le document d'information IP 73, *Russian Experience of Applying Automatic Aids to Approach of Heavy Transport Aircraft at the Antarctic Aerodromes using Satellite Navigation Systems*, rappelant que la sécurité aérienne était importante dans le cadre de l'ensemble de la sécurité des opérations en Antarctique. Les expériences des Russes dans l'utilisation de systèmes de navigation par satellite spécifiquement adaptés aux conditions de l'Antarctique au cours de la période estivale 2011/12 ont démontré que ces systèmes permettent d'améliorer considérablement la sécurité aérienne.

182. Le COMNAP a présenté le document d'information IP 4, *Management Implications of a Changing Antarctica – COMNAP Workshop Report*, notant que le document était un récapitulatif des discussions entre les directeurs et les directeurs adjoints des programmes antarctiques nationaux, qui sont les personnes qui possèdent les plus grandes connaissances de première main sur l'Antarctique. L'atelier a fourni une opportunité pour discuter du changement actuel et des réponses pratiques et techniques nécessaires pour soutenir la science de l'Antarctique.

183. Le COMNAP a également mentionné le document d'information IP 31, *Best Practice for Energy Management – Guidance and Recommendations*, qui avait fait l'objet d'une discussion lors du CPE. Le document indiquait l'existence de nombreuses initiatives en matière d'économie d'énergie pour les programmes antarctiques nationaux.

Point 11 – Tourisme et activités non gouvernementales dans la zone du Traité sur l'Antarctique

Aperçu de l'activité touristique en Antarctique pendant la saison 2011/12

184. L'IAATO a présenté le document d'information IP 39, *IAATO Overview of Antarctic Tourism: 2011-12 Season and Preliminary Estimates for 2012-13 Season*, qui fournissait un rapport sur l'activité touristique en Antarctique

au cours de la dernière saison, ainsi qu'une présentation générale des tendances du tourisme en Antarctique pour la saison à venir. Le nombre total de passagers et de clients transportés par les opérateurs de l'IAATO au cours de la saison 2011/12 a diminué et était à 26 519, ce qui représente une diminution d'environ 22 % par rapport à la saison précédente et marque la quatrième année consécutive de baisse. L'IAATO a expliqué que les chiffres présents dans le document ne se rapportaient qu'aux activités de ses membres.

185. L'IAATO a indiqué que, tandis que les facteurs économiques à l'échelle mondiale étaient responsables des baisses pour toutes les formes de tourisme en Antarctique pour 2008/09, 2009/10 et 2010/11, la chute observée au cours de la saison 2011/12 était due à des changements de l'Annexe I de la convention MARPOL de l'Organisation maritime internationale (OMI) qui est entrée en vigueur le 1er août 2011. Ces changements interdisaient l'utilisation et le transport de fioul lourd dans la zone du Traité sur l'Antarctique et cela a eu un impact énorme sur le nombre total de touristes vers l'Antarctique, car ces changements réduisaient le nombre de voyages organisés par les opérateurs de l'IAATO se limitant aux croisières qui utilisent des navires transportant plus de 500 passagers. Les estimations pour la saison 2012/13 prévoient une augmentation à 34 950 touristes, toujours en-deçà des chiffres de la saison 2007/08.

186. En réponse à une demande du Chili, l'IAATO a indiqué que, bien que les voyages se limitant aux croisières de plaisance aient considérablement diminué, d'autres croisières, notamment celles incluant des débarquements, étaient en augmentation. L'IAATO a également assuré à la réunion qu'aucun ravitaillement de navire en carburant ne se produisait au sein de la zone du Traité.

187. L'Argentine a présenté le document d'information IP 86, *Areas of tourist interest in the Antarctic Peninsula and Islas Orcadas del Sur (South Orkney Islands) region. 2011/2012 austral summer season*, IP 87, *Antarctic tourism through Ushuaia. Comparison of the last four austral summer seasons*, and IP 88, *Report on Antarctic tourist flows and cruise ships operating in Ushuaia during the 2011/2012 austral summer season.* Depuis la saison 2008/09, l'Argentine enregistre systématiquement le mouvement des passagers et des navires qui visitent l'Antarctique par le port d'Ushuaia et fournit ces informations à la RCTA. Ces documents donnent des détails sur tous les voyages touristiques depuis Ushuaia, notamment des informations sur les passagers, les équipages, le personnel des expéditions, les propriétaires

de navires et l'immatriculation des navires. Tout en se concentrant particulièrement sur les navires qui font escale à Ushuaia, les documents fournissent une source d'information alternative et/ou complémentaire pour d'autres sources actuellement disponibles afin d'aider à l'évaluation des activités touristiques en Antarctique.

188. La Suède a exprimé sa gratitude envers l'Argentine pour l'assistance efficace fournie dans une situation d'urgence médicale survenue à la station Melchior, avec l'aide du Chili et de l'IAATO.

Surveillance et gestion du tourisme

189. L'Argentine a présenté le document de travail WP 43, *Rapport final du groupe de contact intersessions sur la supervision du tourisme dans l'Antarctique*, qui proposait un projet de liste de contrôle visant à appuyer les inspections de la conduite sur le terrain d'activités touristiques en vertu de l'article VII du Traité sur l'Antarctique et de l'article 14 du Protocole de Madrid. Les informations obtenues de cette façon compléteraient (mais ne remplaceraient pas) les informations obtenues des processus d'évaluation environnementale, des échanges d'informations, des rapports par les Parties et les experts à la RCTA et au CPE et des pratiques et initiatives industrielles documentées (le cas échéant).

190. Tout en notant qu'une liste de contrôle faciliterait les inspections, l'ASOC pensait qu'il était également important d'augmenter le taux d'inspection des activités touristiques comme l'a souligné le document d'information IP 59 de la XXXVᵉ RCTA par le PNUE et l'ASOC.

191. Suite à d'autres discussions et notant que l'utilisation de listes de contrôle n'était ni obligatoire, ni restrictive, la réunion s'est mise d'accord sur une liste de contrôle pour aider à faciliter les inspections, par l'adoption de la Résolution 11 (2012) Liste de contrôle pour les activités sur le terrain avec des visiteurs.

192. Les États-Unis ont présenté le document de travail WP 37, *Considérations sur le camping côtier*, préparé conjointement avec la Norvège. Notant l'augmentation des demandes non gouvernementales de camping soutenus par des navires, les États-Unis ont considéré qu'il serait utile d'avoir un guide pour les autorités compétentes dans la conduite d'études de ces demandes. Selon les États-Unis et la Norvège, le nécessaire guide se rapporterait particulièrement à la détermination de sites de campement appropriés et de pratiques appropriées de gestion des déchets humains et à l'établissement d'une supervision nocturne adéquate.

193. Les États-Unis ont poursuivi avec le fait qu'il serait utile que les lignes directrices de site, nouvelles ou révisées, pour les visiteurs incluent une déclaration explicite pour savoir, si oui ou non, un campement est conseillé. Il peut être utile de développer des lignes directrices relatives au camping qui incluent les meilleurs pratiques pour aider dans le processus d'examen et améliorer la cohérence entre les autorités compétentes.

194. La réunion a discuté des différentes approches concernant les lignes directrices de sites pour les visiteurs, notamment si oui ou non les lignes directrices devraient fournir des conseils sur l'adéquation de sites de campement, l'acceptabilité d'un camping, la nécessité de lignes directrices de sites nouvelles ou révisées et la pertinence d'un seul ensemble de lignes directrices compte- tenu de la grande variété des activités qui pourraient être décrites comme étant du camping. Ces lignes directrices relatives au camping pourraient s'avérer utiles pour inclure des meilleures pratiques qui aideraient dans le processus d'examen et amélioreraient la cohérence entre les autorités compétentes.

195. L'IAATO a confirmé l'augmentation des visites courtes d'une nuit qui ont été organisées par ses opérateurs en Antarctiques et que l'IAATO partagerait ses lignes directrices actuelles sur les visites courtes d'une nuit.

196. La Nouvelle-Zélande, les Pays-Bas et l'ASOC se sont inquiétés de ce que la prise en considération du camping et d'autres activités non gouvernementales devraient également inclure si oui ou non l'activité était acceptable en vertu des principes du système du Traité sur l'Antarctique et des Principes généraux concernant le tourisme adoptés dans le cadre de la Résolution 7 (2009) et qui ne se limitent pas à un accent sur la réglementation.

197. Plusieurs Parties ont noté que ce sujet concernait le CPE. L'Australie considérait que les lignes directrices relatives au camping pourraient assister les Parties dans la mise en œuvre de dispositions du Protocole relatives à l'évaluation d'impact sur l'environnement et elle a noté que le camping n'était pas un nouveau développement. L'Argentine était d'avis que la prise en considération des expéditions de camping devrait s'appuyer sur les meilleures pratiques des programmes antarctiques nationaux.

198. Certaines Parties ont montré leur accord avec les conclusions du document de travail WP 37, qui encourageaient les Parties et les Observateurs à développer ou réviser les lignes directrices de sites pour les visiteurs afin d'ajouter une déclaration explicite pour savoir si oui ou non des campements étaient conseillés dans la section « Débarquement à terre » de la section « Visiteurs »

et, le cas échéant, indiquer le nombre maximal de campeurs que peut contenir le site ainsi que présenter le(s) site(s) de campement préférables sur la carte. Ces Parties ont également proposé d'encourager l'IAATO à travailler avec ses opérateurs qui sont expérimentés en camping côtier pour établir un catalogue de sites potentiellement adaptés au camping et développer des lignes directrices relatives au camping pour aider dans le processus d'examen et améliorer la cohérence entre les autorités compétentes dans l'examen de ces activités. Toutefois, d'autres Parties considéraient que la question de la pertinence d'activités de camping à terre devrait être examinée au cas par cas, en tenant compte des spécificités des sites proposés.

199. Les États-Unis étaient d'accord avec les observations effectuées par un certain nombre de Parties sur l'intérêt potentiel des questions mises en évidence dans le document de travail WP 37 pour le CPE. Les États-Unis ont proposé de poursuivre la discussion de manière informelle en période intersessions.

200. La Fédération de Russie a présenté le document d'information IP 72, *Activity of the international air program DROMLAN and its interaction with non-governmental activity in the Antarctic*, sur l'utilisation du projet accompli conjointement par onze programmes antarctiques nationaux, fournissant un soutien aérien dans la Terre Dronning Maud. Le programme organise des vols intercontinentaux vers l'Antarctique jusqu'aux aérodromes sur la glace de la station russe Novolazarevskaya et de la station norvégienne Troll.

201. En réponse à l'inspection menée par la Norvège des installations de la Fédération de Russie dans la Terre Dronning Maud (qui a fait l'objet d'un rapport soumis à la XXXIIIe RCTA), la Fédération de Russie a confirmé que les participants aux programme DROMLAN avaient accepté l'utilisation de l'infrastructure DROMLAN par les opérateurs touristiques et non gouvernementaux à travers une annexe à son mandat, qui est entrée en vigueur en 2011, et qu'ils avaient exigé que les utilisateurs de l'infrastructure DROMLAN se conforment aux dispositions du Traité et du Protocole. Notant une augmentation du coût des expéditions et des pressions budgétaires sur les programmes antarctiques nationaux, la Fédération de Russie a indiqué qu'au cours de la saison 2011/12, cette mesure avait conduit à la réduction des frais de transport aérien pour les Parties.

202. La Norvège a remercié la Russie pour son rapport complet et transparent en réponse à l'inspection norvégienne en 2010. L'ASOC a remercié la Russie pour les informations sur la liaison aérienne DROMLAN et a considéré que l'introduction d'activités touristiques dans le cadre des vols réguliers nécessitait une évaluation en vertu de l'aarticle 8 (3) du Protocole.

203. Tandis que les Pays-Bas ont accueilli favorablement les informations présentées par la Fédération de Russie, ils ont réitéré leur avis sur le fait que la meilleure garantie pour assurer une gestion durable des activités touristiques et non gouvernementales en Antarctique consistait à maintenir les touristes à bord des navires.

204. En réponse à une demande d'information par l'Inde, le Royaume-Uni a confirmé que l'opérateur non gouvernemental 'White Desert', qui entreprend des activités à proximité de la station russe et indienne dans la Terre Dronning Maud, était soumis à ses procédures d'autorisation. En tant qu'opérateur de l'IAATO, 'White Desert' suit également toutes les lignes directrices opérationnelles de l'IAATO.

205. La France a présenté le document de travail WP 29, *Amélioration du fonctionnement du Système électronique d'échange d'informations (SEEI) concernant les activités non-gouvernementales en Antarctique*, et elle a rappelé l'importance d'améliorer le fonctionnement du SEEI relativement aux activités non gouvernementales en Antarctique, afin de fournir aux Parties des informations détaillées pour gérer efficacement ces activités. La France a noté que les incidents récemment survenus dans la mer de Ross illustraient les problèmes auxquels les autorités compétentes sont confrontées lorsqu'elles font face à des violations aux réglementations perpétrées par des opérateurs non gouvernementaux en Antarctique.

206. Les concepts à prendre en compte incluaient l'amélioration de la présentation des données du SEEI concernant les activités non gouvernementales, l'introduction de données plus rigoureuses à des fins de gestion et la possibilité d'un rôle plus structuré et d'un mécanisme plus convivial pour le forum des autorités compétentes organisé par l'Allemagne et les Pays-Bas lors du CPE VIII (2005) et du CPE IX (2006). Le Secrétariat a informé qu'il serait possible d'inclure dans son SEEI des informations sur les autorisations et refus antérieurs et l'annulation d'activités menées par des opérateurs, avec des modifications mineures uniquement.

207. Les Parties ont confirmé la valeur d'un développement plus approfondi du SEEI, tout en notant que les exigences du SEEI en matière de rapports ne devraient pas surcharger les Parties et que son utilisation devrait rester volontaire.

208. Accueillant favorablement la proposition de la France, l'ASOC a noté qu'actuellement 25 pour cent des Parties ne semblaient pas échanger d'informations à travers la base de données. L'ASOC a exprimé son souhait de voir les Parties utiliser pleinement le système au cours de la prochaine année.

209. La réunion a adopté la Décision 4 (2012) Système électronique d'échange d'informations, encourageant l'utilisation du système et sa modification sous plusieurs respects ; et les Parties continueront de travailler avec le Secrétariat pour peaufiner et améliorer le SEEI.

Révision de la politique du tourisme

210. Les Pays-Bas ont présenté le document de travail WP 27 rév. 1, *Rapport du Groupe de contact intersessions sur les « questions non réglées » du tourisme en Antarctique*, et mentionné les informations à l'appui contenues dans le document d'information IP 67, qui contient un rapport sur le travail du GCI. Les cinq questions prioritaires identifiées par le GCI étaient les suivantes : amélioration de l'échange d'informations et de la coopération ; mesures et gestion des impacts cumulés par les visites ; mérites des instruments réglementaires pour empêcher ou réglementer l'expansion accrue des activités touristiques ; augmentation de la diversité des activités en Antarctique ; et développement potentiel de réglementations relatives aux installations permanentes du tourisme en Antarctique.

211. En réponse à la proposition de développer un plan de travail pluriannuel sur les questions du tourisme pour une introduction dans le plan de travail pluriannuel plus général de la RCTA, plusieurs Parties ont déclaré qu'elles pourraient accepter de se concentrer sur les discussions concernant le tourisme lors des RCTA en considérant les cinq questions prioritaires identifiées par le GCI. La Nouvelle-Zélande a identifié comme présentant une priorité élevée le fait de considérer le développement du tourisme vers de nouvelles zones manquant de données ou d'informations quant à la sensibilité de l'environnement. Le Japon a souligné l'importance d'utiliser des cadres existants comme les ZGSA, les ZSPA et les lignes directrices de site.

212. L'ASOC a présenté le document d'information IP 55, *Key Issues on a Strategic Approach to Review Tourism Policies,* et l'ASOC a recommandé trois points clé : augmentation de la supervision des activités touristiques à travers des inspections menées en conformité avec le Traité sur l'Antarctique et le Protocole ; gestion proactive des activités touristiques à travers une réglementation juridiquement contraignante, particulièrement en ce qui concerne l'expansion et la diversification du tourisme et l'occupation de nouveaux sites ; et l'identification des impacts sur l'environnement causés par le tourisme de manière séparée de celle des impacts d'autres activités ou des changements climatiques, afin de traiter l'expansion et les impacts cumulés.

213. Le Dr Neil Gilbert, pour le CPE, a présenté le document de travail WP 22, *Aspects et impacts environnementaux du tourisme et des activités non gouvernementales en Antarctique,* et mentionné les informations à l'appui contenues dans le document d'information IP 33, notant que le CPE avait examiné le rapport joint au document d'information IP 33, qu'il l'avait avalisé et transmis à la XXXVe RCTA pour soutenir la considération de la RCTA des questions liées au tourisme.

214. Lors de la discussion sur la question prioritaire d) dans le document de travail WP 27 Rév. 1 sur l'amélioration de l'échange d'informations et la coopération, la réunion a mentionné les Recommandations 1 et 2 de l'étude du CPE sur le tourisme – en annexe au document d'information IP 33. Le Royaume-Uni et la Nouvelle-Zélande ont fait part de leur préoccupation quant au fait que l'étude avait identifié les données sur le tourisme issues du SEEI comme très incomplètes et incohérentes et la Nouvelle-Zélande a suggéré d'associer les échanges d'informations de façon cohérente par rapport à la Résolution 6 (2005).

215. Divers points ont été soulevés dans la discussion sur la question prioritaire concernant la surveillance et la prévention d'impacts cumulés (question (g) du document de travail WP 27 Rév. 1). Plusieurs Parties ont mis en avant l'importance du rôle continu du CPE pour traiter ce problème. L'ASOC et l'Australie ont noté que la recommandation 7 de l'étude du CPE pourrait constituer un bon point de départ pour s'attaquer à ce problème.

216. D'autres options soulevées incluaient : examen des lignes directrices de site, possibilité de rendre certaines lignes directrices obligatoires, fermeture de sites pour une saison ou plus et définition de limites préventives sur le nombre de visiteurs. La Nouvelle-Zélande a noté le travail essentiel entrepris par Oceanites Inc., qui a offert une base de données complète. L'IAATO a noté dans ses propres examens des pratiques de gestion des visiteurs qu'elle a perçu la valeur d'une focalisation sur trois secteurs de surveillance : programmes de surveillance à long terme, études de recherche ciblées sur la réponse à des questions spécifiques et son propre système d'alerte pour mettre en évidence les problèmes immédiats.

217. Divers points ont été soulevés lors de la discussion sur la question prioritaire liée à l'adoption potentielle d'instruments réglementaires sur l'expansion des activités touristiques en Antarctique (question (h) du document de travail WP 27 Rév. 1). Tandis que les Parties reconnaissaient que le Protocole de Madrid s'applique à toutes les activités et qu'il avait en conséquence été mis en œuvre par chaque pays en conformité avec leur législation interne,

il y a eu une discussion importante sur la méthode appropriée pour aborder les activités touristiques et non gouvernementales. Certaines Parties ont également mentionné la nécessité de tenir compte de la sécurité et de l'auto-suffisance d'une activité, conformément à la Mesure 4 (2004), pour garantir un impact minime voire nul de l'activité proposée sur les programmes antarctiques nationaux, sans leur accord préalable.

218. Plusieurs Parties ont déclaré que le point déterminant concernant les évaluations des impacts sur l'environnement devrait être l'impact de l'activité et non pas son objectif, tandis que d'autres pensaient que l'objectif de l'activité était pertinent par rapport à l'application du Protocole.

219. Le Royaume-Uni a noté que, lors de l'étude des impacts sur l'envi-ronnement, il était important de considérer toutes les activités humaines sur les sites recevant beaucoup de visites. Ainsi, la recommandation d'une transformation et d'une utilisation concertée du SEEI devrait également inclure des informations de site spécifiques plus importantes concernant toutes les visites, notamment les opérateurs de l'IAATO, les autres opérateurs et les programmes nationaux. L'introduction d'informations sur des activités non menées par les Parties, lorsqu'elles sont disponibles, serait également utile.

220. En réponse aux commentaires de l'Allemagne et des Pays-Bas sur le potentiel d'exclure certains types d'activités touristiques, le Royaume-Uni a convenu que, tandis qu'en principe il était disposé à discuter des types d'activités à interdire, il était difficile de prévoir le type d'activités qui seraient acceptables en vertu des exigences du Protocole sur l'environnement et de la Mesure 4 (2004), mais que les Parties pourraient encore considérer comme inacceptables.

221. L'ASOC a noté qu'il y avait un manque d'informations de site spécifiques pour certains sites touristiques et il a mis en avant le fait que les évaluations des impacts ne reflètent normalement pas les impacts cumulés de visites répétées sur un site.

222. L'avis largement partagé était qu'il y avait des divergences dans le cadre du travail actuel sur la réglementation des activités à terre, en particulier dans l'expansion des activités touristiques à l'intérieur de l'Antarctique. Les Parties ont reconnu que cela nécessitait une considération sur la façon d'utiliser les zones immaculées, puisque les zones intérieures sont moins susceptibles d'avoir été exposées aux impacts humains.

223. L'IAATO a accueilli favorablement le travail du CPE sur les valeurs de la nature à l'état sauvage et la régionalisation biogéographique, qui a offert la

possibilité d'une approche stratégique pour la gestion des zones. L'IAATO a également noté les difficultés dans l'isolement des impacts cumulés générés par les activités touristiques à elles seules, comme le souligne l'étude du CPE *Study on the Environmental Aspects and Impacts of Tourism and Non-Governmental Activities in Antarctica.*

224. Relativement à la fermeture des zones immaculées, l'Argentine a noté que l'Annexe V du Protocole fournissait aux Parties des éléments pour savoir si oui ou non cela était nécessaire. Le Royaume-Uni a noté en général qu'il ne pensait pas que les zones devraient être délimitées en dehors des limites, sans justification en termes d'environnement. Le Japon a noté que les recherches scientifiques et les activités de surveillance ne devraient pas être interdites dans les zones immaculées et que le cadre de travail visant à identifier et désigner les ZSPA pourrait être utile pour considérer les zones immaculées. L'ASOC a noté que les Annexes I et V pourraient réglementer certaines activités mais pas toutes et il a affirmé la nécessité des zones inviolées et de référence pour la science.

225. Relativement aux installations touristiques permanentes, les Parties ont rappelé les discussions approfondies sur cette question lors de réunions précédentes, notamment les défis impliqués dans la définition de ce qui constituait une installation permanente. Plusieurs Parties ont convenu que les activités touristiques ne devraient pas être approuvées si elles ont un impact plus que mineur ou transitoire et les États-Unis ont suggéré que les Parties pourraient chercher à appliquer un seuil pour ces activités de réglementation, comme l'exclusion des activités nécessitant une évaluation globale de l'impact sur l'environnement (EGIE).

226. L'IAATO a rappelé son engagement pour assurer que les activités de ses Membres n'ont pas un impact plus que mineur ou transitoire et qu'aucun Membre de l'IAATO ne démontre un intérêt dans l'établissement d'installations permanentes dans l'Antarctique. Toutefois, les installations classées comme 'semi-permanentes' et accompagnées par une réhabilitation de site qui peuvent se produire au cours d'une saison pourraient être acceptables. Il y avait un grand soutien pour l'avis sur le fait que les activités touristiques susceptibles d'avoir un impact plus que mineur ou transitoire ne devraient pas être autorisées.

227. La Fédération de Russie a noté que la propriété non gouvernementale en Antarctique pourrait être hypothéquée, louée, vendue et héritée. Le nouveau propriétaire peut être un citoyen qui ne fait pas partie du Traité sur l'Antarctique et du Protocole. Dans ce cas, des structures permanentes

peuvent être utilisées autrement que pour leur utilisation prévue, même si une EIE était disponible.

228. Rappelant que les activités touristiques devraient être soumises à une réglementation, l'Argentine a déclaré qu'elle se réservait le droit d'avoir un centre d'interprétariat à des fins touristiques avec une certaine capacité d'hébergement à tout moment dans n'importe laquelle de ses stations et sans porter préjudice à ses programmes scientifiques, similaire aux centres existants. Selon elle, ces centres ne semblent pas avoir un impact néfaste sur l'environnement de l'Antarctique.

229. Le Japon a noté que les installations devraient être restreintes selon leur impact sur l'environnement plutôt que selon leur finalité.

230. En résumé, il y avait deux ensembles de préoccupations nécessitant des approches différentes. La première préoccupation portait sur l'impact cumulé éventuel du tourisme sur les sites déjà visités, en particulier notamment là où les visites augmentaient. Dans le cadre de cette préoccupation, les défis posés par les limites de données et l'accès aux données ont été identifiés, tout comme la préoccupation sur le fait que le processus d'évaluation des impacts sur l'environnement traitait les impacts d'une activité proposée sur un site visité, mais pas les impacts cumulés d'un grand nombre de visites. La deuxième préoccupation concernait l'éventuelle diversification et expansion des activités, surtout dans les zones précédemment jamais visitées. Ceci a soulevé des questions sur la méthode d'application du Protocole et il serait utile par la suite de comparer les pratiques à ce sujet.

231. Les États-Unis ont déclaré être ouverts à de nouveaux mécanismes réglementaires contraignants et applicables qui permettraient aux Parties de réglementer les activités touristiques et non gouvernementales. Ces mécanismes s'appuieraient sur une science solide et une approche préventive dans le sens où le manque de certitude scientifique complète ne devrait pas être invoqué pour justifier le report de mesures rentables pour empêcher la dégradation de l'environnement en Antarctique. Les États-Unis ont recommandé un travail plus approfondi sur la gestion des zones et les recommandations issues de l'étude sur le tourisme, en particulier le potentiel d'impact cumulés. Les États-Unis ont noté que d'éventuelles priorités pour un travail future incluaient une considération de : l'infrastructure permanente, des activités d'aventure à terre, la sécurité en mer et les opérations de recherche et sauvetage, la mise en application des réglementations existantes et la protection de l'environnement marin. Les priorités identifiées par la réunion devraient être intégrées dans le plan stratégique pluriannuel.

232. La Nouvelle-Zélande a noté que ses responsabilités de coordination de recherche et sauvetage pour une grande partie de l'océan Austral nécessitaient une approche prudente des activités touristiques et non gouvernementales dans la région. La Nouvelle-Zélande a mis l'accent sur les mesures de sécurité préventive. La Nouvelle-Zélande a noté que, en plus des impacts éventuels des activités touristiques sur l'environnement, les pressions dans la pratique que les opérations de recherche et sauvetage pourraient imposer aux programmes antarctiques nationaux ainsi que les questions juridiques liées au tourisme qui ont été soulevées par les Parties lors des discussions suggéraient la nécessité d'une supervision plus importante du tourisme par les Parties. À ce propos, la Nouvelle-Zélande a suggéré que les Parties améliorent leur supervision de ces activités à travers un renforcement de la collecte et des échanges d'informations, une surveillance de l'environnement systématisée et ciblées et une plus grande utilisation de l'outil d'inspection.

233. La Réunion a convenu que les Pays-Bas convoqueraient un groupe de contact informel travaillant jusqu'à la XXXVIᵉ RCTA pour préparer l'examen par la RCTA des politiques relatives au tourisme avec le mandat suivant. Le groupe :

    • identifiera des exemples d'activités qui contribuent à une diversification du tourisme en Antarctique ;

    • échangera des informations sur les expériences et les défis de l'application du droit national relativement à ces activités ;

    • échangera des avis sur la question j) identifiée par les Parties dans le document de travail WP 27 Rév. 1, pour savoir si oui ou non des directives politiques émanant de la RCTA à ce propos sont souhaitables, sous réserve qu'ils aient lieu conforméement au du Protocole et d'autres documents existants portant sur le tourisme en Antarctique.

234. La réunion a noté la question j) liée à la formulation de directives politiques émanant de la RCTA compte-tenu de l'augmentation continue de la diversité du tourisme et d'autres activités non gouvernementales dans l'Antarctique et la question h) liée à l'adoption d'actes réglementaires pour empêcher ou réglementer toute nouvelle expansion des activités touristiques dans l'Antarctique. (Document d'information IP 67, *Outstanding Questions' on Antarctic Tourism: An Inventory and Discussion.*)

235. La réunion a examiné l'étude du CPE S*tudy on environmental impacts and aspects of tourism.* Plusieurs Parties soutenaient le travail qui avait

été accompli par la Nouvelle-Zélande. Les États-Unis ont noté qu'il serait nécessaire de hiérarchiser ces recommandations au cours de l'examen par les Parties des futures méthodes de travail.

236. L'Australie, en soutien aux recommandations, a noté que certaines nécessitaient une attention plus prononcée du CPE, tandis que d'autres nécessitaient l'attention de la RCTA.

237. Lors de la discussion sur la Recommandation 1 de l'étude présentée au document de travail WP 22, concernant le développement d'une base de données à gestion centralisée pour fournir à la RCTA une vision complète des activités touristiques, l'ASOC a noté que les Parties devraient ne pas perdre de vue le fait que les impacts cumulés et l'expansion et la diversification des activités ne devraient pas faire l'objet de discussions en les isolant les uns des autres et que cela pourrait nécessiter de nouveaux mécanismes de collecte de données pour l'EIE. Les États-Unis ont averti que ce travail supplémentaire concernant la Recommandation 1 nécessiterait un financement supplémentaire convenu et une dotation en personnel du Secrétariat. Il pourrait être possible qu'une Partie désigne un expert en données au Secrétariat ou qu'elle fournisse une contribution volontaire pour ce travail.

238. L'IAATO a suggéré que le défi posé aux Parties se présentait en deux volets : d'une part la prise en considération des conséquences du classement de nature à l'état sauvage de la région et des limites de changement acceptables et d'autre part, les aspects pratiques pour envisager la gestion des visiteurs. L'IAATO s'est concentrée sur l'éducation de ses visiteurs pour devenir des ambassadeurs de la protection de l'Antarctique et, dans ce contexte, le concept de nature à l'état sauvage était important. Elle a confirmé son engagement à coopérer avec les Parties.

239. Saluant l'IAATO pour avoir fourni des informations utiles et notant que les données actuellement fournies par les Parties étaient incomplètes et incohérentes, le Royaume-Uni a souligné la nécessité de s'assurer que la collecte de données spécifiques aux sites reflétait les visites de tous les visiteurs, en plus des touristes, comme les scientifiques et le personnel des programmes nationaux.

240. Les Parties ont noté que les sources de données potentielles en plus de celles qui sont fournies par l'IAATO pourraient inclure des récapitulatifs après saisons issus des données recueillies par les MRCC (en tenant compte des préoccupations pour éviter la propagation de données commerciales et confidentielles), incluant des informations fournies par l'IAATO, le

COMNAP, les données satellites ainsi que les observations depuis les stations. L'IAATO a également suggéré que son système de signalement d'observations de yachts pourrait être repris par les stations côtières.

241. La réunion a convenu qu'il était nécessaire de développer une base de données à gestion centralisée sur les activités touristiques, notant que le SEEI peut fournir un mécanisme utile pour une telle base de données, en attendant de nouvelles clarifications sur le type de données requises, les faiblesses dans les sources de données existantes et des conseils sur une méthode de collecte et de gestion des données.

242. En réponse à la Recommandation 2 sur le développement d'une base de données à gestion centralisée sur les sites touristiques, les Parties ont soulevées plusieurs demandes et suggestions. Le Royaume-Uni a réitéré son avis selon lequel la RCTA devrait se référer aux sites fréquemment visités et hautement sensibles qui nécessitent une gestion et montré qu'il n'était pas d'accord sur le terme 'sites touristiques'. L'Australie a suggéré que de nouveaux conseils devraient être sollicités auprès du CPE sur l'étendue et le type d'informations à recueillir ; tandis que l'Allemagne a suggéré qu'une seule base de données pourrait peut-être recueillir des données à la fois sur les activités et les sites. Les Pays-Bas ont suggéré qu'un débat politique sur les impacts cumulés serait nécessaire lors de la progression sur cette recommandation. L'Argentine a mentionné une discussion antérieure de la RCTA au cours de laquelle il avait été convenu que le terme 'sensibilité environnementale' était difficile à définir et mesurer et qu'il faudrait le remplacer par un terme plus adapté.

243. Rappelant les Recommandations 1 et 2 de l'étude du CPE sur les aspects environnementaux et les impacts sur l'environnement des activités touristiques et non gouvernementales dans l'Antarctique, la réunion a accepté d'établir un groupe de contact intersessions en vue d'assurer que la RCTA ait un vision plus complète des activités touristiques dans l'Antarctique et faciliter les évaluations régulières des impacts potentiels et réels sur les sites visités, pour identifier les éléments d'information qui sont nécessaires à des fins de gestion, avec le mandat suivant :

   a) Clairement articuler les questions auxquelles il faut répondre pour traiter les objectifs précités, considérer si oui ou non les sources de données et d'informations existantes traitent ces questions et identifier les informations et les données à recueillir et partager pour répondre à ces questions. Ces questions informeront une conception plus efficace et effective du SEEI et

b) présenter les résultats à la RCTA à travers un récapitulatif des résultats.

244. Il a également été convenu que :

- Les observateurs et les experts prenant part à la XXXVᵉ RCTA seraient invités à participer au GCI ;
- Le Secrétait exécutif ouvrirait le forum de la RCTA pour le GCI et fournirait une assistance au GCI et
- La Nouvelle-Zélande endosserait le rôle d'organisateur et rendrait compte à la XXXVIᵉ RCTA des progrès accomplis par le GCI.

245. Sur la Recommandation 3, concernant la méthode appropriée pour évaluer la sensibilité d'un site, plusieurs Parties ont suggéré que le CPE serait le mieux placé pour déterminer la méthode la plus appropriée. Par ailleurs, la Norvège a proposé de partager ses expériences dans l'Arctique sur cette question. Le Royaume-Uni a souligné le fait que les activités devraient être évaluées dans le cadre de visites précédentes sur ce site, que ces visites aient été menées par des touristes ou d'autres. Tandis que les Pays-Bas soutenaient les méthodes d'évaluation basées sur des études scientifiques, ils ont également mis en avant l'importance d'appliquer une approche préventive et de ne pas retarder les mesures de gestion en raison d'un manque de connaissances sur un site. Ils ont également suggéré que le concept de sensibilité relative pourrait être utile. L'IAATO a noté qu'il était important de faire la distinction entre la sensibilité d'un site et les taux de visites, indiquant que certains sites peu fréquentés étaient sensibles aux impacts.

246. Accueillant favorablement et acceptant en principe la Recommandation 3 de l'étude du CPE, la réunion a convenu de demander au CPE, *en priorité* :

- de développer une définition appropriée et une méthode d'évaluation de la sensibilité d'un site et d'entreprendre une analyse de la sensibilité relative au moins pour les sites les plus visités dans l'Antarctique, selon les besoins, en prenant notamment compte, par exemple, la vulnérabilité des sites visités par rapport à l'établissement d'espèces non-indigènes, en vue d'évaluer rigoureusement les besoins de gestion appropriés.
- À ce propos, la réunion a également noté que les considérations relatives à la sensibilité d'un site devraient être incluses dans le processus d'évaluation environnementale pour les activités touristiques et non gouvernementales, comme recommandé à la Recommandation 3.

247. Accueillant favorablement et acceptant en principe la Recommandation 4 de l'étude du CPE, la réunion a accepté de demander au CPE :

- de considérer les moyens par lesquels les lignes directrices spécifiques aux sites sont examinées et mises à jour, notamment la fréquence appropriée d'examen et les informations requises à l'appui d'un examen.

248. Relativement à la Recommandation 5 sur l'examen régulier des tendances des activités touristiques sur des sites touristiques spécifiques, le Royaume-Uni a noté que le CEP considérait déjà la mesure dans laquelle les dispositions relatives à la gestion, par exemple les ZGSA, les lignes directrices de site ou les lignes directrices des programmes nationaux, étaient déjà en place pour les sites les plus visités. Accueillant favorablement et acceptant en principe cette recommandation, la réunion a convenu :

- d'entreprendre un examen régulier des tendances des activités touristiques et d'autres visiteurs sur des sites spécifiques, en particulier ceux qui enregistrent des niveaux de visites élevés ou qui sont considérés comme particulièrement sensibles aux impacts.

249. Sur la Recommandation 6 concernant le développement d'un programme de surveillance sur place approuvé par la RCTA, la discussion a noté que le CPE devrait examiner la mesure dans laquelle d'autres plans pourraient contribuer à un tel programme, notamment la plan de surveillance à long terme d'*Oceanites*, qui a permis d'identifier des tendances contextuelles ; le programme de surveillance des sites de visiteurs de la Nouvelle-Zélande (VISTA) ; les études posant des questions spécifiques sur les impacts, par exemple l'impact du tourisme sur la reproduction probante d'espèces spécifiques ; et le mécanisme d'alerte de l'IAATO « drapeau rouge » qui a déclenché une réponse immédiate. L'ASOC a noté qu'un programme de surveillance de la RCTA pour traiter les lacunes en données pourrait nécessiter la fourniture de ressources supplémentaires par les Parties, l'industrie du tourisme, les touristes ou les partenariats.

250. Accueillant favorablement et acceptant en principe la Recommandation 6 de l'étude du CPE, la réunion a convenu de demander au CPE, *en priorité* :

- d'examiner comment cibler les efforts de surveillance (par ex. : fréquence appropriée, niveau d'effort et lieu de surveillance) pour informer la gestion de l'environnement ; et

- d'organiser une étude de surveillance pilote sur site pour évaluer les impacts potentiels et l'efficacité de lignes directrices de site sur un ou plusieurs sites de visiteurs.

251. Relativement à la Recommandation 7 sur le développement d'une série de niveaux de déclenchement de 'meilleure estimation' pour assister dans les conseils en termes d'efforts de surveillance, le Royaume-Uni a prévenu qu'une considération prudente serait nécessaire quant aux déclenchements visant à assurer l'absence d'encouragements pervers susceptibles d'entraîner une course 'olympique' vers les sites de visite avant d'avoir atteint les niveaux de déclenchement. Les États-Unis ont suggéré que ceci pourrait se faire à travers des réponses en termes de politique, tandis que les recherches scientifiques pourraient fournir la base nécessaire d'un mécanisme. L'Australie et l'IAATO ont indiqué que des déclenchements pourraient informer le niveau de surveillance requis pour un site spécifique plutôt que d'être forcément liés à des fermetures de sites. L'IAATO a également noté la difficulté d'obtenir des données en temps réel sur les nombres de visiteurs au cours de la saison et a déclaré que des déclenchements devraient être spécifiques aux sites. L'ASOC a noté que l'étude du CPE sur le tourisme avait déjà identifié la nécessité d'une surveillance des impacts réels et potentiels du tourisme sur l'environnement et qu'il était important de prendre des mesures pour traiter ce besoin.

252. Accueillant favorablement et acceptant en principe la Recommandation 7 de l'étude du CPE, la réunion a convenu de demander au CPE :

- d'envisager de développer une série de paramètres de gestion ou de déclenchements d'indicateurs environnementaux pour assister l'orientation des efforts de surveillance. Ceci pourrait inclure l'identification de certains paramètres qui, s'ils sont atteints, déclencheraient la nécessité d'un examen de l'efficacité de la gestion courante du site. Une telle approche serait soutenue par la définition et l'analyse de la sensibilité d'un site à préciser par le CPE.

253. L'ASOC a noté que l'article 8 (3) du Protocole précisait que les procédures d'EIE s'appliquaient notamment à un changement d'activité, que le changement provienne d'une augmentation ou d'une réduction de l'intensité d'une activité existante ou de l'ajout d'une activité, et qu'un suivi des paramètres comme le nombre de touristes débarqués par saison sur un site était donc nécessaire pour l'évaluation des impacts sur l'environnement quand elle s'appliquait au tourisme.

254. Les options ont été abordées pour traiter la suggestion de la Recommandation 8 visant à identifier une série d'options de gestion potentielles qui pourraient s'appliquer à la gestion des activités touristiques, y compris les fermetures de zones, les périodes de repos et le regroupement de sites en tant que ZSPA ou ZGSA où des sites ont été identifiés comme vulnérables. Les Pays- Bas ont mis en avant la nécessité d'un accent sur une politique pro-active et de précaution et l'IAATO a suggéré qu'elle ne devrait pas prendre le pas sur une considération prudente des options de gestion, notamment la perception de leurs bénéfices et leur fondement scientifique. Le Royaume-Uni et l'IAATO se sont demandés comment les options pour couvrir les navires et les opérations de navires se recouperaient avec d'autres cadres de travail réglementaires, comme les réglementations de l'OMI.

255. Relativement à la Recommandation 8 de l'étude du CPE, la réunion a convenu ce qui suit :

    i. Tenant compte de la recommandation 8 de l'étude du CPE sur les aspects environnementaux et impacts sur l'environnement des activités touristiques et non gouvernementales dans l'Antarctique, ainsi que de la question g) identifiée par les Parties dans le document de travail WP 27 Rév. 1, les Parties sont invitées à identifier des options de gestion potentielles qui pourraient être envisagées pour une application éventuelle à l'avenir ;

    ii. Tenant compte des questions j) et h) identifiées par les Parties dans le groupe de contact intersessions dont le rapport fait l'objet du document de travail WP 27 Rév. 1 sur la diversification et l'expansion actuelles et potentielles des activités touristiques dans des zones précédemment non visitées de l'Antarctique, la réunion était d'accord sur l'importance du partage des expériences et des problèmes concernant leur application du Protocole, notamment le processus d'évaluation des impacts de ces activités sur l'environnement.

256. Il a été noté que, relativement à la Recommandation 8ii), le terme 'non visité' pourrait inclure les zones qui ont fait l'objet de rares visites.

257. Le Président du CPE a remercié le Président du groupe de travail sur le tourisme pour la discussion globale relativement à l'étude du CPE sur les aspects environnementaux et les impacts du tourisme et des activités non-gouvernementales. Le Président du CPE a également noté qu'il travaillerait avec les Membres du CPE au cours de la période intersessions afin de fournir des réponses aux demandes de la RCTA en temps opportun.

Point 12 – Inspections effectuées en vertu du Traité sur l'Antarctique et du Protocole relatif à la protection de l'environnement

258. Une inspection a été entreprise depuis la dernière réunion. La Fédération de Russie et les États-Unis ont présenté le document d'information IP 47, *United States – Russian Federation Report of Inspection*, contenant un rapport sur la première inspection conjointe des deux États – qui était la première inspection menée par la Fédération de Russie et la treizième menée par les États-Unis. Les deux Parties ont inspecté la base Scott (Nouvelle-Zélande), la station Concordia (France/Italie) et la station Mario Zucchelli (Italie), entre le 23 et le 28 janvier 2012.

259. Les inspections se sont déroulées conformément aux dispositions pertinentes du Traité sur l'Antarctique et du Protocole de Madrid et elles ont pleinement bénéficié de la coopération des Parties dont les stations ont été inspectées. Les Parties menant les inspections n'ont signalé aucune violation des règles relatives à l'environnement et elles ont été très impressionnées par l'étendue et la nature des activités de recherche qui se déroulent dans les trois stations. Tandis que la station Concordia était mise en avant en tant qu'exemple positif de coopération internationale, il a été noté que cela présentait également certains problèmes de coordination entre les programmes antarctiques nationaux qui ont différents régimes administratifs et juridiques.

260. En réponse, l'Italie a remercié l'équipe d'inspection des États-Unis et de la Fédération de Russie et elle a mis en avant le fait que, depuis le début des activités italiennes, les questions environnementales avaient constitué une préoccupation majeure, la prévention ainsi que la sélection et la formation de personnel adéquat étaient des éléments clé pour une conformité appropriée ; que si nécessaire, l'Italie pourrait, avec la France, mettre en œuvre un programme de surveillance du trou de forage EPICA et elle a souligné le fait que cette question était susceptible de concerner tous les autres programmes antarctiques nationaux avec des activités de forage. La Nouvelle-Zélande accorderait certainement une considération au rapport dans son objectif de poursuivre l'amélioration de ses activités à la base Scott. Elle a indiqué que sa ferme éolienne conjointe avec les États-Unis sur l'île Ross avait généré des économies d'énergie qui ont bien dépassé les attentes et elle a mentionné le document de contexte BP 41, *Antarctic Heritage Trust Conservation Update,* qui donnait un rapport sur les activités de conservation du patrimoine sur l'île Ross.

261. Répondant à une demande de l'Espagne concernant les recommandations ou procédures liées aux exercices de forage, le SCAR s'est référé à son Code de conduite pour l'exploration et la recherche dans des environnements sous-glaciaires, et son groupe d'experts sur l'évolution de l'intendance technologique et environnementale responsable pour l'exploration sous-glaciaire en Antarctique (ATHENA).

262. Le Japon était heureux de noter que l'Inde avait mis en œuvre des recommandations suite à son inspection de 2010 de la station Maitri, reflétées dans le document de contexte BP 22 soumis au CPE.

263. L'ASOC a présenté le document d'information IP 59, *Review of the Implementation of the Madrid Protocol: Inspections by Parties (article 14)*, préparé conjointement avec le PNUE, qui examinait la pratique des inspections. Il a noté que les inspections constituaient un élément essentiel du système du Traité et qu'ils étaient précieux pour identifier les problèmes nécessitant une plus grande attention et pour une expérience d'apprentissage. Depuis l'entrée en vigueur du Protocole en 1998, 83 installations et sites avaient été inspectés, avec une hausse de la fréquence moyenne des inspections chaque année. Douze des 28 Parties consultatives avaient mené des inspections. Quarante-cinq des 101 installations figurant sur la liste du COMNAP n'ont jamais été inspectées. Une ZGSA, 6 ZSPA et 7 SMH ont été inspectés, tandis que seuls 7 navires ont été inspectés au cours de la période.

264. Plusieurs Parties ont renforcé l'importance des inspections pour le système du Traité et ont remercié l'ASOC et le PNUE pour cette présentation générale claire. Les États-Unis ont indiqué que cela aiderait dans la planification des inspections et le Royaume-Uni a recommandé que le futur développement du site Internet du Secrétariat, qui renvoie les installations de l'Antarctique aux rapports d'inspection antérieurs, serait très utile pour les programmes d'inspection futurs.

265. L'Australie a accueilli favorablement le rapport d'inspection menée par les États-Unis et la Fédération de Russie. L'Australie a mentionné le document de travail WP 51 et les documents d'information IP 39 et IP 40 présentés lors de la XXXIVᵉ RCTA, qui dressait un rapport sur les inspections menées en 2009/10 et 2010/11. L'Australie a rappelé l'initiative de la Fédération de Russie lors de cette réunion de fournir des informations complémentaires aux Parties sur certaines préoccupations relatives à l'environnement abordées dans ces rapports et elle a indiqué qu'elle se réjouissait de la fourniture de ces informations à la RCTA à l'avenir.

Point 13 – Questions scientifiques, recherche sur le climat, coopération et facilitation scientifiques, en particulier la Préservation de l'héritage de l'Année polaire internationale 2007-2008

266. Le SCAR a présenté le document d'information IP 2, soulignant les efforts du Système d'observation de l'océan Austral (*SOOS)* pour développer un système d'observation efficace et cohérent. Le programme de science pour le système avait été publié, un comité de pilotage international avait convoqué sa première réunion et un nouveau site Internet allait bientôt être lancé.

267. En réponse à une demande de la Norvège, le SCAR a confirmé l'existence de liens solides et en cours de développement entre le SOOS et les réseaux *SAON* de stations d'observation *arctiques,* – le système équivalent qui avait été employé dans l'Arctique pendant plusieurs années.

268. Le Chili a présenté le document d'information IP 18 *Contribuciones chilenas al conocimiento científico de la Antártica: Expedición 2011/12*, présentant ses activités au cours de cette expédition, avec pour objectif de stimuler la coopération avec les autres Parties. Il signalait que le programme antarctique national du Chili avait 60 projets, dont 36 étaient à terre, impliquant 72 chercheurs et soutenant jusqu'à 95 chercheurs depuis leurs programmes étrangers.

269. Le SCAR a présenté le document d'information IP 40 rév.1, *SCAR Products available to support the deliberations of the ATCM*, notant qu'il avait plusieurs produits à disposition pour soutenir le travail de la communauté des chercheurs scientifiques en Antarctique.

270. Présentant le document d'information IP 48, *Japan's Antarctic Research Highlights in 2011–2012*, le Japon a mis en avant l'importance d'une coopération sous tous les aspects de la recherche en Antarctique - particulièrement en logistique et à la lumière de l'augmentation des contraintes financières. Les points soulignés du programme antarctique national du Japon au cours de l'an dernier incluaient son programme d'observation des paramètres de vent et plasma appelé PANSY de la surface jusqu'à 500 km d'altitude, impliquant la construction du plus grand radar atmosphérique jamais installé dans l'Antarctique. Le Japon a remercié la Belgique pour son soutien à l'équipe de terrain japonaise à la station Princesse Elisabeth.

271. La Belgique a noté l'importance d'une collaboration à son programme antarctique, qui fonctionne depuis 1985 avec le soutien d'un certain nombre des autres Parties.

272. Autres documents soumis au titre de ce point à l'ordre du jour :

- document d'information IP 21, *Anthropogenic Sound in the Southern Ocean: an Update* (SCAR)

- document d'information IP 35, *Antarctic Conservation for the 21st Century: Background, progress, and future directions* (SCAR, IUCN, Nouvelle-Zélande)

- document d'information IP 83, *Medical scientific cooperation between Romania and UK within the SCAR for the study of biometeorological human adaptation in a changing climate* (Roumanie)

- document de contexte BP 4, *Report on Scientific Activity of Ukraine for 2011/2012 Season* (Ukraine)

- document de contexte BP 6, *La base Belgrano II: un punto aventajado para observaciones científicas en el extremo austral del Mar de Weddell* (Argentine)

- document de contexte BP 7, *Evaluación institucional del Instituto Antártico Argentino* (Argentine)

- document de contexte BP 9, *Scientific & Science-related Collaborations with Other Parties During 2011-2012* (République de Corée)

- document de contexte BP 21, *Icebreaker Oden and her Southern Ocean missions* (Suède)

- document de contexte BP 26, *XI Meeting of Iberoamerican Antarctic Historians Playa Hermosa, Piriapolis-Uruguay – 24 et 25 novembre 2011* (Uruguay)

- document de contexte BP 27, *Actividades de investigación y proyectos científicos coordinados por el Instituto Antártico Uruguayo en la campaña 2011 – 2012* (Uruguay)

- document de contexte BP 33, *Programa de cooperación binacional en asuntos antárticos "Ecuador-Venezuela"* (Équateur)

- document de contexte BP 35, *Biorremediación con microorganismos antárticos* (Équateur)

- document de contexte BP 37 *Scientific Results of the Russian Scientific Studies in the Antarctic in 2011* (Fédération de Russie)

- document de contexte BP 39, *Law-Racovita-Negoita Base. An example of cooperation in Antarctica* (Roumanie)

- document de contexte BP 40, *ERICON Aurora Borealis Icebreaker. A new era in the polar research* (Roumanie).

Point 14 – Conséquences des changements climatiques pour la gestion de la Zone du Traité sur l'Antarctique

273. L'Australie a présenté le document de travail WP 32, *Intérêts de la RCTA dans les discussions internationales sur le changement climatique – options pour un engagement renforcé*, qui proposait plusieurs options pour les Parties au Traité sur l'Antarctique afin de poursuivre ensemble leur engagement dans des discussions internationales sur le changement climatique, comme l'avait recommandé la RCTA en 2010. Les options incluaient l'enregistrement du Secrétariat du Traité sur l'Antarctique en tant qu'organisation observatrice aux sessions de négociation de la Convention-cadre des Nations unies sur les changements climatiques (CCNUCC) ; émettant une déclaration conjointe sur les problèmes en Antarctique lors de la conférence des Parties de la CCNUCC ou un organe subsidiaire ; s'engageant dans le programme de travail de Nairobi sur les impacts, la vulnérabilité et l'adaptation au changement climatique de l'organe subsidiaire de la CCNUCC de conseil scientifique et technologique (SBSTA) en tant qu'organisation partenaire ; et accueillant un événement annexe sur les problèmes de l'Antarctique au cours de la Conférence des Parties de la CCNUCC.

274. L'Australie a déclaré que la poursuite d'un engagement plus proche de la CCNUCC correspondrait aux dispositions du Traité sur l'Antarctique et à la pratique de l'établissement de relations de travail effectives avec d'autres organisations internationales selon les besoins pour faire progresser la protection et la gestion de la région antarctique. Les options ne visaient pas à être normatives, mais à établir une relation de travail effectif avec la CCNUCC plutôt que des liens institutionnels formels.

275. L'ASOC a soutenu également la portée étendue vers la communauté internationale concernant les recherches sur le changement climatique en Antarctique et a suggéré que le Traité sur l'Antarctique, plutôt que le Secrétariat, pourrait solliciter le statut d'observateur auprès de la CCNUCC. Il a noté que le projet de communications soutenu par la Norvège, le Royaume-Uni et l'ASOC (exposé dans le document d'information IP 44, *Communicating the Science of Climate Change*, soumis par le SCAR) progressait bien.

276. Le Royaume-Uni a noté l'importance de la mise à jour du rapport ACCE fourni par le SCAR et envoyé au Groupe d'experts inter-gouvernemental sur l'évolution du climat (GIEC) et a suggéré de l'utiliser pour mettre à jour la CCNUCC. L'Argentine a suggéré que la réunion pourrait établir

une déclaration à soumettre à la CCNUCC, qui pourrait mettre en avant les implications du changement climatique pour l'Antarctique et les responsabilités et objectifs partagés des Parties consultatives au Traité sur l'Antarctique. Plusieurs délégations ont suggéré d'encourager les Parties à informer leurs délégations nationales auprès de la CCNUCC et d'autres forums associés à propos des questions polaires et l'organisation d'événements secondaires sur l'Antarctique lors de ces réunions.

277. Les Parties ont accueilli favorablement la discussion d'options pour faire progresser les recommandations de la RETA. Tandis que les Parties pensaient qu'il était important d'assurer d'informer la CCNUCC sur les faits pertinents associés à l'Antarctique et la science de l'Antarctique et que plusieurs ont rappelé qu'un système d'échange de lettres entre la CCNUCC et la RCTA avait précédemment été engagé, plusieurs Parties ont exprimé des préoccupations quant à l'intérêt et aux coûts d'inscription du STA en tant qu'observateur auprès de la CCNUCC, à l'intérêt de charger le Secrétariat d'un rôle de liaison en matière de politiques et aux défis impliqués dans la négociation d'une déclaration par toutes les Parties consultatives.

278. Le SCAR a informé qu'il était un observateur auprès de la CCNUCC et qu'à travers son organisation mère, le Conseil international pour la science, il interagissait avec le GIEC. En raison d'un budget limité pour ces activités, ses interactions se déroulaient principalement avec le GIEC. Certaines délégations considéraient que le statut du SCAR en tant qu'observateur auprès de la CCNUC fournissait des opportunités de sensibilisation sur les problèmes climatiques dans l'Antarctique.

279. En réponse au document de travail WP 39, *Invitation destinée à l'OMM* présenté par le Royaume-Uni et la Norvège, qui proposait que la réunion invite l'OMM à la prochaine RCTA pour informer les Parties sur les dernières activités de son groupe d'experts pour les observations, la recherche et les services polaires, la réunion a convenu d'inviter l'OMM à la XXXVIᵉ RCTA et espérait qu'elle continuerait à s'impliquer avec la RCTA à l'avenir.

280. La réunion a accueilli favorablement la participation de l'OMM à la XXXVᵉ RCTA et la présentation du document d'information IP 8, *Contemporary opportunities for weather and related Polar Observations, Research and Services - leading to improved mitigation of risk*, qui dressait un rapport sur le travail du Conseil exécutif (groupe d'experts sur) les observations, la recherche et les services polaires (EC-PORS). Cet organe a pour objectif de regrouper le travail de l'OMM afin d'améliorer les services et de maximiser les opportunités dans le cadre des observations, de la recherche et des

services météorologiques (et associés) pour les régions de l'Arctique et de l'Antarctique.

281. La réunion a remercié l'OMM pour son travail et a accueilli favorablement une coopération rapprochée entre la RCTA et l'OMM, particulièrement pour la mise à jour des recommandations techniques associées à la météorologie suite à l'examen par la RCTA des recommandations sur les questions d'ordre opérationnel (SP 9).

282. Le COMNAP a présenté le document d'information IP 4, *Management Implications of a Changing Antarctica – COMNAP Workshop*, qui récapitulait la discussion qui a eu lieu en marge de la XXIIIème réunion générale annuelle du COMNAP à Stockholm en Suède et il s'est référé au document d'information IP 31, *Best Practice for Energy Management – Guidance and Recommendations,* qui avait fait l'objet de discussions lors du CPE XV.

283. L'Espagne a émis des commentaires sur le document d'information IP 4, soulignant l'existence de défis majeurs pour la gestion de l'Antarctique, provenant à la fois du changement climatique et de pressions financières. Ainsi, les Parties devaient tenter de trouver des moyens de coopérer activement sur ces questions afin de les traiter de façon plus efficace.

284. La Bulgarie, du fait des changements mondiaux rapides, a soutenu fortement la déclaration de l'Espagne.

285. La réunion a accueilli favorablement le document du Secrétariat SP 8, *Actions taken by the CEP and the ATCM on the ATME Recommendations on Climate Change*, et elle a encouragé le Secrétariat à continuer à fournir ces mises à jour utiles à la réunion.

286. Le SCAR a présenté le document d'information IP 45, *Antarctic Climate Change and the Environment: an Update,* un troisième rapport de mise à jour qui incluait une évaluation complète des informations scientifiques sur le système climatique et les réponses de l'écosystème au changement dans l'Antarctique et l'océan Austral.

287. Autres documents soumis au titre de ce point à l'ordre du jour :

- document de contexte BP 17, *Energy Efficiency and Carbon Reduction Initiatives* (Nouvelle-Zélande)
- document de contexte BP 25, *Energy Efficiency project in Antarctic Research Station Artigas* (Uruguay).

Point 15 – Questions opérationnelles

288. Le COMNAP a présenté le document d'information IP 7, *Review of COMNAP Working Papers and Information Papers presented to the ATCM 1988 – 2011*, qui définit le travail que le COMNAP a entrepris et co-entrepris depuis 1988.

289. L'Équateur a présenté le document d'information IP 69, *Proyecto para que la Estación Científica Ecuatoriana "Pedro Vicente Maldonado" tenga el carácter de permanente*, qui détaillait le projet de l'Équateur de transformer sa station estivale Pedro Vicente Maldonado en station permanente.

290. L'Argentine a présenté le document de contexte BP 5, *Cambio de nombre a una base antártica de Argentina*, qui se rapportait au changement de nom d'une station argentine allant de Base Jubany à Base Carlini, pour honorer l'un des scientifiques les plus célèbres d'Argentine.

291. Autres documents soumis au titre de ce point de l'ordre du jour :

- IP 62, *The Dirck Gerritsz Laboratory at the UK's Rothera Research Station* (Pays-Bas et Royaume-Uni)
- BP 8, *The Second Antarctic Expedition of Araon (2011/2012)* (République de Corée)
- BP 28, *Renovación del Parque de Tanques de combustible de la Base Científica Antártica Artigas (BCAA)* (Uruguay)
- BP 29, *Maintenance of the Scientific Station T/N Ruperto Elichiribehety, Hope Bay, Antarctica Peninsula* (Uruguay)
- BP 38, Retiro de chatarra desde la base Presidente Eduardo Frei Montalva, isla Rey Jorge (Chili).

Point 16 – Questions éducatives

292. Autres documents soumis au titre de ce point de l'ordre du jour :

- IP 44, *Communicating the Science of Climate Change* (SCAR)
- BP 2, *Estrategias para acercar la Antártica a los ciudadanos* (Chili)
- BP 20, *Australia's Antarctic Centenary celebrations* (Australie)
- BP 23, *A Hundred Years of the South Pole Conquest: events organized by Uruguay* (Uruguay)

- BP 24, *Educational, cultural and outreach activities of the Uruguayan Antarctic Institute in 2011-2012* (Uruguay)
- BP 30, *Re-Edición del "Acta Antártica Ecuatoriana", publicación científica oficial del Ecuador sobre investigación antártica* (Équateur)
- BP 31, *II Concurso Intercolegial sobre Temas Antárticos, CITA2011* (Équateur)
- BP 32, *Seminario Taller "Ecuador en la Antártida: Historia, Perspectivas y Proyecciones"* (Équateur).

Point 17 – Échange d'informations

293. La France a présenté le document de travail WP 29, *Amélioration du fonctionnement du Système électronique d'échange d'informations (SEEI) concernant les activités non-gouvernementales en Antarctique*, qui proposait des améliorations du SEEI afin de fournir aux Parties des informations plus rapides et complètes concernant les activités nongouvernementales menées dans l'Antarctique. La France a proposé que l'utilisation du SEEI soit obligatoire compte-tenu du manque d'échange d'informations entre les Parties. La France a mis en avant le fait qu'il serait très utile que le SEEI autorise les Parties à consigner l'historique des autorisations et refus de permis antérieurs afin de fournir une 'mémoire' pour informer les décisions futures. Par ailleurs, la France a proposé la mise à jour régulière de différentes sections du SEEI tout au long de l'année de façon à permettre aux autres Parties de mettre les informations à disposition en temps réel.

294. Le Chili a présenté le document de travail WP 63, *Échange d'informations en temps réel sur le trafic maritime dans l'Antarctique*, qui propose un système coordonné d'échange d'informations en temps réel pour tout le trafic maritime dans l'Antarctique. Ceci visait à permettre de mieux connaître tous les navires opérant dans les eaux antarctiques et de faciliter les activités de recherche et sauvetage. Le Chili a reconnu que, tandis que différents systèmes existent dans le cadre de l'IAATO, du COMNAP et de la CCAMLR relativement à l'échange d'informations de surveillance des navires, un système intégré fournissant des informations plus détaillées serait très utile. Ce système pourrait être géré par le STA et les MRCC.

295. Les États-Unis ont accueilli favorablement l'intérêt des Parties dans les questions relatives à la sécurité en mer et ils ont noté la valeur d'un travail approfondi sur ces questions lors des futures RCTA.

296. L'Argentine soutenait en règle générale les recommandations du Chili dans le document de travail WP 63, tout en soulignant la nécessité de travailler sur le développement d'un système de communications à travers les MRCC avec la responsabilité en termes de recherche et sauvetage dans l'Antarctique. Un tel système permettrait l'échange d'informations en temps réel relativement aux navires opérant en Antarctique.

297. En réponse à une demande du Japon, le Chili a confirmé que ces informations devraient être traitées de façon confidentielle et que chaque organisation serait chargée d'assurer que les informations qu'elle reçoit soit gérées de façon coordonnée.

298. Le COMNAP a attiré l'attention sur son système existant de signalement de navires. Ce système a été conçu pour permettre aux navires des programmes antarctiques nationaux de fournir des informations complètes, qui pourraient être ajoutées et mises à jour au quotidien par les Parties. Ces informations sont mises à jour toutes les 24 heures et elles sont automatiquement transmises par courriel aux cinq MRCC chargés des activités de recherche et sauvetage dans les eaux antarctiques et à des points de contact nationaux désignés. Le site Internet du COMNAP fournit également une liste complète des navires enregistrés dans le système, notamment leurs dernières informations de positionnement.

299. L'IAATO a noté que son système de positionnement des navires fournit des données de suivi horaires pour les navires de passagers SOLAS, à l'exclusion des yachts. Les MRCC ont accès à cette base de données et à la base de données de l'IAATO sur les navires, avec toutes les informations qu'elles contiennent, fournies sur une base commerciale et confidentielle. L'IAATO a noté que, s'il était proposé d'utiliser ces informations plus généralement, cela nécessiterait plus de clarifications afin de solliciter une approbation de la part de ses membres.

300. Le Secrétariat a présenté le document du Secrétariat SP 10, *Report on the Informal Contact Group on the Improvement of the EIES and other Information Exchange Matters*, qui définit les améliorations accomplies en termes de SEEI et fournit un aperçu de son utilisation actuelle par les Parties. Neuf Parties ont participé au GCI, qui couvrait tous les aspects de l'échange d'informations et visait à identifier les aspects du SEEI qui

étaient problématiques pour les Parties et à apporter des améliorations au système.

301. Plusieurs Parties et l'ASOC ont salué le Secrétariat pour son travail et ses activités de suivi. L'ASOC a déclaré que les améliorations du taux de conformité avec les exigences en matière d'échange d'informations au cours de l'année dernière étaient impressionnantes.

302. L'ASOC a suggéré que des taux de conformité de 75 pour cent entre les Parties sur les rapports annuels et de 82 pour cent sur les informations pré-saison étaient encore inadéquats. Sans perdre de vue les obligations d'échange d'informations prévues par le Traité et le Protocole, il a indiqué que des efforts supplémentaires étaient nécessaires. L'ASOC a indiqué qu'il serait utile d'entendre les Parties qui n'ont pas encore atteint la conformité de définir quels autres changements - techniques ou autres - pourraient les aider.

Point 18 – Prospection biologique en Antarctique

303. La Belgique a présenté le document d'information IP 22, *Report on the Bioprospecting Activities Carried out by Belgian Scientists since 1998*, qui informe la réunion sur les activités de prospection biologique menées par la Belgique et l'utilisation des ressources génétiques de l'Antarctique conformément à la Résolution 7 (2005) et la Résolution 9 (2009).

304. Les Pays-Bas ont présenté le document d'information IP 63, *An Update on Biological Prospecting in Antarctica and Recent Policy Developments at the International Level*, préparé conjointement avec la Belgique, la Finlande, la Suède et le PNUE, qui fournissait une mise à jour sur les activités de prospection biologique pertinentes depuis la dernière RCTA et les récents développements de politiques à l'échelle internationale.

305. En réponse à une suggestion de stipuler dans le rapport de cette réunion que la RCTA était préparée pour traiter la collecte et l'utilisation de matières biologiques en Antarctique ultérieurement, certaines Parties ont indiqué qu'il n'est peut-être pas nécessaire de traiter la question et d'autres Parties ont noté que d'autres forums pourraient aborder la question si la RCTA ne le faisait pas. La France a insisté sur le fait que la prospection biologique devrait rester au programme de la RCTA et que celle-ci constituait le seul forum compétent pour aborder la prospection biologique en Antarctique. La réunion a convenu de surveiller les développements dans d'autres forums et de tenir la réunion au courant de cette question.

306. Les Parties ont rappelé la Résolution 9 (2009) qui réaffirmait le fait que le système du Traité sur l'Antarctique est le cadre de travail approprié pour gérer la collecte de matières biologiques dans la zone du Traité sur l'Antarctique et pour en considérer l'utilisation. L'Argentine a également indiqué que selon elle l'Antarctique ne devrait pas être considéré comme une zone au-delà de la juridiction nationale.

307. L'ASOC a également rappelé à la réunion l'importance de poursuivre l'échange et la mise à disposition libre d'informations comme le prévoit la Résolution 7 (2005) et conformément à l'article III du Traité.

Point 19 – Préparatifs de la 36ᵉ Réunion

a. Date et lieu

308. La Réunion a remercié le Gouvernement du Royaume de Belgique de son invitation à accueillir la XXXVIᵉ RCTA à Bruxelles du 20 au 29 mai 2013.

309. À toutes fins de planification, la réunion a pris note du calendrier probable ci-après des prochaines RCTA :

   • 2014 Brésil
   • 2015 Bulgarie

310. La Belgique a présenté un ordre du jour préliminaire et un projet de calendrier pour la 36ᵉᵐᵉ réunion consultative du Traité sur l'Antarctique qui se tiendra en Belgique en 2013.

311. Les Parties ont accueilli avec satisfaction le calendrier proposé pour la XXXVᵉ RCTA.

b. Invitation aux organisations internationales et non gouvernementales

312. Comme le veut l'usage, les Parties consultatives ont convenu que les organisations ci-après ayant des intérêts techniques ou scientifiques dans l'Antarctique devraient être invitées à envoyer des experts à la XXXVIᵉ RCTA : le Secrétariat de l'ACAP, l'ASOC, l'IAATO, la CIO, le Groupe d'experts inter-gouvernemental sur l'évolution du climat (GIEC), l'OHI, l'OMC, l'OMI, l'OMM, l'OMT, le PNUE et l'UICN.

c. Préparation de l'ordre du jour de la XXXVIe RCTA

313.   La Réunion a adopté l'ordre du jour provisoire de la XXXVIe RCTA

d. Organisation de la XXXVIe RCTA

314.   Conformément à l'article 11, la réunion a convenu, comme mesure provisoire, de proposer les mêmes groupes de travail la XXXVIe RCTA qu'à la présente réunion.

e. Conférence du SCAR

315.   Eu égard aux séries enrichissantes de conférences dispensées par le SCAR à un certain nombre de RCTA, la réunion a décidé d'inviter le SCAR à dispenser une nouvelle conférence sur les questions scientifiques d'intérêt pour la XXXVIe RCTA.

Point 20 : Divers

316.   L'Argentine a rappelé l'article IV du Traité sur l'Antarctique en ce qui concerne toutes les questions, notamment les documents présentés lors des RCTA.

317.   Concernant les références erronées relatives au statut territorial des Îles Malouines, l'Île Géorgie du Sud et l'Île Sandwich du Sud faites dans les documents, la cartographie et les publications disponibles et les présentations faites lors de la réunion consultative du Traité sur l'Antarctique, l'Argentine rejette toute référence à ces îles comme entités séparées du territoire national, ce qui leur donnerait un statut international qu'elles n'ont pas et affirme que les Îles Malouines, l'Île Géorgie du Sud et l'Île Sandwich du Sud et les zones maritimes environnantes font partie intégrante du territoire national argentin.

318.   De plus, elle rejette le registre maritime utilisé par les autorités britanniques qui en auraient prétendument la responsabilité et toute autre action unilatérale entreprise par de telles autorités coloniales qui ne sont pas reconnues par l'Argentine. Les Malouines, l'Île Géorgie du Sud, l'Île Sandwich du Sud et les zones maritimes environnantes font partie intégrante du territoire national argentin, sont sous occupation britannique illégale et font l'objet d'un conflit concernant la souveraineté entre la République d'Argentine et

le Royaume-Uni de Grande-Bretagne et de l'Irlande du Nord reconnu par les Nations Unies.

319. En réponse, le Royaume-Uni a déclaré n'avoir aucun doute quant à la souveraineté sur les Îles Falkland, l'Île Géorgie du Sud, l'Île Sandwich du Sud et leurs zones maritimes environnantes, comme le savent tous les délégués présents. À cet égard, le Royaume-Uni n'a aucun doute quant au droit du gouvernement des Îles Falkland d'utiliser un registre maritime pour les navires battant pavillon du Royaume-Uni.

320. L'Argentine rejette la déclaration du Royaume-Uni et réaffirme sa position juridique bien connue.

Point 21 – Adoption du rapport final

321. La Réunion a adopté le Rapport final de la 35e Réunion consultative du Traité sur l'Antarctique.

322. Le Président de la réunion, M. Richard Rowe a conclu la réunion.

323. La Réunion a été levée mercredi 20 juin 2012 à 14h40.

2. Rapport du CPE XV

Rapport du Comité pour la protection de l'environnement (XVe CPE)

Hobart, 11-15 juin 2012

Point 1 - Ouverture de la réunion

1. Le président du CPE, Dr. Yves Frenot (France), a ouvert la réunion le lundi 11 juin 2012 et a remercié l'Australie pour l'avoir organisée à Hobart.

2. Le Comité a souhaité la bienvenue au Pakistan en tant que nouveau Membre, à la suite de son adhésion au Protocole sur l'environnement.

3. Le Comité a adressé ses condoléances et sa profonde sympathie au Brésil suite à la perte du lieutenant Roberto Lopes dos Santos et du lieutenant Carlos Alberto Vieira Figueiredo, dans l'incendie qui s'est déclaré en février 2012 à la station brésilienne Comandante Ferraz, ainsi que pour la disparition soudaine, en septembre 2011, de M. Alexandre de Lichtervelde, qui fût représentant de la Belgique au CPE.

4. Le président a résumé les travaux entrepris au cours de la période intersessions. Ces travaux incluaient notamment quatre groupes de contact informels, le Groupe subsidiaire et d'autres études contribuant à des documents présentés au CPE XV. Les travaux prévus et planifiés à la réunion du CPE XIV ont été accomplis.

5. Il a été souligné que, pour la plupart, les travaux ont été menés conformément aux tâches prévues dans le Plan de travail quinquennal du CPE pour la période intersessions 2011-2012.

Point 2 - Adoption de l'ordre du jour

6. Le Comité a adopté l'ordre du jour ci-après et a confirmé la répartition des documents à examiner, à savoir 44 documents de travail (WP), 46 documents d'information (IP), cinq documents du Secrétariat (SP) et 13 documents de contexte (BP) :

1. Ouverture de la réunion

2. Adoption de l'ordre du jour

3. Débat stratégique sur les travaux futurs du CPE

4. Fonctionnement du CPE

5. Conséquences des changements climatiques pour l'environnement : Approche stratégique

6. Évaluation d'impact sur l'environnement (EIE)

   a. Projets d'évaluations globales d'impact sur l'environnement

   b. Autres questions relatives aux évaluations d'impact sur l'environnement

7. Plans de gestion et de protection des zones

   a. Plans de gestion

   b. Sites et monuments historiques

   c. Lignes directrices pour les visites de sites

   d. Empreinte humaine et valeurs de la nature à l'état sauvage

   e. Gestion et protection marines territoriales

   f. Autres questions relevant de l'annexe V

8. Conservation de la faune et de la flore de l'Antarctique

   a. Quarantaine et espèces non-indigènes

   b. Espèces spécialement protégées

   c. Autres questions relevant de l'annexe II

9. Surveillance de l'environnement et rapports

10. Rapports d'inspection

11. Coopération avec d'autres organisations

12. Réparation ou réhabilitation des dégâts environnementaux

13. Questions de caractère général

14. Élection du Bureau

15. Préparatifs de la prochaine réunion

16. Adoption du rapport

17. Clôture de la réunion

Point 3 - Débat stratégique sur les travaux futurs du CPE

7. La Nouvelle-Zélande a présenté le document WP 57 intitulé *Portail des environnements de l'Antarctique*, préparé conjointement avec l'Australie et le Comité scientifique pour la recherche en Antarctique (SCAR), qui a fait état d'un concept de développement d'un portail en ligne sur les environnements de l'Antarctique. Le portail pourrait contribuer de manière efficace à resserrer les liens entre la science et les politiques relatives à l'Antarctique, à renforcer le rôle du CPE dans sa capacité de fournir des avis à la RCTA, de faciliter le travail du SCAR dans sa capacité de fournir des avis à la RCTA et au CPE et à promouvoir la communication sur les environnements de l'Antarctique auprès du grand public.

8. Les Membres ont salué la proposition, notant l'importance de disposer d'un accès aisé à l'information afin de soutenir les travaux du Comité, et se sont déclarés favorables à une contribution au développement du portail pendant la période intersessions. La Norvège s'est portée volontaire pour partager l'expérience qu'elle a acquise au cours de la création du portail de la mer de Barents, développée dans le cadre de la Commission jointe norvégienne-russe sur la protection de l'environnement, et les sites internet des groupes de travail pertinents du Conseil de l'Arctique. La Belgique a fait remarquer qu'elle participait activement aux travaux ayant trait au portail ANTABIF sur la biodiversité et a offert sa collaboration. Plusieurs Membres ont soulevé des questions clés, notamment : les implications en terme de ressources, la duplication éventuelle des informations publiées par le SCAR et le Secrétariat, le multilinguisme ou la disponibilité des données dans les quatre langues du Traité sur l'Antarctique, la propriété intellectuelle du contenu du portail et sa gestion à long terme, la méthode à employer pour avaliser les publications affichées au nom du CPE, et la définition de principes d'introduction des données pertinentes.

9. La Nouvelle-Zélande a indiqué que ces questions seraient examinées pendant l'élaboration et la planification du portail.

10. Le Comité a appuyé le concept d'un portail des environnements de l'Antarctique et se réjouit d'avance de recevoir, dès l'année prochaine, de la part de la Nouvelle-Zélande, du SCAR, de l'Australie et des autres Membres intéressés, un compte rendu sur les progrès accomplis dans le développement d'un modèle de démonstration.

11. Le Comité a révisé et mis à jour le Plan de travail quinquennal, notant son utilité continue (Appendice 1).

12. Le Comité a souligné le rôle primordial que joue le Plan de travail quinquennal dans la gestion de ses travaux et dans la hiérarchisation de ses priorités. Il a en outre décidé d'aborder à l'avenir les questions relatives au plan à la fin de chaque point de l'ordre du jour.

Point 4 - Fonctionnement du CPE

13. Le Secrétariat a présenté le document SP 10 *Rapport du Groupe de contact informel sur l'amélioration du SEEI et autres questions relatives à l'échange d'informations*, qui a fourni des informations sur l'utilisation actuelle du système électronique d'échange d'informations (SEEI) et les récentes améliorations, et a posé une série de questions concernant l'échange d'informations. Neuf Membres avaient participé activement au Groupe de contact informel. Le Secrétariat a offert de poursuivre le travail en vue d'améliorer le SEEI.

14. Le Président a noté que le SEEI constituait un outil essentiel pour assurer l'échange d'informations sur les activités menées actuellement en Antarctique, et il a félicité le Secrétariat des améliorations continues du SEEI visant à faciliter les travaux du CPE.

15. Le Chili et les États-Unis ont vivement souhaité que d'autres améliorations soient apportées au SEEI afin de permettre la soumission de données couvrant un large éventail d'espèces, de lieux et d'années. Le Royaume-Uni a noté que les Membres devraient continuer à alimenter le SEEI avec toutes les données disponibles afin d'atteindre une masse critique.

16. Le Comité a vivement remercié le Secrétariat pour tout le travail effectué sur l'amélioration du SEEI, ainsi que pour s'être acquitté d'une imposante liste de tâches en soutien au CPE, à la RCTA et aux travaux intersessions. Le Comité a, en outre, encouragé les Membres à accepter l'invitation du Secrétariat visant à faciliter l'ajustement supplémentaire des données dans le SEEI.

17. La France a fait observer qu'à cet égard, le document WP 29 *Amélioration du fonctionnement du Système électronique d'échange d'informations (SEEI) concernant les activités non-gouvernementales en Antarctique*, présenté au titre du Point 17 de l'ordre du jour de la RTCA, était pertinent.

Point 5 - Conséquences des changements climatiques pour l'environnement : Approche stratégique

18.   Le Royaume-Uni a présenté le document WP 33 *RACER - Évaluation rapide de la résilience des écosystèmes circumarctique : un outil de la région Arctique axé sur l'évaluation de la résilience des écosystèmes et des zones importantes pour la conservation et sa mise en application possible en Antarctique*, préparé conjointement avec la Norvège. Le document a discuté d'un nouvel outil de conservation mis au point par le WWF, permettant d'identifier et de cartographier les lieux qui revêtent une importance particulière en matière de conservation à travers l'Arctique, et centré sur la résilience des écosystèmes. Le document a été présenté suite à la Recommandation 29 de la réunion d'experts du Traité sur l'Antarctique (RETA) sur les changements climatiques (Svolvær, Norvège, 2010), précisant qu'il incombait au CPE de *« rester vigilant à l'élaboration d'outils de conservation liés aux changements climatiques dans d'autres parties du monde qui pourraient être applicables en Antarctique »*.

19.   Les Membres et l'ASOC ont salué cette initiative qui pourrait éventuellement compléter la palette d'outils mise à la disposition du CPE. En outre, ils ont noté qu'elle pourrait potentiellement s'ajouter aux outils existants, tels que l'analyse des Domaines environnementaux et les Régions de conservation biogéographiques de l'Antarctique, lors de la mise en place d'éco-régions représentatives à grande échelle.

20.   Tout en notant que la méthodologie RACER pourrait faciliter la définition des zones de haute résilience au sein des Régions de conservation biogéographiques en Antarctique, le SCAR a également fait part de sa préoccupation quant à la présence d'espèces non-indigènes dans de telles zones qui n'est pas prise en compte par le modèle à ce stade. Le SCAR a proposé de travailler avec le Royaume-Uni et la Norvège pendant la période intersessions.

21.   L'Australie s'est réjouie du document et a fait observé que des progrès sur les questions relatives aux recommandations non satisfaites de la RETA ne pourraient être réalisés que si les Membres présentaient des propositions pour examen par le Comité. L'Australie a indiqué qu'elle serait ravie de participer à des délibérations avec le Royaume-Uni et la Norvège. En guise de commentaire initial, elle a souligné l'importance de prendre en compte les disparités qui existent en termes de contexte de gestion et d'objectifs de conservation entre les régions arctique et antarctique.

22. Plusieurs Membres ont noté qu'il s'avérerait nécessaire d'adapter la méthodologie en fonction des différences manifestes qui existent entre l'Arctique et l'Antarctique, relatives aux conditions physiques et à l'activité humaine. Les autres questions abordées comprenaient : la nécessité de parvenir à une conception commune de la résilience et de s'accorder sur les adaptations acceptables, la nécessité de protéger les zones vulnérables, et la prise en compte d'autres facteurs qui influencent la résilience, tels que l'appauvrissement de la couche d'ozone. L'Espagne a également observé qu'il serait nécessaire de trouver un équivalent en espagnol pour le mot «résilience».

23. Le Brésil a suggéré que la baie de l'Amirauté pourrait s'avérer être une zone d'essai appropriée, compte tenu des données disponibles aussi bien pour les aires terrestres que marines.

24. Le Comité a approuvé les travaux visant à tester la méthodologie RACER en Antarctique, tout en tenant compte de la nécessité d'adapter la méthodologie au contexte de l'Antarctique, et a demandé que les résultats de l'essai soient présentés au CPE XVI afin d'étayer les délibérations ultérieures.

25. Le Secrétariat a présenté le document SP8 *Mesures prises par le CPE et la RCTA par rapport aux recommandations proposées par la RETA sur le changement climatique,* informant le Comité des mesures prises en vertu de chacune des trente recommandations de la RETA.

26. La Nouvelle-Zélande a remercié le Secrétariat pour son travail, notant qu'il était important de ne pas perdre de vue les recommandations de la RETA.

27. Le COMNAP a présenté le document d'information IP 31 intitulé « *Best Practice for Energy Management – Guidance and Recommendations* », en réponse à la recommandation 4 (2) de la RETA (2010), qui priait le COMNAP de rendre compte des progrès accomplis en vue de mettre en œuvre les meilleures pratiques de gestion énergétique et d'informer les Parties sur les dernières évolutions des meilleures pratiques en matière d'efficacité énergétique et du déploiement d'énergie alternative. Ce rapport indique que, malgré une certaine baisse, la consommation de carburant dans les stations de l'Antarctique reste néanmoins considérable. Il souligne que les navires et aéronefs représentent la part principale de la consommation et qu'à cet égard, l'amélioration de la planification opérationnelle a permis de générer quelques économies d'énergie.

2. Rapport du CPE XV

28.   L'ASOC a salué les initiatives du Royaume-Uni et de la Norvège, telles que consignées dans le document WP 33, ainsi que l'initiative du COMNAP décrite dans le document d'information IP 31, qui constituent des contributions utiles à l'élaboration de l'approche stratégique du CPE relative aux changements climatiques.

29.   En réponse aux préoccupations soulevées par la France et les États-Unis au sujet du faible taux de réponse des Programmes antarctiques nationaux par rapport à l'enquête sur la gestion énergétique organisée par le COMNAP, le COMNAP a précisé que l'enquête avait été menée pendant la saison de l'été austral, alors que la plupart de ses membres se trouvaient en Antarctique. Il a ajouté toutefois que le COMNAP continuerait à solliciter des réponses supplémentaires à l'enquête, et s'efforcerait de fournir ces informations au CPE XVI.

30.   Le SCAR a présenté le document d'information IP 44 intitulé « *Communicating the Science of Climate Change* » qui a répondu à la recommandation de la RETA sur le changement climatique est les impacts pour la gestion et la gouvernance pour la région antarctique (2010), qui identifie la nécessité de développer un plan de communication sur les changements climatiques en Antarctique. Il s'agit d'un plan de communication mettant au premier plan les conclusions du rapport ACCE du SCAR afin d'en informer les décideurs, le grand public et les médias. Le SCAR a expliqué comment, grâce au financement de la Norvège, du Royaume-Uni et de l'ASOC, il avait activement mis en œuvre des moyens novateurs pour améliorer la communication dans ce domaine. Le SCAR s'est également référé au document d'information IP 45 intitulé « *Antarctic Climate Change and the Environment: an Update* ». Le SCAR a entrepris une actualisation majeure du résumé exécutif du rapport ACCE, afin de le rendre beaucoup plus complet que les résumés précédents. Ce texte sera soumis à un journal revu par des pairs à des fins de publication.

31.   Le Royaume-Uni a en outre rappelé qu'il s'était engagé à travailler conjointement avec la Norvège et l'ASOC afin de communiquer la science du changement climatique.

32.   L'IAATO a indiqué qu'elle accorde une haute priorité à l'éducation de leur clientèle sur la question des changements climatiques en Antarctique. De plus, à titre d'exemple, l'IAATO a entrepris de créer une présentation générique sur les changements climatiques qui sera mise à la disposition

de ses membres. L'IAATO a offert d'apporter son soutien au SCAR afin de faire progresser son initiative de communication.

33.   L'ASOC a présenté le document d'information IP 58 rév. 1 intitulé « *Earth Hour Antarctica (2013)* », préparé conjointement avec l'Australie et le Royaume-Uni, qui propose une approche coordonnée à l'échelle continentale en vue d'éteindre toutes les lumières non essentielles dans les stations de recherche antarctiques à l'occasion de l'opération *Une Heure pour la Terre (Earth Hour)* le 30 mars 2013. L'ASOC préconise une approche qui tiendrait compte de toutes les contraintes opérationnelles et de sécurité, afin de soutenir une mesure concrète de lutte contre la menace des changements climatiques.

34.   Les Membres dont les stations avaient participé aux précédentes opérations *Une Heure pour la Terre*, notamment le Royaume-Uni (stations Halley et Rothera), l'Australie (stations Casey et Mawson) et la Nouvelle-Zélande (base Scott) ont encouragé d'autres programmes nationaux à y participer et ont indiqué qu'ils seraient ravis de répondre à toutes questions portant sur l'aspect pratique des contraintes opérationnelles.

35.   Le COMNAP a suggéré que les délibérations sur les questions liées aux aspects pratiques, techniques et opérationnels de l'opération *Une Heure pour la Terre* pourraient être débattues lors de l'assemblée générale annuelle du COMNAP prévue en juillet 2012.

Point 6 - Évaluations d'impact sur l'environnement

6a) Projet d'évaluation globale d'impact sur l'environnement

36.   Aucun document n'a été soumis au titre de ce point de l'ordre du jour.

6b) Autres questions relatives aux évaluations d'impact sur l'environnement

37.   La République de Corée a présenté le document d'information IP 23 intitulé « *Final Comprehensive Environmental Evaluation (CEE) for the Proposed Construction and Operation of the Jang Bogo Station, Terra Nova Bay, Antarctica* » qui a fait état de ses réponses à plusieurs requêtes et recommandations des Parties concernant le projet d'Évaluation globale d'impact sur l'environnement (EGIE) présenté au CPE XIV (2011). Il était notamment question des impacts cumulatifs liés à la concentration de bases

dans la baie de Terra Nova, du recyclage de l'eau, du remplacement d'un incinérateur qui avait été proposé doté d'un réducteur de déchets alimentaires, de l'introduction d'un Plan de gestion régissant les visites à une colonie de skuas située à proximité du site de construction et accompagné d'un programme de surveillance lié à cette colonie, de l'introduction d'espèces non-indigènes, d'un Plan de gestion de l'énergie comprenant l'énergie solaire et éolienne, et des informations plus détaillées sur un démantèlement de la station plus efficace grâce à la conception modulaire de la structure. La construction débuterait en décembre 2012.

38.   Plusieurs Membres ont reconnu la qualité de l'EGIE finale et ont considéré qu'elle répondait à la plupart des préoccupations soulevées au CPE XIV suite à la présentation du projet d'EGIE. Tout en appréciant les efforts déployés pour rendre la station JangBogo plus respectueuse de l'environnement, l'ASOC a fait état de ses préoccupations persistantes concernant les impacts cumulatifs liés à la construction de stations et à la concentration des activités dans la baie de Terra Nova. En outre, l'ASOC a indiqué que la nouvelle station placerait la Corée à la pointe de la science dans la région concernée et espérait que la Corée jouera un rôle de premier plan dans le domaine de la protection de la région de la mer de Ross. L'Allemagne a noté qu'elle souhaiterait recevoir des informations sur la modélisation des bruits de vent sur la structure de la station, et des données relatives à la colonie de skuas, une fois que la station sera opérationnelle.

39.   L'Italie a noté qu'elle avait déjà lancé plusieurs projets scientifiques conjoints avec des chercheurs scientifiques coréens.

40.   Le Comité a félicité la République de Corée d'avoir présenté une EGIE finale complète et détaillée. Les membres ont également exprimé leurs meilleurs vœux à la République de Corée pour l'avenir de la station Jang Bogo, et se réjouissent d'avance de promouvoir la coopération internationale et d'enrichir les activités de recherche dans la baie de Terra Nova.

41.   Le Royaume-Uni a présenté le document d'information IP 23 intitulé « *The Final Comprehensive Environmental Evaluation (CEE) for the* Proposed *Exploration of Subglacial Lake Ellsworth, Antarctica* » et a une fois de plus remercié les Membres de pour les commentaires qui avaient été faits sur le projet d'EGIE, à la fois directement au Royaume-Uni et au GCI dirigé par la Norvège. La Fédération de Russie a noté que les travaux entrepris par le Royaume-Uni contribueront à enrichir les connaissances de l'humanité.

42. Le Comité a félicité le Royaume-Uni sur le caractère complet de son EGIE finale.

43. Plusieurs Membres ont salué la façon dont les promoteurs de chacune des EGIE avaient suivi la procédure pour répondre aux observations des Parties, afin de limiter et d'éviter les impacts sur l'environnement conformément aux dispositions du Protocole sur l'environnement.

44. La Nouvelle-Zélande a présenté le document WP 22 intitulé *Aspects et impacts environnementaux du tourisme et des activités non gouvernementales en Antarctique* et a renvoyé au document d'information IP 33 sur le même sujet. Ces documents décrivent les résultats d'une étude approfondie effectuée par la Nouvelle-Zélande suite à une demande de la RCTA XXXII.

45. La Nouvelle-Zélande a résumé les conclusions de l'étude, qui fournit un aperçu des tendances du tourisme au fil du temps, décrit les caractéristiques actuelles du tourisme en Antarctique, examine les impacts environnementaux qui pourraient être engendrés par les activités de tourisme en Antarctique, dresse le bilan des lieux visités par les touristes, passe en revue la littérature publiée sur l'impact du tourisme en Antarctique, fait un résumé des mesures adoptées par les Parties au Traité, évalue les contrôles en vigueur et formule huit recommandations de travaux futurs. La Nouvelle-Zélande a relevé qu'il était difficile d'obtenir des données indépendantes, fiables et complètes sur toutes les formes d'activité touristique en Antarctique. En outre, elle a suggéré que le manque de données et d'informations complètes et aisément disponibles à la RCTA rend toute évaluation de l'impact sur l'environnement liée au tourisme en Antarctique difficile.

46. Le Comité a remercié la Nouvelle-Zélande pour son dévouement et son travail sans relâche sur cette question, et a salué le haut niveau de participation des autres Membres et Observateurs. Il a noté que l'étude représentait une étape significative vers l'identification des impacts connus et inconnus du tourisme et des activités non gouvernementales, et s'avérait être un bon exemple de la capacité du CPE à répondre efficacement aux demandes formulées par la RCTA.

47. Les Membres ont reconnu que l'information disponible était incomplète, toutefois il a été jugé peu probable que des recherches plus poussées et l'affinement des données pourraient modifier considérablement les résultats. Tout en exprimant leur soutien aux objectifs de l'étude et aux

recommandations qui y sont associées, certains Membres ont suggéré que ces dernières devraient être considérées comme un menu d'options aux fins d'examen par la RCTA plutôt qu'un ensemble déterminé qui devrait être adopté intégralement. Ils ont également souligné la nécessité de poursuivre les travaux afin de combler les lacunes dans les données, notant que l'étude demeure un document vivant qui requiert un examen continu par le CPE. Le Comité a convenu d'inclure une partie des recommandations dans son Plan de travail quinquennal, si approprié.

48. La Chine a accueilli favorablement le travail effectué par la Nouvelle-Zélande et s'est réjouie de poursuivre les discussions sur cette question. Elle a également remercié l'IAATO, qui a beaucoup travaillé dans ce domaine, de lui avoir transmis des données.

49. L'ASOC a félicité la Nouvelle-Zélande d'avoir produit une étude approfondie basée sur les informations disponibles. L'ASOC a fait observer que si, dans les publications citées il n'y avait eu aucune preuve concluante démontrant que le tourisme avait occasionné des impacts sur l'environnement en Antarctique, on ne pouvait en tirer la conclusion que le tourisme n'avait eu aucun impact, en raison de l'absence de données. L'occupation du site à long terme n'avait pas été mentionnée dans le rapport, alors qu'en fait il s'agissait d'une forme d'impact réel et il a été suggéré que le CPE devrait reconnaître que l'accès des touristes vers des zones auparavant intactes a fondamentalement altéré leur état immaculé. L'ASOC a soutenu les recommandations de l'étude, tout en considérant que cette étude omet le besoin essentiel d'élaboration d'une « vision » du tourisme en Antarctique, ce qui permettrait aux Parties de mieux gérer les développements dans ce domaine.

50. L'IAATO a remercié la Nouvelle-Zélande de son travail, en faisant remarquer qu'elle avait été ravie d'avoir pu fournir des données. Elle continuerait à s'engager dans ces discussions aussi bien avec le CPE qu'avec la RCTA.

51. Lors de la discussion qui a suivi, le Comité a convenu d'approuver l'étude et de la transmettre à la RCTA en vue d'examen, en faisant remarquer qu'il ne serait pas nécessaire de reprendre toutes les recommandations simultanément, et que la RCTA pourrait renvoyer des questions au CPE pour examen et avis ultérieur. L'étude comprenait les recommandations suivantes :

Recommandation 1 : Afin de veiller à ce que la RCTA ait aisément à sa disposition un tableau complet des activités de tourisme, et de faciliter l'évaluation régulière des impacts sur l'environnement du tourisme en Antarctique de la RCTA, cette dernière doit élaborer une base de données centralisée sur les activités de tourisme, laquelle pourrait voir le jour grâce à la révision et à l'utilisation concertée du SEEI. Une attention devra être portée aux données requises, même si la majeure partie des informations actuellement collectées durant le processus des rapports d'après-visites présentent un certain intérêt, aux côtés des comptes rendus exacts des activités touristiques autorisées, lesquelles incluent les visites de navires et les expéditions terrestres.

Recommandation 2 : Afin d'améliorer la gestion, par site, une base de données, centralisée par la RCTA, devrait voir le jour concernant les sites touristiques, en incluant les informations sur leur sensibilité environnementale, parallèlement à la base de données sur les visites mentionnée à la Recommandation 1.

Recommandation 3 : Il convient d'élaborer une méthode d'évaluation appropriée concernant la sensibilité des sites et d'entreprendre une analyse de leur sensibilité relative, au moins pour les sites les plus visités de l'Antarctique, en incluant, par exemple, une réflexion sur la vulnérabilité des sites touristiques à l'égard de l'établissement des espèces non-indigènes, l'objectif étant d'évaluer plus rigoureusement les besoins en gestion patents. Les réflexions sur la sensibilité des sites doivent également être incluses dans le processus d'évaluation d'impact sur l'environnement des activités de tourisme.

Recommandation 4 : Une attention doit être portée aux moyens par lesquels les lignes directrices pour les visites de sites sont examinées et mises à jour, notamment la fréquence appropriée de cet examen et les informations requises pour l'étayer.

Recommandation 5 : Une attention doit être portée à l'examen régulier des tendances suivies par les activités touristiques dans les sites touristiques sélectionnés, en particulier ceux qui accueillent un nombre élevé de visiteurs ou ceux considérés comme particulièrement sensibles à leur impact.

Recommandation 6 : Une attention doit être portée à l'établissement d'un programme de suivi sur site, approuvé par la RCTA, aux fins i) de l'évaluation de l'efficacité des lignes directrices pour les visites de sites et ii) du suivi des impacts.

Recommandation 7 : Une attention doit être portée à l'élaboration d'une série de niveaux de déclenchement « estimés au mieux » afin de contribuer à l'orientation des efforts de suivi. Cet exercice pourrait inclure l'identification de certains paramètres (par ex. le nombre de touristes débarqués à terre par saison pour un site donné), lesquels, en cas de seuil atteint, pourrait entraîner la conduite d'un examen sur l'efficacité de la gestion en cours du site. Cette approche serait étayée par l'analyse sur la sensibilité du site mentionnée à la recommandation 3 ci-dessus.

Recommandation 8 : Une attention doit être portée à l'identification d'une série d'options de gestion potentielles, lesquelles pourraient s'appliquer à la gestion des activités de tourisme, notamment celle des navires et des opérations de navigation incluant le transport de touristes, ainsi que des données et des informations requises pour étayer l'application de ces mesures.

Avis du CPE à la RCTA

52.   Le Comité a approuvé l'étude sur les *Aspects et impacts environnementaux du tourisme et des activités non gouvernementales en Antarctique* et a convenu de la soumettre à la RCTA afin d'étayer son examen sur la gestion du tourisme.

53.   Le Brésil a présenté le document WP 53 intitulé *Station Comandante Ferraz : Plan proposé pour la Démolition et la Construction de Modules d'urgence en Antarctique*. Le document décrit un plan de démolition et d'enlèvement des décombres du bâtiment principal qui a été ravagé par un incendie, et la construction et l'exploitation de Modules d'urgence en Antarctique (AEM) sur l'emplacement de la Station Comandante Ferraz. Le Brésil a indiqué que les plans de la nouvelle station seraient soumis à la RCTA dès leur élaboration.

54.   Le Brésil a décrit les circonstances de l'incendie de sa station et de la perte tragique de vies humaines qui s'en est suivie et a exprimé sa gratitude envers le Chili, l'Argentine, l'Uruguay, la Fédération de Russie, la Pologne et le Royaume-Uni pour leur aide pendant et après l'incendie, ainsi qu'à tous ceux qui ont fait part de leur sympathie et de leur solidarité. Le Brésil a souligné ses efforts de soutien au Protocole sur l'environnement afin d'atténuer l'impact environnemental de l'incident, à la fois pendant l'incendie et à la suite de celui-ci. Grâce à ses projets d'activités de nettoyage continu, le Brésil tiendra compte des échantillons prélevés et de la modélisation basée sur des données météorologiques et autres.

55.   Les membres ont exprimé leurs condoléances au Brésil pour la perte de vies brésiliennes et pour la destruction de la Station Comandante Ferraz, et ils ont souligné l'inestimable travail scientifique qui y avait été mené. Ils ont salué les efforts réalisés par le Brésil pour respecter ses obligations conformément au Protocole de Madrid, et pour atténuer et éviter l'impact environnemental, malgré ces circonstances tragiques et difficiles. Les membres ont proposé une aide pratique au Brésil dans ses efforts de reconstruction et pour garantir que les travaux scientifiques du Brésil en Antarctique puissent se poursuivre.

56.   La Bulgarie a remercié le Brésil d'avoir sauvé la vie du chef de la station bulgare, qui avait subi une crise cardiaque à bord du navire brésilien *Almirante Maximiano*.

57.   Certains membres ont émis des suggestions constructives portant sur le concept de la station et sur la meilleure manière de minimiser les risques qu'une telle tragédie se reproduise à l'avenir. La Fédération de Russie, qui a connu trois incendies dans ses stations soldées par la perte de vies humaines, et l'Espagne, qui a modifié la structure de sa station en modules, ont privilégié un concept modulaire de station, et ont offert d'aider le Brésil sur cette question.

58.   En remerciant tous les Membres ayant présenté leurs condoléances et leur soutien, le Brésil a déclaré qu'il était déterminé de poursuivre la recherche en Antarctique et de retourner en Antarctique au cours de l'été austral 2012-2013. Le Brésil a indiqué qu'il se sentait confiant de pouvoir travailler en collaboration avec d'autres Parties afin de reconstruire sa station, et il a rappelé son intention de le faire en respectant pleinement et en soutenant le Protocole sur l'environnement.

59.   La Fédération de Russie a présenté le document WP 34 *Technologie pour l'étude de la couche d'eau du lac sous-glaciaire Vostok par le puits de forage 5G à la station antarctique russe Vostok*, décrivant les principes technologiques qui permettraient l'observation et le prélèvement d'échantillons du lac dès 2014–15. La Russie a également fait référence au document d'information IP 74 intitulé « *Results of Russian activity for penetrating sub-glacial lake Vostok in the season 2011-2012* », dans lequel il est fait état d'une pénétration écologiquement propre de 3 679,60 mètres de glace. La Fédération de Russie a indiqué que la libération d'une quantité significative de fluide de forage en surface du puits de forage, immédiatement pompé, confirmait que l'eau liquide du lac avait remonté dans la partie

inférieure du trou de forage, ce qui a empêché toute contamination du lac par le fluide de forage. Une vidéo de cette activité a été présentée.

60. De nombreuses Parties ont félicité la Fédération de Russie de sa réalisation scientifique et technologique significative, qui engendrera des avancées notoires dans les connaissances scientifiques des lacs sous-glaciaires.

61. Tout en félicitant la Fédération de Russie, d'autres Membres ont soulevé des questions concernant la procédure adoptée. La Belgique a demandé pourquoi le forage thermique et le fluide organosilicié, qui avait été prévu pour mener à bien ces activités, n'avaient pas été utilisés et si ce changement de technologie avait eu des répercussions. La Belgique a également souhaité savoir s'il eut été possible d'utiliser la méthode de forage thermique, et d'éviter une éventuelle pollution du lac, si les activités avaient été reportées au début de la saison suivante. L'ASOC est restée préoccupée par la question de la contamination et a demandé des éclaircissements sur ce qu'il est advenu du liquide de forage écoulé, ainsi que sur le risque de contact du fluide avec l'eau du lac. L'ASOC a fait remarquer la nécessité d'appliquer les protocoles de recherche et d'exploitation bien formulés, même si cela devait entraîner un retard dans l'obtention des résultats scientifiques, afin de sauvegarder les valeurs environnementales et scientifiques de l'Antarctique.

62. En réponse, la Fédération de Russie a précisé qu'elle ne disposait pas de temps suffisant pour passer à la technologie du forage thermique et du fluide organosilicié car l'épaisseur exacte de la couche de glace était inconnue et qu'elle n'avait pas d'indication claire quant à la distance qui restait à parcourir avant d'atteindre l'eau. En outre, la technologie du forage thermique n'aurait pas permis de prélever une carotte d'échantillonnage sur le site. L'option consistant à insérer le fluide organosilicié dans le puits et à attendre un an avant de procéder au forage a été écartée en raison du nombre d'inconnues que comportait cette approche. La Fédération de Russie a déclaré que le fluide de forage ne pouvait pas contaminer le lac car un liquide de faible densité ne pouvait en aucune façon pénétrer dans l'eau du lac qui se trouve sous une pression de quatre atmosphères. Au lieu de cela, le kérosène et le fréon étaient maintenus au centre du puits fraîchement gelé, à mesure que l'eau du lac s'élevait dans le puits de forage. La Russie a noté qu'elle prévoyait de prélever des échantillons d'eau pure en 2012/13 et que de nouvelles technologies seraient appliquées en 2014/15 en vue d'étudier la colonne d'eau, y compris des procédures qui maximiseraient les conditions de propreté écologiques.

63. L'Italie a présenté le document d'information IP 41 intitulé « *Starting a feasibility study for the realization of a gravelrunwaynear Mario Zucchelli Station* » qui souligne son intention d'explorer deux sites pour la construction d'une nouvelle piste de graviers en raison des difficultés rencontrées avec la piste de glace. Au cours de la saison 2012/2013, seront effectués des levés stratigraphiques par forage, des relevés radar par hélicoptère, ainsi qu'une collecte de données météorologiques, dans l'objectif d'analyser de manière approfondie l'adéquation des sites proposés pour accueillir la piste et de préparer une évaluation d'impact sur l'environnement.

64. La République de Corée a noté qu'une nouvelle piste de graviers serait très utile pour les chercheurs de la région et a offert son plein soutien à l'Italie afin que ce projet puisse aboutir.

65. L'ASOC a observé qu'elle se réjouirait de voir l'EGIE avant que le projet ne soit lancé, et a fait part de son opinion selon laquelle l'EGIE en question devrait inclure une évaluation des impacts cumulatifs de cette piste et d'autres installations dans la région.

66. L'Inde a présenté le document d'information IP 43 intitulé « *Establishment and Operation of New Indian Research Station "Bharati" at Larsemann Hills* » et a remercié plusieurs Parties pour leurs commentaires utiles durant l'élaboration de l'EGIE.

67. Le Comité a félicité l'Inde sur l'achèvement des travaux de la station de Bharati en 2012 qui furent couronnés de succès. Il se réjouit d'avance de sa contribution à la coopération scientifique dans la zone. La Chine a également remercié l'Inde pour son aimable assistance lors du transport de matériel dans les collines Larsemann durant la construction de la station de Bharati, suite à la perte d'un hélicoptère chinois.

68. D'autres documents ont été soumis au titre de ce point de l'ordre du jour, à savoir :

    - SP 6 intitulé « *Liste annuelle des études préliminaires (EPIE) et globales (EGIE) d'impact sur l'environnement établies entre le 1ᵉʳ avril 2011 et le 31 mars 2012* » (Secrétariat)

    - BP 36 intitulé « *Resumen de la Auditoría Ambiental de Cumplimiento de la Estación Científica Ecuatoriana Pedro Vicente Maldonado* » (Équateur)

Point 7 - Plans de gestion et de protection des zones

7a) Plans de gestion

i) Projets de Plan de gestion examinés par le Groupe subsidiaire sur les Plans de gestion

69. L'Australie a présenté le document WP 14, intitulé « *Groupe subsidiaire sur les plans de gestion – Rapport sur les travaux intersessions pour 2011/12* », au nom du Groupe subsidiaire chargé de fournir des Plans de gestion (SGMP). Le Groupe avait examiné au cours de la période intersessions un Plan de gestion révisé pour la ZSPA n° 140, Parties de l'île de la Déception, préparé par le Royaume-Uni.

70. Le Groupe subsidiaire a informé le Comité que le Plan de gestion révisé final préparé par le Royaume-Uni était bien rédigé, de haute qualité et traitait de manière appropriée les principaux points soulevés au cours de la révision. En conséquence, le Groupe subsidiaire recommande que le CPE approuve le Plan de gestion révisé.

71. Le Comité a approuvé la recommandation du Groupe subsidiaire et convenu de soumettre le Plan de gestion révisé pour la ZSPA n° 140 à la RCTA à des fins d'adoption.

ii) Projets de Plans de gestion révisés qui n'ont pas été revus par le Groupe subsidiaire sur les Plans de gestion

72. Le Comité a examiné les Plans de gestion révisés pour 13 zones spécialement protégées de l'Antarctique (ZSPA) et 1 zone gérée spéciale de l'Antarctique (ZGSA) dans cette catégorie :

   - WP 2, *Révision du Plan de gestion pour la Zone spécialement protégée de l'Antarctique (ZSPA) n° 151 Lions Rump, île du roi George, îles Shetland du Sud* (Pologne)

   - WP 3, *Révision du Plan de gestion pour la Zone spécialement protégée de l'Antarctique (ZSPA) n° 128 rivages Ouest de la baie de l'Amirauté, île du Roi George, îles Shetland du Sud* (Pologne)

   - WP 8, *Révision du Plan de gestion pour la Zone spécialement protégée de l'Antarctique (ZSPA) n° 129 pointe Rothera, île Adélaïde* (Royaume-Uni)

- WP 9, *Révision du Plan de gestion pour la Zone spécialement protégée de l'Antarctique (ZSPA) n° 109 île Moe, îles Orcades du Sud* (Royaume-Uni)

- WP 10, *Révision du Plan de gestion pour la Zone spécialement protégée de l'Antarctique (ZSPA) n° 111 île Powell du Sud et les îles adjacentes, îles Orcades du Sud* (Royaume-Uni)

- WP 11, *Révision du Plan de gestion pour la Zone spécialement protégée de l'Antarctique (ZSPA) n° 115 île Lagotellerie, baie Marguerite, Terre de Graham* (Royaume-Uni)

- WP 12, *Révision du Plan de gestion pour la Zone spécialement protégée de l'Antarctique (ZSPA) n° 110 île Lynch, îles Orcades du Sud* (Royaume-Uni)

- WP 42, *Révision du Plan de gestion pour la ZGSA n° 4 : Île de la Déception* (Argentine, Chili, Norvège, Espagne, Royaume-Uni et États-Unis)

- WP 44, *Révision du Plan de gestion pour la Zone spécialement protégée de l'Antarctique (ZSPA) n° 132 péninsule Potter* (Argentine)

- WP 52, *Révision du Plan de gestion pour la Zone spécialement protégée de l'Antarctique (ZSPA) n° 133 pointe Harmonie* (Argentine et Chili)

- WP 54, *Révision du Plan de gestion pour la Zone spécialement protégée de l'Antarctique (ZSPA) n° 145 Port Foster, île de la Déception, îles Shetland du Sud* (Chili)

- WP 58, *Révision du Plan de gestion pour la Zone spécialement protégée de l'Antarctique (ZSPA) n° 112 péninsule Coppermine, île Robert, îles Shetland du Sud* (Chili)

- WP 60, *Plan de gestion pour la Zone spécialement protégée de l'Antarctique (ZSPA) n° 146 baie du Sud, île Doumer, archipel Palmer* (Chili)

- WP 61, *Plan de gestion pour la Zone spécialement protégée de l'Antarctique (ZSPA) n° 144 baie du Chili (baie Discovery), île Greenwich, îles Shetland du Sud* (Chili)

73. Dans la présentation du document WP 2, qui soumet un Plan de gestion révisé pour la ZSPA n° 151 et du document WP 3, qui soumet un Plan de gestion révisé pour la ZSPA n° 128, la Pologne a noté que seuls des amendements mineurs étaient proposés.

74. Plusieurs membres ont demandé des éclaircissements sur un certain nombre de questions, en particulier concernant la ZSPA n° 128, notamment les mesures relatives à la gestion des espèces de flore non-indigènes qui avaient été identifiées dans la zone, la prise en compte des mesures de la RCTA concernant le contrôle des survols (que le Chili a soulevé) et les lignes de démarcation élargies (que l'IAATO a demandé de marquer clairement). De plus, les États-Unis ont noté que son campement dans la ZSPA n° 128 avait déjà été mis en place avant que la zone soit déclarée une ZSPA et qu'ils soulèveraient d'autres questions visant à améliorer l'utilité du Plan révisé pendant la période intersessions.

75. Le Comité a convenu de transmettre les Plans de gestion révisés pour les ZSPA n° 128 et n° 151 au Groupe subsidiaire pour examen en période intersessions.

76. Concernant les documents WP 8 (ZSPA n° 129), WP 9 (ZSPA n° 109), WP 10 (ZSPA n° 111), WP 11 (ZSPA n° 115) et WP 12 (ZSPA n° 110), le Royaume-Uni a brièvement exposé des changements mineurs, notamment un reformatage à des fins de conformité aux *lignes directrices pour la préparation des plans de gestion pour les ZSPA*, des informations sur l'accès aux zones, la fourniture des coordonnées des lignes de démarcation des zones et, le cas échéant, des informations sur les campements.

77. Le Royaume-Uni a expliqué que les révisions du plan de gestion pour la ZSPA n° 129 (document WP 8) qui a été initialement établie en tant que zone de référence afin de comparer et de surveiller les effets de l'activité anthropique provenant de la station de recherche adjacente Rothera dans un écosystème de désert pierreux antarctique, comprenaient des modifications de formatage et l'ajout d'une introduction. Ils ont également noté que, si la zone elle-même n'offrait qu'une faible valeur intrinsèque en termes de conservation de la nature, elle représentait néanmoins une valeur en tant que site de recherche et de surveillance biologique.

78. Les modifications du plan de gestion pour la ZSPA n° 109 (contenues dans le document WP 9), une zone établie en vue de conserver un échantillon

représentatif de l'écosystème marin antarctique, de protéger les valeurs environnementales (principalement la flore et la faune terrestres) et afin de créer un site de contrôle permettant une comparaison avec les zones soumises aux activités scientifiques, incluent une description de l'emplacement de la zone au sein des Domaines environnementaux et des informations sur l'accès et les lignes de démarcation.

79. Lors de la présentation du document WP 10, le Royaume-Uni a expliqué que les révisions proposées pour le plan de gestion de la ZSPA nº 111, qui protège principalement les populations d'oiseaux et de phoques pendant la période de reproduction et, dans une moindre mesure, la végétation terrestre, portaient sur l'ajout d'une introduction, d'une référence à la position de la zone dans le cadre des domaines environnementaux, d'informations sur l'accès et les lignes de démarcation ainsi que le site de campement désigné.

80. Les modifications du plan de gestion pour la ZSPA nº 115, qui protège les valeurs environnementales, principalement la flore et la faune terrestres et l'avifaune, concernaient également l'accès, le contexte des Domaines environnementaux et les informations sur les éléments structurels au sein de la zone.

81. Lors de la discussion du document WP 12, qui couvre la ZSPA nº 110, le Royaume-Uni a expliqué que la gestion de cette zone, qui protège l'une des zones les plus vastes de *Deschampsiaantarctica* dans la zone du Traité, nécessitait une révision suite à l'augmentation du niveau de présence des otaries à fourrure dans la zone et la reconnaissance de la biodiversité accrue des communautés terrestres.

82. Le Comité a convenu de soumettre le Plan de gestion révisé pour les ZSPA 109, 110, 111, 115 et 129 à la RCTA en vue d'adoption.

83. Concernant le document WP 42, préparé conjointement par l'Argentine, le Chili, la Norvège, l'Espagne, le Royaume-Uni et les États-Unis, la Norvège a expliqué que le Groupe de gestion de l'île de la Déception avait mené sa première révision quinquennale du Plan de gestion pour la ZGSA nº 4, qui vise à protéger des zones qui offrent une valeur naturelle, scientifique, historique, éducative et esthétique uniques et significatives et qui étaient également sujets à un vaste éventail de demandes concurrentes. Dans ce contexte, la Norvège a également remercié l'ASOC et l'IAATO pour leurs contributions à la révision quinquennale.

84. La Norvège a fait remarquer que les modifications proposées au Plan de gestion incluaient : la protection des zones non sujettes à une activité humaine conséquente ; des instructions visant à éviter que l'île de la Déception ne soit pas utilisée en tant que port d'urgence, dans la mesure du possible ; une actualisation des données de recensement relatives aux manchots à jugulaire dans la ZGSA, qui indiquent un déclin net et significatif ; un dossier complet de lignes directrices pour les visiteurs et des modifications du code de conduite pour les visiteurs ; et l'introduction de lignes directrices pour réduire le risque d'introduction d'espèces non-indigènes sur l'île de la Déception.

85. L'Espagne a souligné le fait que l'île de la Déception est un volcan actif et que cela posait des risques supplémentaires aux activités humaines, à la fois pour ceux qui entrent dans la zone et pour tous ceux qui viennent les secourir. En conséquence, l'Espagne a insisté sur le fait que toutes les activités devaient être considérées avec prudence et que des restrictions et interdictions pourraient être justifiées dans certaines circonstances.

86. La Fédération de Russie a fait l'éloge des fondements scientifique du Plan de gestion révisé et a souligné l'importance des décisions de gestion qui répondent à des données scientifiques.

87. Le Comité a approuvé le Plan de gestion révisé pour la ZGSA n° 4 et a convenu de le soumettre à la RCTA à des fins d'adoption.

88. Concernant le document WP 44, l'Argentine a exposé les modifications proposées pour la gestion de la ZSPA n° 132, initialement désignée en tant que site présentant un intérêt scientifique particulier, qui incluent des modifications éditoriales, des cartes révisées et de nouvelles informations.

89. Le Comité a accepté de soumettre le Plan de gestion révisé au Groupe subsidiaire pour examen.

90. Au nom de l'Argentine et du Chili, l'Argentine a présenté le document de travail WP 52, qui exposait des modifications mineures au plan de gestion pour la ZSPA n° 133. Le Comité a approuvé le Plan de gestion révisé pour la ZSPA n° 133 et a convenu de le soumettre à la RCTA à des fins d'adoption.

91. Concernant les documents WP 54 (ZSPA n° 145), WP 60 (ZSPA n° 146) et WP 61 (ZSPA n° 144), le Chili a indiqué que les projets de révision

touchaient à la gestion des ZSPA comprenant des aires marines et qu'il serait donc approprié de les référer à la CCAMLR avant de procéder à un examen détaillé. Le Chili a également informé les Membres que de nouvelles révisions seraient menées sur la ZSPA n° 145 (WP 54) avant leur soumission à la CCAMLR.

92.   Notant les projets de révision et la nécessité de consulter la CCAMLR, le Comité a convenu de soumettre les Plans de gestion pour les ZSPA n° 144, 145 et 146 au Groupe subsidiaire.

93.   Concernant le document WP 58, soumis par le Chili, le Comité a approuvé le Plan de gestion révisé pour la ZSPA n° 112 et a convenu de le soumettre à la RCTA à des fins d'adoption.

iii) Nouveaux projets de Plans de gestion pour des zones protégées ou gérées

94.   Le Comité a examiné trois projets de nouvelles zones spécialement protégées de l'Antarctique (ZSPA) dans cette catégorie :

- WP 19, *Proposition de désignation d'une Zone spécialement protégée de l'Antarctique pour les zones géothermiques de haute altitude de la région de la mer de Ross* (Nouvelle-Zélande)

- WP 40, *Proposition d'une nouvelle Zone spécialement protégée de l'Antarctique au Cap Washington et dans la baie Silverfish, baie Terra Nova, mer de Ross* (Italie et États-Unis)

- WP 41, *Proposition d'une nouvelle Zone spécialement protégée de l'Antarctique pour le Glacier Taylor et les Blood Falls, Vallée Taylor, Vallées sèches de McMurdo, Terre Victoria* (États-Unis)

95.   Lors de la présentation du document WP 19, la Nouvelle-Zélande a noté que trois sites dans la région de la mer de Ross contenaient une activité géothermique en haute altitude - mont Erebus (ZSPA n° 130 : crête Tramway, mont Erebus, île de Ross), mont Melbourne (ZSPA n° 118 : sommet du mont Melbourne, Terre Victoria) et mont Rittmann en Terre Victoria. Les trois sites contiennent une biodiversité unique dans les sols géothermiques chauds. La Nouvelle-Zélande a proposé la désignation d'une ZSPA pour ces trois zones géothermiques de la région de la mer de Ross et elle a présenté un projet de Plan de gestion pour une ZSPA à sites multiples.

96.   La Nouvelle-Zélande a suggéré que cette méthode de désignation de ZSPA constituait une approche plus stratégique pour protéger un type d'environnement rare de l'Antarctique et appliquait des mesures cohérentes visant à protéger les groupements d'espèces uniques et hautement sensibles au même niveau d'exigence élevé dans le cadre d'un seul Plan de gestion.

97.   Le Comité a accueilli favorablement la proposition de la Nouvelle-Zélande et des États-Unis, notant l'intérêt mutuel entre la Nouvelle-Zélande et les États-Unis dans les zones géothermiques en haute altitude, et a suggéré qu'un travail de terrain conjoint à l'aide d'un soutien logistique partagé pourrait être possible au cours de la saison de terrain 2012/13 en vue de peaufiner le plan de gestion proposé.

98.   Le Royaume-Uni a félicité la Nouvelle-Zélande sur sa proposition et a suggéré que les discussions intersessions pourraient déterminer si oui ou non les trois zones considérées en vertu du projet seraient mieux protégées sous la forme de trois ZSPA distinctes ou d'une grande ZSPA.

99.   L'ASOC a observé que la proposition de la Nouvelle-Zélande constituait une initiative créative et stratégique pour protéger des habitats inhabituels ou rares et a encouragé les autres Membres à adopter une approche similaire.

100.   Conformément aux suggestions exposées au document WP 19, le Comité a accepté de transmettre le projet de plan de gestion pour une nouvelle ZSPA proposée dans des zones géothermiques en haute altitude de la mer de Ross au Groupe subsidiaire pour un examen initial et des commentaires en date d'octobre 2012, avant la saison estivale 2012/13. La Nouvelle-Zélande a prévu d'aborder tous les problèmes identifiés au cours de la saison 2012/13 et de soumettre un projet de Plan de gestion révisé et un résumé de sa réponse à l'avis du Groupe subsidiaire. Suite à un nouvel examen approfondi par le Groupe, un projet de Plan de gestion final sera soumis au CPE XVI.

101.   Lors de la présentation du document WP 40, les États-Unis et l'Italie ont souligné la valeur scientifique de la zone proposée pour être désignée en tant que ZSPA, notant qu'elle inclut l'une des plus grandes colonies de manchots empereurs de l'Antarctique et un alevinage riche de calandres antarctiques. Tandis que la colonie de manchots avait suscité un intérêt pour le tourisme, les limites proposées réduiraient la zone accessible pour les activités touristiques. Compte tenu de la taille du composant marin proposé dans la ZSPA, les promoteurs de la ZSPA ont également proposé de

soumettre le projet de plan à la considération de la CCAMLR, conformément à la Décision 9 (2005) de la RCTA.

102. La Nouvelle-Zélande a noté l'importance scientifique de cette partie de la mer de Ross et elle a indiqué qu'elle considérait le projet comme complémentaire au développement des propositions pour une protection marine élargie dans le cadre des travaux de la CCAMLR et a offert de contribuer au développement du plan de gestion proposé. Des offres similaires ont été faites par la République de Corée, qui était en pleine construction d'une station dans le voisinage de la ZSPA proposée, et l'Allemagne, qui avait une station de recherche existante dans la zone (Gondwana).

103. Tout en exprimant son soutien pour la désignation d'une nouvelle ZSPA dans cette zone, le Royaume-Uni a posé la question de savoir s'il était nécessaire d'exclure les visites touristiques sur la zone proposée pour les besoins de la désignation. L'IAATO a exprimé sa satisfaction que les consultations intersessions, auxquelles elle se propose de participer, envisageraient les questions liées au tourisme. Compte tenu des faibles niveaux de fréquentation lors de certaines périodes très définies de l'année, l'IAATO nourrit l'espoir que des visites contrôlées pourraient toujours être autorisées dans la zone, sans compromettre ses autres valeurs.

104. Le Comité a convenu de transmettre le projet de plan de gestion de nouvelle ZSPA proposée pour le Cap Washington et SilverfishBay au Groupe subsidiaire. Ce dernier rendrait des avis aux États-Unis et à l'Italie sur le projet de Plan de gestion, qui devra tout d'abord être examiné par la CCAMLR et ensuite par le CPE XVI.

105. En présentant le document WP41, les États-Unis ont noté que le projet de Plan de gestion avait été élaboré suite à des consultations approfondies auprès de la communauté scientifique, du SCAR et des Membres intéressés du CPE. L'activité accrue sur le glacier Taylor et les projets de forage récents de carottes de glace ont souligné la nécessité de protéger les Blood Falls, car ces activités ont le potentiel de perturber la communauté microbienne et la chimie uniques de ce site. Il a été noté en outre que ce serait la première ZSPA sous-glaciaire et la première à être explicitement conçue en trois dimensions.

106. Le Comité qui a loué cette proposition en tant que première ZSPA définie en trois dimensions, il a approuvé le projet de désignation d'une nouvelle

ZSPA pour le glacier Taylor et les Blood Falls et a convenu de les soumettre à la RCTA à des fins d'adoption.

Avis à la RCTA

107. Suite à son examen des recommandations du Groupe subsidiaire, le Comité a convenu de soumettre les Plans de gestion suivants à la RCTA à des fins d'adoption :

#	Nom
ZSPA 109	Île Moe, Orcades du sud
ZSPA 110	Île Lynch Island, Orcades du sud
ZSPA 111	Île Powell-Sud et îles avoisinantes, Orcades du sud
ZSPA 112	Péninsule de Coppermine
ZSPA 115	Île Lagotellerie, baie Marguerite, Terre de Graham
ZSPA 129	Pointe Rothera, île Adelaide
ZSPA 133	Pointe Harmonie
ZSPA 140	Zones de l'île de la Déception
Nouvelle ZSPA	Blood Falls
ZSPA 4	Île de la Déception

iv) Autres questions relevant des Plans de gestion des zones protégées et gérées

108. L'Australie a présenté plusieurs éléments à ajouter aux travaux intersessions du Groupe subsidiaire des Plans de Gestion (WP 14).

109. Le Comité a remercié le Groupe subsidiaire d'avoir effectué un travail utile et important, qui contribue fortement à l'efficacité des réunions du Comité.

110. Le Comité a nommé Mme Birgit Njåstad représentante de la Norvège comme nouveau responsable du Groupe subsidiaire. Le Comité a chaleureusement remercié M. Ewan McIvor de l'Australie pour avoir endossé le rôle de responsable au cours des 4 dernières années.

111. Conscient de la charge de travail qui s'impose pour la révision des projets de Plans de gestion, le Comité a convenu de reporter l'examen par le Groupe subsidiaire des actions découlant de l'atelier sur les ZGSA. En conséquence le Comité a révisé le projet de plan de travail pour le Groupe en 2012/2013 :

Attributions	Travaux proposés
Attributions 1 à 3	Révision des projets de plans de gestion transmis par le CPE à des fins de révision intersessions et de fournir des avis aux promoteurs
Attributions 4 à 5	Consultation avec les Parties concernées visant à faire avancer les plans de gestion dont l'échéance de cinq ans a été dépassée
	Révision et actualisation du plan de travail du Groupe subsidiaire
Documents de travail	Préparation d'un rapport à l'attention du CPE XVI suivant les attributions 1 à 3 du Groupe subsidiaire
	Préparation d'un rapport à l'attention du CPE XVI suivant les attributions 4 et 5 du Groupe subsidiaire

112. La République de Corée a présenté le document d'information IP 24 intitulé « *Management Report of Narębski Point (ASPA 171) and Ardley Island (ASPA 150) during the 2011/2012 period* » qui fournit un résumé des recensements de la flore et de la faune menés dans ces deux ZSPA.

113. Le Chili a félicité la République de Corée pour avoir mené ces recensements, de même que l'Argentine et l'Allemagne pour leur soutien. Le Chili a exprimé sa volonté de contribuer à la collecte de données futures pour la zone concernée.

114. L'IAATO a présenté le document d'information IP 38 intitulé « *Establishing IAATO Safety Advisories* » qui décrit la mise en place par ses membres d'un système de documentation interne formalisé, visant à améliorer la sécurité des organisateurs de voyage en Antarctique. Quand les organisateurs sont confrontés à un incident, une procédure est appliquée pour permettre l'examen de ce dernier et, si nécessaire, pour en tirer des enseignements utiles qui peuvent être diffusés à travers toute l'industrie. Suite au naufrage du navire MV *Sea Spirit* en date du 9 décembre 2011, l'IAATO a émis sa première note interne officielle sur la baie des Baleiniers, île de la Déception. L'IAATO a ajouté que ses recommandations précédentes pour améliorer la sécurité au cours des visites seront converties en ce format officiel et seront diffusées aux organisateurs de voyage par le biais du Manuel d'opération de l'IAATO.

115. L'Inde a présenté le document d'information intitulé IP 61 « *Report of the Larsemann Hills Antarctic Specially Managed Area (ASMA) Management Group* », préparé conjointement avec l'Australie, la Chine, la Roumanie et la Fédération de Russie. L'Inde a noté que les discussions tenues au sein du groupe de gestion ont soulevé plusieurs questions qui demandent à être approfondies, et qu'un Plan de gestion révisé pour la zone sera soumis au CPE XVI.

116. La Belgique a favorablement accueilli les délibérations du groupe de gestion sur la question de la désignation de la Péninsule de Stornes comme ZSPA pour servir de site de référence, et elle a suggéré que le projet de protection de la zone pourrait s'étendre jusqu'à la Péninsule de Broknes au vu de sa valeur biologique et paléo-limnologique. En termes plus généraux, la Belgique a souligné la valeur que présentent les lacs des Péninsules Broknes et Grovnes pour la recherche biologique et paléo-limnologique.

117. Le Brésil a présenté le document d'information IP 66 intitulé « *Working Plan Proposal for the Review of the Admiralty Bay Antarctic Specially Managed Area Management Plan (ASMA No. 1)* » et a rapporté que le groupe de gestion a suggéré la création d'un forum de discussion sur le site Internet du Secrétariat, ainsi que des visites à toutes les stations et les refuges de la zone pendant la prochaine saison estivale, afin de soumettre un Plan de gestion révisé au XVIᵉ CPE.

118. Les États-Unis ont présenté le document d'information IP 78 intitulé « *Amundsen-Scott South Pole Station, South Pole Antarctica Specially Managed Area (ASMA No. 5) 2012 Management Report* » qui résume les défis récurrents que présente la gestion d'activités multiples et diverses dans la ZGSA. En prévision du nombre élevé de visites de la zone associées aux célébrations des centenaires des expéditions de Roald Amundsen et de Robert Falcon Scott au Pôle Sud, les États-Unis ont exprimé leur satisfaction en ce qui concerne les relations positives qui ont été forgées avec l'industrie du tourisme, en se réjouissant tout particulièrement du succès du centre des visiteurs. Les États-Unis ont également invité les Membres à leur prodiguer des conseils pour améliorer la gestion de la ZGSA, et à leur fournir toute documentation susceptible d'augmenter l'utilité du site Internet récemment lancé, *www.southpole.aq*.

119. L'IAATO a remercié les États-Unis pour leur bienveillante coopération au cours de cette année de célébration de ces centenaires. En réponse à

une question de l'ASOC, l'IAATO a indiqué qu'une baisse du nombre de visites en Antarctique est prévue à court terme, pour autant que l'évolution du nombre de visiteurs au-delà de ces prochaines années reste impossible à prédire de manière précise.

120. La Norvège a présenté le document d'information IP 82 intitulé « *Deception Island Specially Managed Area (ASMA No. 4) Management Group Report* », préparé conjointement avec l'Argentine, le Chili, l'Espagne, le Royaume-Uni et les États-Unis. Ce document présente un résumé des activités menées dans la ZGSA de l'île de la Déception, ainsi que le travail effectué par le groupe de gestion de la zone pendant la période intersessions.

121. En réponse à la France, qui a demandé des précisions sur un incident donnant lieu à la dispersion de graines d'orge dans la baie Telefon, l'IAATO a indiqué que ces graines d'orge avaient été dispersées de manière inattendue par des visiteurs au cours d'une cérémonie religieuse. Elles ont été récupérées immédiatement par l'organisateur du voyage après la cérémonie. L'IAATO a ajouté que les responsables de l'incident avait aussi fait l'objet d'une réprimande de la part de l'organisateur et qu'ils avaient été menacés d'une interdiction de débarquement s'ils ne respectaient pas les consignes. L'IAATO a été avisée par la communauté scientifique qu'il était peu probable que toute semence non collectée puisse germer, cependant l'IAATO a mis en place un dispositif de surveillance afin d'éviter toute germination éventuelle et présentera un rapport au CPE à ce sujet.

122. Un autre document a été soumis au titre de ce point de l'ordre du jour, à savoir :

   • SP 7, *Status of Antarctic Specially Protected Area and Antarctic Specially Managed Area Management Plans*.

7b) Sites et monuments historiques

123. La Fédération de Russie a présenté le document WP 36 *Proposition de révision des sites et monuments historiques gérés par la Fédération de Russie* qui propose des révisions des descriptions des SMH n° 4 (Buste de Lénine), n° 7 (Rocher de Kharma), n° 8 (Monument de Chtcheglov), n° 9 (Cimetière de l'Expédition Soviétique), n° 10 (Observatoire de la Station Oasis) et n° 11 (Tracteur de la Station Vostok). Les changements apportés incluaient des descriptions mises à jour et des rectifications de leurs coordonnées.

124. Le Chili a présenté le document WP 56 rév. 1 *Modification Proposée au Site Historique No. 37* qui propose de modifier la description du site et d'y incorporer des structures associées.

125. Le Comité a approuvé la révision des descriptions des SMH n° 4, 7, 8, 9, 10, 11 et 37et a convenu de les soumettre à la RCTA à des fins d'adoption.

Avis à la RCTA

126. Ayant examiné les descriptions révisées des sept sites et monuments historiques, le Comité a convenu de les soumettre à la RCTA à des fins d'adoption :

#	Nom du site/monument historique
HSM 4	Bâtiment de la Station du Pôle d'Inaccessibilité
HSM 7	Rocher de Kharma
HSM 8	Monument Anatoli Shcheglov
HSM 9	Cimetière de l'île Buromsky
HSM 10	Observatoire de la Station Oasis
HSM 11	Tracteur de la Station Vostok
HSM 37	Site Historique O'Higgins

127. L'Argentine a présenté le document WP 46 *Rapport final sur les discussions informelles concernant les sites et monuments historiques* qui porte sur les discussions menées par l'Argentine pendant les périodes intersessions 2010/11 et 2011/12. Plusieurs Membres et Observateurs ont contribué activement à ces discussions, notamment : l'Argentine, l'Australie, le Brésil, l'Allemagne, l'Inde, la Norvège, la Nouvelle-Zélande, le Royaume-Uni, l'Uruguay, l'IAATO et l'ASOC.

128. L'Argentine a rapporté que les discussions tenues au cours de la deuxième période intersessions se sont axées sur une utilisation plus élargie des « Directives de visite de site », aussi sur l'application potentielle des Plans de gestions, ou de leurs équivalents, aux SMH, et enfin sur le rôle particulier que peuvent jouer les experts et les spécialistes externes dans la conservation des sites du patrimoine de l'Antarctique, en raison surtout de leur grande répartition géographique et de leur caractère fortement hétérogène.

129. Les Membres ont chaleureusement remercié l'Argentine et les autres participants pour leur travail productif, notant tout particulièrement les efforts déployés pour que toutes les opinions soient prises en compte. Une

mention spécifique a été émise à l'adresse du Licenciado Rodolfo Andrés Sánchez pour sa contribution personnelle.

130. Les Membres ont convenu de la grande valeur des échanges dans le domaine de la gestion des SMH en raison du caractère hétérogène de ces derniers qui requièrent des approches sur mesure, et ils se sont prononcés en faveur de la poursuite des discussions sur cette question.

131. Le groupe de discussions informelles a proposé qu'une liste d'informations supplémentaires pourrait être ajoutée à la liste des SMH adoptée en vertu de la Résolution 5 (2011), ce qui assurerait une meilleure visibilité des sites vis-à-vis du grand public et une meilleure transparence. Il a été proposé que toute Partie responsable d'un site ou monument historique particulier doive jouer un rôle central dans la décision de maintenir ou non cette liste d'informations supplémentaires, dont le format est présenté ci-dessous.

132. Plusieurs Membres ont soutenu cette approche. Les États-Unis ont noté que des informations additionnelles y compris un nom spécifique à chaque SMH leur seraient très utiles pour leurs propres besoins de gestion.

INTRODUCTION
• Numéro et nom du HSM*
• Partie qui a fait la proposition originale*
• Partie entreprenant la gestion*
• Type (site ou monument historique/commémoratif)
DESCRIPTION DU SITE
• Emplacement*
• Caractéristiques physiques et paysage local/culturel
• Éléments historiques/cultures
DESCRIPTION DU CONTEXTE HISTORIQUE
LIGNES DIRECTRICES DE SITE POUR LES VISITEURS (lien Internet, si disponible)
PHOTOS ET CARTES
ZSPA Désignation (le cas échéant)
• Lien pour le Plan de gestion
Les informations marquées par une * sont fournies par les Parties en vertu de la Résolution 5 (2011). Le CPE note qu'aux termes de cette Résolution « s'il est souhaitable de conserver des informations contextuelles supplémentaires sur le dossier, cet élément peut être annexé au rapport du CPE pour une introduction dans le rapport final de la RCTA ».

133. Le Comité était également d'accord avec la conclusion que tout examen et/ ou révision des Directives de visite de site en vigueur devrait inclure des lignes directrices visant à protéger toutes les valeurs culturelles ou historiques du site. Afin d'atteindre cet objectif, les critères qui suivent relevant de l'application des Directives de visite de site aux SMH devront être pris en considération : a) La présence d'un SMH dans une zone fréquemment visitée pourrait être un facteur d'encouragement pour le développement et ou l'adaptation d'une Directive de visite de site ; b) La présence d'un SMH particulièrement vulnérable dans une zone moins fréquentée pourrait également être un facteur d'encouragement pour le développement et ou l'adaptation d'une Directive de visite de site ; et c) Il peut s'avérer utile de considérer si les directives existantes fournissent une protection suffisante aux SMH relevant de la responsabilité des Parties (et le cas échéant, il peut s'avérer utile d'initier une révision conjointement avec d'autres Parties intéressées ou concernées, si approprié).

134. En conclusion, le Comité a convenu que les Parties devraient consulter des spécialistes du patrimoine et/ou des représentants nationaux auprès d'organisations d'experts externes (par exemple, l'ICOMOS ou le Comité International du Patrimoine Polaire) lorsqu'ils préparent des plans de gestion (ou d'autres dispositifs de gestion appropriés) propres aux sites et monuments historiques.

135. La Chine a présenté le document d'information intitulé IP 14 « *Brief Introduction of the Maintenance and Conservation Project of No.1 Building at Great Wall Station* ». Ce bâtiment a été désigné comme SMH n° 86 en vertu de la Mesure 12 (2011). Le Japon a remercié la Chine pour ces informations, en ajoutant qu'il se réjouissait d'avance de recevoir des détails supplémentaires de la Chine dès que les travaux de restauration seront achevés.

136. Un autre document a été soumis au titre de ce point de l'ordre du jour, à savoir :

- BP 41 *Antarctic Heritage Trust Conservation Update* (Nouvelle-Zélande)

7c) Directives de visite de site

137. Le Comité a examiné un projet de Directives de site révisées pour un site, et des projets de nouvelles lignes directrices pour trois nouveaux sites.

138. Le Royaume-Uni a présenté le document WP 15 *Directives de site pour l'île D'Hainaut, du port Mikkelsen et l'île de la Trinité,* préparé conjointement avec l'Argentine et les Etats-Unis ; et le document WP 16 *Directives de site pour Port Charcot, île de Booth,* préparé conjointement avec l'Argentine, la France, l'Ukraine, les Etats-Unis, en coopération avec l'IAATO.

139. Au nom du groupe de gestion de l'île de la Déception (composé de l'Argentine, du Chili, de la Norvège, de l'Espagne, du Royaume-Uni et des États-Unis), la Norvège a présenté le document WP 45 *Lignes directrices de site pour les visiteurs de l'anse Pendulum sur l'île de la Déception dans les îles Shetland du Sud,* visant à minimiser le risque de pressions dues à des visiteurs de site, au vu de la valeur naturelle et historique exceptionnelle du site, et aussi à assurer la sécurité des visiteurs. La Norvège a fait remarquer qu'un amendement a été proposé au titre des conditions de débarquement des navires, supprimant la condition de « Maximum deux navires par jour (de minuit à midi) ».

140. Le Comité a approuvé les trois projets de Lignes directrices et a convenu de transmettre ces derniers à la RCTA à des fins d'adoption.

Avis à la RCTA

141. Suite à son examen des trois projets de nouvelles Lignes directrices, le Comité a convenu de les soumettre à la RCTA à des fins d'adoption :

- Île D'Hainaut, port Mikkelsen et île de la Trinité
- Port Charcot, île de Booth
- Anse Pendulum, île de la Déception

---

142. L'Équateur a présenté le document WP 59 *Lignes directrices révisées pour les sites visités : îles Aitcho,* préparé conjointement avec l'Espagne. Les propositions de changements aux Lignes directrices actuelles comprennent le remplacement de la zone principale d'ancrage et le remplacement d'une route désignée pour traverser l'île, afin d'éviter une aggravation des dégâts occasionnés sur les tapis de mousse.

143. Le Comité a remercié l'Équateur et l'Espagne d'avoir préparé ce document important. Il a salué le travail considérable qui a été accompli dans le but d'évaluer l'ampleur des dégâts occasionnés aux tapis de mousse et d'en informer le Comité.

144. Le Comité a exprimé sa grande préoccupation s'agissant des sentiers qui traversent les tapis de mousse sur l'île Barrientos - Aitcho et les dégâts que cela engendre.

145. Le Comité a convenu qu'il était impératif de prévenir tout risque de dégradation ultérieure du site et a examiné différentes options pour parvenir à cette fin. Plusieurs Membres ont souligné la nécessité de poursuivre les efforts de suivi et de recherche sur le site, en vue d'évaluer la réhabilitation des tapis de mousse et de s'assurer que des données adéquates seront disponibles pour permettre des décisions judicieuses sur les activités futures qui pourraient être autorisées sur le site.

146. Le Comité a pris acte de l'intention de l'IAATO d'imposer à ses membres un moratoire sur les sentiers qui traversent la zone fermée B pour la saison 2012/13 au minimum. Le Comité a également reconnu l'importance de protéger au moins la zone affectée, afin de disposer du temps nécessaire pour étudier les possibilités de gestion du site à plus long terme.

147. Le Comité a convenu d'appliquer un moratoire sur tout accès à la zone centrale de l'île Barrientos - Aitchosauf si l'accès est requis pour la recherche et le suivi scientifiques ; d'amender les Directives de site afin de prendre en compte le moratoire ; d'encourager la coopération entre les programmes nationaux en cours dans la zone de manière à collecter des données et des informations plus complètes sur les dégâts occasionnés, et de mettre au point des programmes de suivi visant à évaluer la réhabilitation du site ; et de procéder à un réexamen de la question, y compris les Directives de sites, au CPE XVI.

148. Sur cette base, le Comité a préparé un projet de Résolution et a recommandé qu'il soit adopté par la RCTA.

Avis à la RCTA

Le Comité a convenu de soumettre les Directives de site révisées pour l'île Aitcho / Barrientos et un projet de résolution s'y rapportant à la RCTA à des fins d'adoption

---

149 L'IAATO a présenté le document intitulé IP 37 « *Report on IAATO operator use of Antarctic Peninsula Landing Sites and RCTA Visitor Site Guidelines, 2011-2012 Season* ». Le Royaume-Uni a fait part de son intention d'élaborer

un projet de lignes directrices de site pour l'île Orne au cours de la saison à venir, en collaboration avec d'autres Parties et Observateurs.

7d) Empreinte humaine et valeurs de la nature à l'état sauvage

150. La Nouvelle-Zélande a présenté le document WP 50, *Concepts pour la protection de la nature sauvage dans l'Antarctique à l'aide des outils dans le Protocole,* ainsi que le document d'information IP 60 *Informations complémentaires sur la protection de la nature à l'état sauvage en Antarctique et l'utilisation d'outils dans le Protocole,* qui contient des renseignements plus détaillés, les deux documents ayant été préparés conjointement avec les Pays-Bas. Ces documents ont pour objectif d'étayer les délibérations du Comité sur les moyens dont il pourrait disposer pour renforcer la protection de zones importantes en termes de nature sauvage, et visent à développer des documents d'orientation pour assurer la protection des valeurs de la nature sauvage par le biais d'outils tels les évaluations d'impact sur l'environnement et les autres mesures de protection des zones applicables en vertu de l'Annexe I et de l'Annexe V du Protocole.

151. La Nouvelle-Zélande a noté que l'on décrit souvent la nature sauvage comme étant vierge de toute intrusion humaine et que si l'Antarctique avait longtemps été considéré comme répondant à cette description, il le devenait cependant de moins en moins au vu de l'impact cumulatif de l'activité anthropique. Le document vise à quantifier les aspects tangibles de la nature à l'état sauvage, reconnaissant que les aspects intangibles de cette nature tels les valeurs esthétiques font pour leur part l'objet de débats continus. La Nouvelle-Zélande et les Pays-Bas ont remercié l'ASOC ainsi que d'autres d'avoir contribué à la préparation des deux documents.

152. Le Comité a salué le travail de la Nouvelle-Zélande et des Pays-Bas, et a reconnu la dégradation graduelle de certains aspects de la nature à l'état sauvage en Antarctique. Le Comité a souligné l'importance des zones inviolées dans la planification de la conservation.

153. Reconnaissant les difficultés inhérentes à la définition, l'évaluation et la gestion des valeurs de la nature à l'état sauvage, les États-Unis ont noté que les progrès constants et mesurés du CPE sur cette question se sont avérés être une approche utile. La Norvège a fait part de son intention de mettre à la disposition du Comité ses considérations sur la nature à l'état sauvage dans le Haut-Arctique, afin de contribuer aux délibérations du CPE et de lui

fournir des exemples d'ordre pratique. L'IAATO a souligné le rôle majeur de la nature à l'état sauvage de l'Antarctique pour les organisateurs de voyages et leurs clients, et s'est mise à la disposition du CEP pour lui accorder tout soutien nécessaire.

154. Le Comité a accueilli favorablement l'offre de la Nouvelle-Zélande et des Pays-Bas de mener des travaux supplémentaires en période intersessions et de les présenter au XVIᵉ CPE. Ces travaux viseront à :

(a) élaborer des documents d'orientation à l'adresse des Parties afin de les aider à intégrer les aspects de la nature à l'état sauvage dans les évaluations d'impact sur l'environnement de leurs projets d'activité, et/ou de les aider à proposer la création de zones protégées en terme de leurs valeurs de nature à l'état sauvage ; et à

(b) explorer les possibilités permettant de prendre en compte les zones inviolées dans la planification de la conservation, et de mettre en place des synergies nouvelles pour promouvoir la protection des zones de nature à l'état sauvage dans l'élaboration de projets de zones protégées conjointement avec le SCAR.

155. Le Comité a remercié le SCAR d'avoir offert sa coopération sur cette question.

156. L'ASOC a présenté le document d'information IP 49 intitulé « *Annex V Inviolate and Reference Areas: Current Management Practices* » où il est proposé que la désignation de zones inviolées en vertu de l'Annexe V du Protocole soit utilisée de manière plus répandue, en tant qu'outil de protection de base pour la nature à l'état sauvage et pour les valeurs esthétiques. L'ASOC a fait observer que seulement 30 kilomètres carrés de la zone du Traité sur l'Antarctique sont actuellement désignés comme zones inviolées au sein des 71 ZSPA existantes.

157. Le Comité a remercié l'ASOC d'avoir présenté le document, et certains Membres ont rappelé la valeur de désigner des zones inviolées à des fins de recherches scientifiques futures. Le Royaume-Uni a encouragé les Membres à intégrer les aires d'accès limité dans toute ZSPA nouvelle ou existante, autant que possible, en donnant comme exemple la ZSPA n° 126 relative à la Péninsule de Byers.

158. La Belgique a souligné le fait que la désignation de zones inviolées revêt une importance inestimable pour la recherche scientifique future, et a estimé que les avancées scientifiques à l'avenir pourraient être ralenties si des zones intactes et représentatives, préservées de l'empreinte humaine, arrivaient à être en quantité insuffisante.

159. L'ASOC a présenté le document d'information IP 52 intitulé *« Data Sources for Mapping the Human Footprint in Antarctica »*, dans lequel il est proposé de compiler les données disponibles relatives à la recherche, à la logistique, au tourisme et à la pêche dans un format commun. Ceci constituerait une première étape vers la construction d'un modèle de l'empreinte humaine en Antarctique. L'ASOC a invité le CPE à discuter avec le SCAR et le COMNAP de la meilleure manière d'intégrer et d'analyser ces données, et a suggéré d'inclure ces discussions au Plan de travail quinquennal. Au cours des délibérations, il a été noté que le Portail de l'environnement en Antarctique (WP 57) pourrait servir d'outil en appui à la proposition de l'ASOC.

7e) Gestion et protection marines territoriales

160. L'Ukraine a présenté le document d'information IP 68 intitulé « *Progress of Ukraine on Designation of Broad-scale Management System in the Vernadsky Station Area* » en réponse à l'intensification des activités scientifiques, logistiques et touristiques dans la zone de la station, et elle a invité les Parties à participer à des discussions de fond quant à la protection et la gestion environnementale de la zone.

161. Dr Polly Penhale (États-Unis) en sa capacité d'Observateur du CPE à la CCAMLR a présenté le document d'information IP 80 intitulé « *Report of the CEP Observer to the CCAMLR Workshop on Marine Protected Areas, Brest, France, 29 August to 2 September 2011* » et a attiré l'attention des Membres sur le rapport complet de cet atelier publié sur le site Internet de la CCAMLR (*http://www.ccamlr.org/pu/e/e_pubs/sr/11/a06.pdf*). Elle a noté que l'atelier a discuté des analyses de régionalisation pour l'environnement pélagique circumpolaire ainsi que pour le bassin de Crozet et la région du plateau de Kerguelen (Océan Indien). L'atelier a également fait le point sur l'état actuel des projets d'habitats pélagiques circumpolaires et des projets d'habitats benthiques nouvellement exposés suite à des effondrements de la plateforme glaciaire en Antarctique Orientale et dans la région de la mer de Ross. En outre, Dr Penhale a fait remarquer que l'atelier avait reconnu

les intérêts communs et partagés du CPE et du Comité Scientifique de la CCAMLR en matière de protection marine, ce qui pourrait mener la RCTA à désigner des ZSPA et des ZGSA à l'intérieur des Aires Marines Protégées de la CCAMLR.

162. L'ASOC a présenté le document d'information IP 54 intitulé « *Implications of Antarctic Krill Fishing in ASMA No. 1 – Admiralty Bay* » qui a fait état de la pêche de krill dans la ZGSA No. 1 en 2009/2010. La pêche est une activité qui n'a pas été identifiée de manière spécifique dans le Plan de gestion de la zone. L'ASOC a rappelé aux Membres que la ZGSA a été établie dans la baie de l'Amirauté, du moins en partie, en raison de la population concentrée d'oiseaux de mer et de phoques en période de reproduction. L'ASOC a ajouté que la population de manchots dans la zone est actuellement en baisse, et a fait ressortir que la recherche scientifique menée pendant ces dernières décennies sur les poissons, le krill, les communautés benthiques ainsi que sur les oiseaux de mer pourrait être menacée par ces activités de pêche. Il s'agit là du premier rapport d'une activité de pêche se déroulant dans une ZGSA, et l'ASOC s'est déclarée inquiète du précédent que cette activité de pêche pourrait constituer pour l'avenir.

163. Afin de répondre à cette préoccupation, l'ASOC a recommandé une révision immédiate du Plan de gestion et une interdiction provisoire sur toute activité de pêche commerciale dans la zone. En outre l'ASOC a fait part de son opinion que la CCAMLR devrait adopter une politique de précaution et devrait procéder à la fermeture des ZGSA à composante marine où des activités de pêche pourraient être menées, et qu'en plus la CCAMLR devrait se doter de mesures de conservation additionnelles pour faire rapport à la RCTA de tout incident.

164. La Pologne a signalé que la surveillance par les États-Unis des manchots de la baie de l'Amirauté fait partie du système de la CCAMLR, et ce depuis maintenant quatre décennies. Comme le krill est un élément critique dans le régime d'alimentation des manchots, la Pologne a exprimé son étonnement à voir des chalutiers venir pêcher le krill dans la baie de l'Amirauté. Cette activité de pêche pourrait mettre en cause toute la série de données à long terme obtenues à partir de la surveillance des manchots. La Pologne est d'avis que la pêche au krill devrait être totalement interdite aux alentours des sites de surveillance biologique, pour éviter que ce genre d'incident ne se répète à l'avenir. La zone d'interdiction à la pêche pourrait être imposée en fonction du parcours des manchots pour se nourrir, elle pourrait s'étendre

sur un rayon de 50 kms autour de leur roquerie. Pour la Pologne cette interdiction de pêche pourrait être introduite dans les Plans de gestion actuels des ZSPA et des ZGSA et elle constituerait une première étape allant dans le même sens qu'une désignation d'Aire Marine Protégée. La Pologne a également souligné que d'autres activités de surveillance menées par ses chercheurs scientifiques dans la baie du Roi George pourraient être menacées par des activités de pêche.

165. Le Japon a exprimé son opinion qu'une interdiction de pêche dans une zone ne devrait être imposée que si elle s'avère nécessaire pour atteindre les objectifs spécifiques du Plan de gestion de la zone.

166. L'Observateur du Comité Scientifique de la CCAMLR auprès du CPE a avisé le Comité qu'aucune mention n'est faite de l'exploitation des ressources dans le Plan de gestion de la ZGSA n° 1, alors que mention est faite dans le Plan de gestion de la ZGSA n° 7. De ce fait, il existe de l'incertitude si oui ou non une activité de pêche menée dans la ZGSA n° 1 serait compatible avec les objectifs de la ZGSA, et c'est la raison pour laquelle il a attiré l'attention du CPE sur cette question dans le document d'information IP 28 intitulé « *Report by the SC-CAMLR Observer to the Fifteenth Meeting of the Committee for Environmental Protection* ».

167. Le Comité a remercié l'ASOC pour avoir soulevé cette question. Au vu des préoccupations exprimées par plusieurs Membres et par l'ASOC à l'effet que la pêche au krill pourrait ne pas être compatible avec les valeurs scientifiques de la ZGSA, suivant la procédure établie le Brésil s'est engagé à soumettre au Groupe de travail EMM (« Ecosystem Monitoring and Management ») de la CCAMLR une version révisée du document d'information IP 66, dans le but de faire avancer la discussion sur la question de la pêche au krill dans la ZGSA n° 1 pendant la période intersessions.

168. L'Observateur du Comité Scientifique de la CCAMLR auprès du CPE a remercié le Comité pour son avis clair sur cette question, et s'est engagé à inscrire les préoccupations du Comité en matière de la pêche au krill dans la ZGSA n° 1 à l'ordre du jour des discussions de la CCAMLR visant à améliorer les connaissances sur l'interaction des mesures de gestion spatiale dans la région.

169. L'ASOC a présenté le document d'information IP 50 intitulé « *Antarctic Ocean Legacy: A Marine Reserve for the Ross Sea* » avec l'information

contenue dans le document IP 51 intitulé « *Antarctic Ocean Legacy: A vision for circumpolar protection* ». Ces documents lancent un appel pour la création d'un réseau d'aires marines protégées et de zones réservées et non-exploitables dans l'Océan austral.

170. L'ASOC a expliqué que cette proposition émane de l'organisation globale *Antarctic Ocean Alliance* et repose sur des recherches scientifiques rigoureuses. L'organisation *Antarctic Ocean Alliance* a identifié trois zones supplémentaires qui pourraient être incluses dans une AMP ou une réserve marine pour la mer de Ross, et aussi 19 autres zones marines susceptibles d'être protégées en Antarctique.

171. Un autre document a été soumis au titre de ce point de l'ordre du jour, à savoir :

    • IP 34, *Using ASMAs and ASPAs when necessary to complement CCAMLR MPAs* (UICN)

7f) Autres questions relevant de l'Annexe V

172. Les États-Unis ont présenté le document WP 38 *Instaurer la protection des zones géothermiques : les glacières volcaniques du mont Erebus sur l'île Ross*, préparé conjointement avec la Nouvelle-Zélande, qui vise à encourager les Parties à développer des stratégies pour protéger les environnements uniques des zones géothermiques situées dans la région du mont Erebus.

173. Les États-Unis ont fait remarquer que ces zones géothermiques ont fait l'objet de recherches d'un intérêt considérable, menées par des scientifiques de diverses disciplines. Les glacières du mont Erebus abritent des communautés microbiennes endémiques qui sont isolées des microbes de surface et qui ont des comportements différents. Au cours de ces dernières années les glacières du sommet du mont sont devenues des abris appréciés par les chercheurs travaillant dans cette zone. Ces sites sont particulièrement vulnérables à la contamination par le biais de l'introduction de nouvelles espèces de microbes ou de matière organique, et ainsi cette contamination pourrait compromettre la valeur scientifique des glacières. Une telle contamination a déjà été observée dans certaines glacières.

174. Les États-Unis ont recommandé que les Parties intéressées ainsi que le SCAR travaillent au développement d'un inventaire des caractéristiques uniques de ces glacières, et aussi au développement d'un code de conduite

pour réduire le risque actuel et futur de contamination. Les États-Unis ont également recommandé un moratoire volontaire sur toute visite des glacières qui serait étrangère à la recherche scientifique, tant qu'un code de conduite n'aura pas été convenu et entré en vigueur.

175. Le Royaume-Uni et le Chili ont remercié les États-Unis et la Nouvelle-Zélande pour cette initiative, et ont tous deux fortement soutenu le développement de documents d'orientation appropriés pour d'autres sites et zones géothermiques en Antarctique, en soulignant la pertinence de cette question pour le groupe gestionnaire de l'île de la Déception.

176. En réponse à une question posée par la France, les États-Unis ont clarifié que le développement d'un code de conduite serait complémentaire aux mesures de protection envisagées dans le cadre du projet d'une ZSPA pour les zones géothermiques de haute altitude de la région de la mer de Ross.

177. Le SCAR s'est déclaré disponible et prêt à collaborer étroitement avec les Parties pour développer cette initiative.

178. En réponse à cette proposition de travail futur, le Comité a convenu d'adopter les recommandations suivantes :

- Encourager les Parties intéressées et leurs chercheurs à collaborer à l'élaboration d'un inventaire des glacières du mont Erebus, lequel identifiera l'emplacement, la taille, l'historique des activités humaines et les caractéristiques actuelles des communautés microbiennes de chacune des glacières.

- Encourager les Parties intéressées et leurs chercheurs à collaborer à l'élaboration d'un code de conduite reconnaissant le niveau actuel de la contamination microbienne dans les glacières du mont Erebus et tendant à empêcher toute future contamination dans les glacières présentant un intérêt pour les études microbiennes.

- Encourager les chercheurs, les Parties intéressées et le SCAR à travailler, ensemble, à l'élaboration de documents d'orientation appropriés pour les autres zones géothermiques de l'Antarctique.

179. Le Comité a également pris note des autres recommandations contenues dans le document :

- Encourager les Parties à adopter un moratoire temporaire sur les visites des glacières du mont Erebus, qui sont non officielles ou étrangères à toute recherche scientifique, tant qu'un code de conduite n'est pas convenu.

- Encourager les Parties à adopter un moratoire temporaire sur toutes les visites des glacières du mont Erebus qui sont estimées « vierges » tant qu'un code de conduite n'est pas convenu.

- Encourager les chercheurs travaillant dans les glacières du mont Erebus à stériliser leur équipement et leurs vêtements autant que possible, et à exclure toute utilisation d'outils dotés d'un moteur à essence dans les glacières, en reconnaissant que des pratiques exemplaires seront identifiées lors de l'élaboration du code de conduite.

180. L'Australie a présenté le document WP 23 rév. 1 *Régions de conservation biogéographiques de l'Antarctique* préparé conjointement avec la Nouvelle-Zélande et le SCAR, qui a fait part des résultats d'une série d'analyses récentes mettant en lien les meilleures données disponibles à cette date sur la biodiversité terrestre antarctique, les domaines environnementaux qui ont été adoptés en vertu de la Résolution 3 (2008), et les autres cadres pertinents de l'analyse spatiale. Ces analyses ont permis d'identifier 15 régions libres de glace et biologiquement distinctes, se trouvant toutes à l'intérieur du continent antarctique y compris les îles de la zone du Traité sur l'Antarctique.

181. L'Australie, la Nouvelle-Zélande et le SCAR ont recommandé au Comité d'adopter cette classification des régions de conservation biogéographiques de l'Antarctique pour qu'elle puisse servir, entre autres, de modèle dynamique d'identification des zones spécialement protégées de l'Antarctique au sein d'un cadre environnemental et géographique systématisé, et un fondement pour la gestion du risque de transfert d'espèces d'un lieu de l'Antarctique à l'autre.

182. La Fédération de Russie a ajouté qu'elle ferait part de ces analyses à ses chercheurs, pour qu'ils puissent contribuer aux travaux à poursuivre sur les régions de conservation biogéographiques de l'Antarctique. Les Pays-Bas ont signalé qu'il serait fort utile de comparer la carte des régions de conservation biogéographiques de l'Antarctique à d'autres cartes, par exemple les cartes

démontrant la fréquence des visites, ce qui permettrait d'identifier des zones qui requièrent une gestion ou une protection particulière.

183. En réponse aux questions de la Chine et de l'Argentine concernant l'application envisagée du modèle, l'Australie a expliqué que le modèle n'était pas censé être prescriptif, et qu'il faisait partie d'un éventail d'outils facilitant la désignation des ZSPA. Le modèle serait particulièrement utile pour désigner des exemples représentatifs des principaux écosystèmes terrestres.

184. En réponse à une question des États-Unis, le SCAR a informé le Comité que ses analyses se concentrent actuellement sur les zones libres de glace, mais qu'il entend inclure les zones sous-glaciaires ainsi que les autres zones recouvertes de glace dans ses prochaines analyses. Le SCAR a aussi fait savoir aux Membres que le document d'information IP 40 Rév. 1, Rev. 1, *SCAR Products available to support the deliberations of the ATCM*, contenait la description des méthodes qui ont été appliquées dans la collecte et la gestion de ses données. Le SCAR a noté que plusieurs autres études étayent ces analyses, mais a souligné que de plus amples données seront nécessaires pour développer les régions biogéographiques dans le futur. Plusieurs Membres ont indiqué que leurs programmes nationaux pourraient fournir des données supplémentaires concernant la biodiversité. Le SCAR a encouragé les Membres à utiliser la base de données *Antarctic Biodiversity Database*.

185. Le Comité a félicité le SCAR et les chercheurs chargés de l'étude présentée dans le document de travail WP 53 Rév. 1 sur leurs travaux d'analyse approfondie contribuant à une approche systématique des zones protégées.

186. Le Comité a fait siennes les recommandations du document WP 23 Rév. 1 et

- convient que les régions de conservation biogéographiques de l'Antarctique soient utilisées de manière systématique et de concert avec d'autres outils acceptés dans le système du Traité sur l'Antarctique, en tant que modèle dynamique pour l'identification de zones susceptibles d'être désignées comme zones spécialement protégées de l'Antarctique dans le cadre environnemental et géographique systématisé dont il est fait mention au paragraphe 2 de l'article 3 de l'annexe V du Protocole ;

- demande au Secrétariat du Traité sur l'Antarctique de préparer une couche de données spatiales représentant les régions de conservation biogéographiques de l'Antarctique qui sont disponibles sur son site Internet ;

- réitère son accord à l'égard du fait que les membres doivent encourager de nouvelles collectes de données biologiques spatialement explicites, ainsi que leur soumission en temps opportun ;

- reconnaît la pertinence des régions de conservation biogéographiques de l'Antarctique pour ses travaux visant à traiter les risques liés aux espèces non-indigènes, en particulier celui du transfert d'espèces parmi les lieux de l'Antarctique ; et

- accepte d'intégrer la « Carte de l'Antarctique sur les 15 régions de conservation biogéographiques », jointe au document, dans le Manuel du CPE sur les espèces non-indigènes et d'identifier les occasions qui permettent l'utilisation des régions de conservation biogéographiques dans la gestion des risques liés aux espèces non-indigènes.

Avis du CPE à la RCTA

187. Le Comité recommande à la RCTA d'approuver les régions de conservation biogéographiques de l'Antarctique par le biais d'une résolution.

188. La Fédération de Russie a présenté le document de travail WP 35 *Propositions pour l'élaboration de plans de gestion révisés pour les zones spécialement protégées de l'Antarctique et les zones gérées spéciales de l'Antarctique*, dans lequel elle propose que, lors de l'actualisation des Plans de gestion pour des ZSPA ou ZGSA principalement désignées pour protéger les valeurs des espèces vivantes qu'elle contient, la Partie à l'origine du Plan de gestion serait tenue de soumettre au CPE un rapport de suivi scientifique sur le maintien de ces valeurs et sur leur état actuel.

189. La Fédération de Russie est d'avis que le suivi scientifique est nécessaire pour que soient prises des décisions objectives concernant l'efficacité des Plans de gestion. L'écosystème antarctique est d'une extrême sensibilité et réagit non seulement aux menaces anthropiques mais aussi à toute une série de facteurs externes. Il est donc nécessaire de recueillir des données

objectives afin de déceler des changements à long terme dans les valeurs biologiques protégées, et il est nécessaire aussi de s'assurer que les valeurs initiales méritent de continuer d'être protégées.

190. La Fédération de Russie a cité comme exemple de plan de surveillance à long terme la Mesure de conservation de la CCAMLR visant les aires marines protégées ; celle-ci assure la protection d'une zone pour une période déterminée, et elle peut, en fonction des conclusions du suivi scientifique, être prolongée. La Fédération de Russie a proposé que le CPE adopte une approche similaire.

191. Alors que les Membres ont convenu que le suivi à long terme des zones protégées est nécessaire pour maintenir une protection efficace, certains d'entre eux ont exprimé leur réserve quant à un système obligatoire de suivi qui pourrait exiger de pénétrer dans une zone protégée et ainsi, notamment lorsque la télédétection n'est pas possible, porter atteinte aux valeurs qui en sont protégées. D'autres Membres ont aussi fait part de leur préoccupation de ce qu'un suivi obligatoire puisse dissuader les Parties à réviser leurs propres Plans de gestion, surtout dans des cas où une telle procédure pourrait entraîner des problèmes de non-conformité au plan révisé.

192. Le Comité a remercié la Fédération de Russie pour ses travaux et a rappelé l'importance de détecter les changements à long terme dans les zones protégées au moyen du suivi de la surveillance des valeurs biologiques, et aussi l'importance de confirmer la présence continue de ces valeurs. Les Membres ont toutefois exprimé de l'inquiétude à ce qu'un suivi, s'il est rendu obligatoire, devienne contre productif, surtout dans des cas où la télédétection n'est pas une option possible et qu'une visite si elle est obligatoirement requise risque d'affecter les valeurs d'un site.

193. La Fédération de Russie, tout en reconnaissant les réserves exprimées par les Membres sur sa proposition à ce stade, a fait savoir qu'elle continuerait ses travaux dans ce domaine.

194. L'Australie a présenté le document IP 26 intitulé « *Analyses of the Antarctic Protected Areas System Using Spatial Information* », qui informe le CPE de l'acquisition par l'Australie d'un ensemble de données complet d'informations spatiales représentant les lignes de démarcation de toutes les ZSPA et ZGSA. L'Australie a fait savoir au CPE que cet ensemble de données est disponible sur le site Internet du Secrétariat. L'Australie

a présenté des exemples illustrant comment cet ensemble de données pourrait aider à évaluer et à développer le système des régions protégées de l'Antarctique, et à appuyer d'autres activités du CPE.

195. Le Comité a remercié l'Australie d'avoir fait l'acquisition de cet ensemble de données et de le rendre librement accessible, et il a noté que ces données contribuent par leur utilité à une approche systématique de la protection et de la gestion des zones. Les Membres ont exprimé leur gratitude à l'Australie pour avoir mis cet ensemble de données à leur disposition, et ont fait savoir leur intention d'utiliser cette ressource pour compléter leurs propres travaux. L'Argentine s'est réservée le droit d'examiner la nomenclature utilisée sur le site Internet du Secrétariat.

Point 8 - Conservation de la faune et de la flore de l'Antarctique

8a) Quarantaine et espèces non-indigènes

196. Le SCAR a présenté le document WP 5 *Résultats du programme de l'Année polaire internationale : « Espèces non-indigènes en Antarctique »*, ainsi que le document de contexte BP 1 intitulé « *Continent-wide risk assessment for the establishment of non-indigenous species in Antarctica* », qui tous deux font état de l'évaluation des risques d'implantation des espèces non-indigènes, et concluent que la côte de la Péninsule antarctique occidentale et les îles situées au large du littoral de la Péninsule présentent actuellement les risques les plus élevés.

197. Le rapport conclut qu'à l'horizon 2100, le risque d'implantation d'espèces non-indigènes restera le plus élevé dans la zone de la Péninsule antarctique mais qu'en raison du changement climatique il s'amplifiera aussi et nettement dans les zones côtières libres de glace à l'Ouest de la plateforme glaciaire d'Amery et, dans une moindre mesure, dans la région de la mer de Ross. Le SCAR a recommandé que le CPE : (i) inclut les évaluations des risques explicites dans l'espace et catégorisées par activité dans la formulation future de stratégies visant à atténuer les risques que posent les espèces terrestres non-indigènes ; (ii) mette au point une stratégie de surveillance des zones où l'implantation d'espèces non-indigènes identifiées présente un risque élevé ; et (iii) concentre son attention sur les risques que pose le transfert intra-Antarctique de propagules.

198. Le SCAR a informé le Comité que ses recherches indiquent qu'au cours de la période de l'Année polaire internationale (API) 2007-09, le nombre moyen de semences transportées par personne était de 9,5, et que le nombre de semences introduites en Antarctique au cours du premier été de l'API était d'environ 70 000. Les chercheurs et le personnel de soutien à la science et au tourisme, étaient plus susceptibles de transporter des semences que les touristes.

199. En réponse à une question de la Norvège, le SCAR a expliqué que les analyses actuelles concernaient principalement les plantes vasculaires, mais que l'évaluation comportait des implications plus larges. Le SCAR a reconnu qu'il serait utile d'élargir la recherche à d'autres groupes biologiques et de travailler sur des méthodes permettant d'identifier la colonisation naturelle.

200. Plusieurs Membres ont informé le Comité des efforts qu'ils ont déployé pour atténuer les risques posés par les espèces non-indigènes. Les États-Unis ont informé le Comité qu'ils fourniront un rapport au CPE XVI faisant état de leur expérience en termes de gestion visant à réduire le transfert intracontinental d'espèces non-indigènes.

201. L'IAATO a fait savoir qu'elle encouragerait ses organisateurs à contribuer à la surveillance des espèces non-indigènes, et a indiqué qu'elle avait lancé une campagne de sensibilisation visant les membres du personnel sur le terrain, qui ont été identifiés comme étant les principaux vecteurs de graines.

202. Le Comité a remercié le SCAR de ses travaux sur cette question. Les Membres ont exprimé leur gratitude au SCAR, et ont souligné l'importance de cette question pour le CPE, notamment les aspects liés à l'augmentation des risques en raison des changements climatiques, et l'amélioration du Manuel sur les espèces non-indigènes.

203. Le Comité a fait siennes les recommandations du document WP 5 et a convenu ce qui suit :

- d'inclure les évaluations des risques explicites dans l'espace et catégorisées par activité dans la formulation future de stratégies visant à atténuer les risques que posent les espèces terrestres non-indigènes ;

- de mettre au point une stratégie de surveillance des zones où l'implantation d'espèces non-indigènes identifiées dans le cadre du projet « Espèces non-indigènes en Antarctique » présente un risque élevé, et ce conjointement avec le SCAR, le COMNAP, l'IAATO, l'UICN et les Parties. Cette stratégie devrait inclure un mécanisme visant à différenctier les colonisations naturelles de celles causées par l'homme (voir Hughes &Convey 2012 ; document WP15 de la XXXIIIᵉ RCTA intitulé *Lignes directrices à l'adresse des visiteurs et des gestionnaires de l'environnement suite à la découverte d'une espèce non-indigène suspecte dans l'environnement terrestre et d'eau douce en Antarctique* ; le document IP44 de la XXXIIIᵉ RCTA intitulé *Suggested framework and considerations for scientists attempting to determine the colonisation status of newly discovered terrestrial or fresh water specie swithin the Antarctic Treaty Area*) ;

- de concentrer l'attention, en collaboration avec ses partenaires, sur les risques que pose le transfert intra-Antarctique de propagules, car le projet « Espèces non-indigènes en Antarctique » ne s'est que peu axé sur ce type d'évaluations.

204. Le Comité a favorablement accueilli le document du SCAR WP 6 *Réduction du risque d'introduction involontaire d'espèces non-indigènes associée à l'importation de fruits et légumes frais en Antarctique,* et a confirmé que la prévention de l'introduction d'espèces non-indigènes constitue une priorité importante pour les Membres.

205. Le Comité a approuvé les deux recommandations du document WP 6 et a convenu :

- d'encourager les Parties à mettre en œuvre les recommandations formulées dans les listes de vérification pour les gestionnaires de la chaîne d'approvisionnement du COMNAP / SCAR ; et

- d'étudier d'autres méthodes de réduction du risque d'introduction d'espèces non-indigènes associée aux aliments frais en Antarctique.

206. L'Australie a présenté le document WP 25 *Directives pour réduire au minimum les risques liés aux espèces non-indigènes et aux maladies dans les installations hydroponiques antarctiques*, soumis conjointement avec la France, qui fait suite à la demande du XIVeCPE d'entamer des discussions sur les pratiques exemplaires pour ces installations.

207. Plusieurs Membres se sont félicités de ce projet de Directives. Le Royaume-Uni a souhaité en savoir davantage sur les insectes présents dans les systèmes hydroponiques ainsi que sur l'existence d'une évaluation des risques qui tiendrait compte de l'emplacement de l'installation et de la susceptibilité de l'écosystème environnant à être colonisé par des espèces de ravageurs communs.

208. Le Japon a aussi demandé au STA de compiler toutes les Lignes directrices pertinentes, y compris les anciennes directives, et de les publier sur son site Internet.

209. Suite à une suggestion du SCAR, le Comité a convenu de modifier les Directives afin qu'y soient inclus les pièges à insectes au niveau du sol ; cette modification mineure au projet de Directives a été effectuée au cours de la réunion.

210. Le Comité a convenu d'inclure les Directives révisées pour réduire au minimum les risques liés aux espèces non-indigènes et aux maladies dans les installations hydroponiques antarctiques dans le Manuel sur les espèces non-indigènes.

211. L'Espagne a présenté le document d'information IP 13 intitulé « *Colonisation status of the non-native grass Poapratensis at Cierva Point, Danc o Coast, Antarctic Peninsula* », élaboré conjointement avec l'Argentine et le Royaume-Uni, et elle a noté la nécessité d'éradiquer cette espèce le plus tôt possible.

212. L'Australie a encouragé les auteurs du document à informer le Comité du succès obtenu à l'issue de leurs tentatives d'éradication de cette plante, en notant que leurs expériences pourraient éclairer les actions mises en œuvre dans le cas d'autres introductions d'espèces non-indigènes, comme le souligne le document IP 29. En réponse à une question du Président concernant la méthode d'éradication employée et la présence éventuelle d'autres espèces non-indigènes sous les racines de la plante, le Royaume-Uni a expliqué qu'il n'avait pas encore mis au point une méthode d'éradication et que tout conseil venant d'une autre Partie sur des méthodes efficaces d'éradication seraient bienvenu.

213. Le Royaume-Uni a présenté le document IP 29 intitulé « *Colonisation status of known non-native species in the Antarctic terrestrial environment (updated*

2012)», qui actualise les informations présentées au CPE en 2010 et 2011 concernant le statut de colonisation des espèces non-indigènes connues dans l'environnement terrestre antarctique. Les informations indiquent qu'aucun programme d'éradication d'espèces non-indigènes connues au cours de l'année écoulée n'a été mené, mais le SCAR et l'Afrique du Sud ont cependant informé le Comité que des programmes d'éradication étaient en cours dans des systèmes associés et dépendants de la zone subantarctique. Ces programmes d'éradication pourraient jeter de la lumière sur les démarches à être adoptées en Antarctique.

214.   Plusieurs Membres, de concert avec l'ASOC, ont exprimé leur gratitude à l'égard de l'actualisation de ces informations, et ont fait part de leur inquiétude quant au fait qu'aucune tentative jusqu'à ce jour n'ait réussi à endiguer l'introduction de nouvelles espèces non-indigènes ou l'expansion d'espèces déjà établies. Ils ont réaffirmé la nécessité pour tous les Membres d'augmenter leurs efforts de collaboration pour remédier à ce problème. Il a également été signalé que l'un des modes de dispersion d'espèces non-indigènes était leur utilisation par des espèces indigènes (par exemple les skuas se servent d'herbe pour leurs nids).

215.   Un autre document a été soumis au titre de ce point de l'ordre du jour, à savoir :

   •   BP 1, *Continent-wide risk assessment for the establishment of non-indigenous species in Antarctica.*

8b) Espèces spécialement protégées

216.   Aucun document n'a été soumis au titre de ce point de l'ordre du jour.

8c) Autres questions relevant de l'Annexe II

217.   L'Allemagne a présenté le document IP 20 intitulé « *Evaluation of the "Strategic assessment of the risk posed to marine mammals by the use of airguns in the Antarctic Treaty area* ». L'Allemagne a fait savoir que cette évaluation était disponible sur le site *www.umweltbundesamt.de/antarktis-e/ archiv/evaluation_airguns_antarctic.pdf*, et elle a invité les Membres à commenter cette évaluation.

218. Le SCAR a présenté le document d'information IP 21 intitulé « *Anthropogenic Sound in the Southern Ocean: an Update* », élaboré en réponse à la demande du CPE de lui fournir un aperçu des travaux de recherche sur les impacts potentiels des bruits d'origine anthropique dans l'océan Austral. Le SCAR a aussi informé le Comité qu'une importante synthèse scientifique a été publiée sur ce sujet par l'Organe subsidiaire chargé de fournir des avis scientifiques, techniques et technologiques de la Convention sur la diversité biologique (Impact du bruit sous-marin d'origine anthropique sur la diversité biologique marine et côtière, UNEP/CBD/SBSTTA/16/INF/12).

219. L'Allemagne a soulevé des questions supplémentaires. Tout en notant l'importante revue de Southall publiée en 2007 concernant le déplacement temporaire de seuil (TTS) auquel le SCAR s'est référé, l'Allemagne a déclaré qu'il est important de reconnaître que des articles scientifiques plus récents (par Lucke en 2009 et par Popov en 2011) ont démontré que dans le cas des « baleines haute fréquence » (baleines communiquant par la production de sons de haute fréquence) les seuils sont beaucoup moins élevés que les seuils extrapolés par Southall, ce qui exige une zone d'exclusion des levés sismiques de plusieurs kilomètres. A ce jour, aucun seuil TTS n'a été adopté.

220. En outre, le centre d'intérêt actuel de la communauté internationale a maintenant évolué, pour se focaliser plus sur les perturbations que les blessures (Deuxième conférence internationale « Effects of noise on aquatic life » 2010, Cork). La troisième conférence aura lieu à Budapest, Hongrie, en août 2013. De nombreux travaux de recherche se sont aussi penchés récemment sur les changements de comportement liés aux perturbations acoustiques, par exemple dans le cas des baleines à bec. Dans ce cas par exemple Tyack et al. (2011) ont proposé un seuil de perturbation de 142 dB SEL, un seuil beaucoup moins élevé qu'aucune des valeurs appliquées jusqu'à présent par les régulateurs dans leurs définitions de la perturbation, l'Allemagne a suggéré qu'il pourrait être utile d'actualiser le modèle PCAD (« Population Consequences of Acoustic Disturbance »)en y intégrant les résultats des travaux les plus récents.

221. En guise de conclusion, l'Allemagne a souligné le fait que le bruit d'origine anthropique peut avoir des effets d'une portée considérable et des impacts que l'on comprend encore mal sur l'environnement marin. L'Allemagne a appuyé les conclusions du SCAR, à savoir que les politiques appliquées dans la région du Traité sur l'Antarctique bénéficieraient de recherches plus approfondies dans l'océan Austral. En dernier lieu, l'Allemagne a informé les

membres de son nouveau projet de recherche qui vise à mieux comprendre l'impact du masquage sur les baleines en Antarctique, et dont les résultats seront présentés au CPE.

222. L'ASOC a remercié l'Allemagne et le SCAR des documents qu'ils ont présentés. L'ASOC a particulièrement remercié l'Allemagne d'avoir constamment soulevé la question du bruit en Antarctique auprès du CPE, et aussi, dans le cas actuellement en étude, d'avoir employé une approche stratégique et de précaution pour aborder les risques que posent aux mammifères marins les canons à air. L'ASOC a instamment prié les Membres de prendre en compte les recommandations issues du document IP 20 présenté par l'Allemagne (concernant des EIE appropriées et la prise en considération d'autres technologies pouvant être déployées pour recueillir les données sismiques).

223. C'est avec intérêt que le Comité a pris note des informations fournies par l'Allemagne et le SCAR, et a demandé à ce que le SCAR et les Membres présentent régulièrement au CPE leurs travaux dans ce domaine.

224. Le SCAR a convenu de fournir des mises à jour au CPE sur ses activités dans ce domaine, notamment celles qui donnent lieu à des données importantes, dès lors que ces dernières sont disponibles. En réponse à une question de la Fédération de Russie, le SCAR a suggéré qu'un examen de l'impact du bruit des éoliennes sur les êtres humains relèverait plutôt du Groupe d'experts du SCAR et du COMNAP sur la biologie humaine et la médecine.

225. Le SCAR a présenté le document IP 35 intitulé « *Antarctic Conservation for the 21st Century: Background, progress, and future directions* », qui documente les premières mesures prises par le SCAR, la Nouvelle-Zélande et l'UICN relatives à l'élaboration d'une future stratégie globale intégrée pour la conservation de l'Antarctique et de ses écosystèmes dépendants et associés.

226. En réponse à une question des Pays-Bas, le SCAR a confirmé que les valeurs de conservation antarctiques avaient été prises en compte par le groupe du SCAR « Social Science Action Group » et aussi par d'autres spécialistes éminents dans ce domaine. L'ASOC a noté que la stratégie semblait être concentrée sur des valeurs de biodiversité, et elle a émis l'espoir qu'elle serait élargie afin d'inclure les éléments non-vivants, qui recouvrent une grande partie de la zone antarctique.

227. Le Comité a exprimé son vif intérêt pour ces initiatives et mises à jour importantes et plusieurs Membres ont proposé de collaborer à ces travaux.

Point 9 - Surveillance de l'environnement et rapports

228. Le Royaume-Uni a présenté le document WP 7 *Télédétection pour la surveillance des zones spécialement protégées en Antarctique : utilisation de données multispectrales et hyperspectrales pour surveiller la végétation antarctique*, qui souligne les efforts continus visant à élargir l'utilisation de la télédétection spatiale et aéroportée pour le suivi des ZSPA et de l'environnement antarctique en général.

229. Les Membres ont exprimé leur vif intérêt pour cette technique de collecte de données et pour les possibilités d'échange d'informations et de collaboration qu'elle offre. A cet égard, les informations pourraient inclure : les données de télédétection qui ont servi à dresser une carte de la végétation du Japon ; les données de télédétection sur la végétation de l'Extrême Arctique norvégien ; les projets de télédétection français des îles Kerguelen, qui cherchent à résoudre les questions de validité de la vérification au sol ; et les projets de télédétection en haute résolution menés par l'Australie pour caractériser la végétation de l'Antarctique oriental, et plus spécifiquement les tapis de mousse de la station Casey et ceux de la ZSPA 135.

230. Le Royaume-Uni a favorablement accueilli les commentaires et les offres multiples d'information utiles, et a fait savoir qu'il menait aussi des vérifications des mesures de télédétection au sol. Les autres questions à aborder incluaient la suggestion de la Chine de tenir compte du taux d'humidité des sols et de la végétation lors de la collecte de données hyperspectrales, et l'appel à faire preuve de prudence venant de l'Inde quant à l'utilisation de méthodes qui pourraient ne pas être comparables, pour examiner d'une part la végétation de la toundra arctique et d'autre part les petits lichens et mousses de l'Antarctique oriental.

231. Le Comité a :

    i. Reconnu l'importance d'une nouvelle technique de surveillance combinant la télédétection spatiale et aéroportée pour recueillir des informations détaillées sur les changements dans la végétation, en association avec les changements climatiques localisés ;

ii. Encouragé les Parties menant des travaux relatifs aux changements du couvert végétal d'envisager une collaboration avec le Royaume-Uni dans le but de développer et mettre en œuvre ces techniques de surveillance, et plus particulièrement pour identifier des régions géographiques spécifiques ou des programmes scientifiques convenant à ces techniques ;

iii. Invité les Parties à commenter cette méthodologie et à faire part de leurs expériences dans l'application de techniques analogues.

232. L'Allemagne a présenté le document WP 18, *Surveillance des manchots par télédétection*, et a fait référence au document IP 46 intitulé « *Pilot study on monitoring climate-induced changes in penguin colonies in the Antarctic using satellite images* », référant le Comité à l'étude disponible en ligne sur le site *www.uba.de/uba-info-medien-e/4283.html*.

233. L'Allemagne a aussi présenté les résultats d'une réunion informelle d'experts qui s'est déroulée en Allemagne en mai 2012, dont la recommandation a été de donner une priorité élevée au développement de la surveillance par télédétection des manchots, avec la participation de programmes pertinents comme ceux de la CCAMLR et du *Southern Ocean Observing System* (SOOS).

234. La Chine, le Japon, l'Australie, les États-Unis d'Amérique et l'Argentine ont partagé des informations concernant l'utilisation de la télédétection dans leurs programmes de recherche sur les manchots.

235. Le Comité a convenu que l'Allemagne se chargera de coordonner et d'organiser un Groupe de contact intersessions informel sur la télédétection en tant qu'outil supplémentaire dans la surveillance des populations de manchots en Antarctique, qui se concertera avec la CCAMLR et fera rapport de ses travaux au CPE XVI.

236. La Nouvelle-Zélande a présenté le document WP 20, *Établissement d'un programme de surveillance évaluant les changements survenus dans la végétation de deux zones spécialement protégées de l'Antarctique*, dans lequel elle explique que les techniques d'analyse SIG représentent une méthode simple et rapide pour le suivi de ces changements à une échelle détaillée dans les zones protégées, qui pourrait être élargie à d'autres zones de protection. La Nouvelle-Zélande a noté que cette méthode pourrait contribuer à la surveillance des impacts liés aux changements climatiques

sur la distribution et l'abondance des espèces antarctiques, conformément aux recommandations 24 et 27 de la RETA (2010).

237. Plusieurs Membres ont félicité la Nouvelle-Zélande pour son utilisation des techniques SIG pour la surveillance, car elles représentent une méthode importante de surveillance des impacts liés aux changements climatiques qui pourrait de surcroit être appliquée à de nombreux sites du continent antarctique. Les Parties attendent avec intérêt d'être tenues au courant des prochains développements dans ce domaine.

238. La Chine, les États-Unis et le Royaume-Uni ont remarqué que la télédétection et les techniques SIG utilisées pour mesurer la diversité biologique en Antarctique exigeaient une grande cohérence, et qu'ils feraient part de la méthode employée par la Nouvelle-Zélande à leurs chercheurs. La Chine a proposé de partager ses informations concernant sa mise au point d'un réseau de capteurs sans fil pour la surveillance à distance de la faune et de la flore. L'Australie a indiqué qu'elle menait aussi une surveillance à long terme de la végétation de la ZSPA 135, près de la station Casey, ce qui pourrait contribuer à un réseau de sites à travers le continent.

239. À la lumière de l'accueil positif fait à l'utilisation de techniques SIG dans les zones protégées, la Russie a renvoyé le Comité vers sa recommandation visant à rendre obligatoire la surveillance des ZSPA, des ZGSA et des SMH lors de la révision de leurs Plans de gestion (WP 35). D'autres Membres ont été d'avis que la surveillance obligatoire n'était pas appropriée, certains sites étant trop sensibles ou trop isolés.

240. Le Comité a :

   i. reconnu que l'utilisation de techniques SIG pourrait être une méthode pour surveiller les changements dans la distribution et l'abondance des espèces à une échelle détaillée, qui pourrait être associée à des technologies de télédétection visant à suivre les changements survenant à grande échelle sur les espèces et l'environnement ;

   ii. convenu d'établir un réseau de sites aux fins de surveiller la distribution et l'abondance des espèces, la priorité étant accordée aux ZSPA désignées en vertu de la diversité et de l'abondance de leur faune et/ou de leur flore, où la surveillance aurait lieu lors de la révision de leurs Plans de gestion ; et

iii. reconnu l'importance de la cohérence dans les méthodologies de surveillance des ZSPA, ceci permettant la comparaison des changements dans la diversité et l'abondance des espèces à l'échelle du continent aux fins de mieux comprendre les effets du changement climatique en Antarctique.

241. Le Chili a présenté le document WP 55, *Nouveaux enregistrements de la présence de micro-organismes humain-associés dans l'environnement marin en Antarctique*, dans lequel il communique au Comité de nouvelles informations scientifiques concernant la présence de microorganismes associés à l'être humain provenant des rejets dus au traitement des eaux usées des stations de Antarctique. Le Chili a mentionné des projets de recherche qui ont fait état de la présence d'un nouveau cas de bêta-lactamase à spectre élargi dans la région de la Péninsule antarctique et de la présence d'*E. coli* résistant aux antibiotiques.

242. En réponse à une question posée par l'Argentine, le Chili a confirmé qu'il espère mener de nouveaux travaux de recherche visant à établir si les microorganismes associés à l'être humain ayant un impact sur la biodiversité antarctique peuvent être transportés par d'autres agents.

243. Plusieurs Membres ont déclaré qu'ils menaient aussi des travaux de recherche sur l'impact des microorganismes associés à l'être humain provenant de rejets d'eaux usées, notamment les États-Unis qui présenteront un rapport dans le futur sur leurs travaux concernant le suivi des rejets saisonniers à la station McMurdo relatifs aux fluctuations du nombre de l'effectif.

244. Le Comité a convenu que les Membres devront renforcer leur surveillance de précaution à l'égard de l'activité microbienne dans les zones proches des installations de traitement des eaux usées, et a noté que le COMNAP envisage d'examiner les informations pertinentes ainsi que les lignes directrices portant sur la gestion des eaux usées lors de son assemblée générale annuelle, en juillet 2012.

245. Le SCAR a présenté le document IP 2 intitulé « *The Southern Ocean Observing System (SOOS)*», qui actualise l'élaboration et la mise en place du SOOS, une initiative lancée en août 2011 et menée conjointement par le SCAR et le Comité scientifique de la recherche océanique (SCOR).

246. Le Comité a manifesté un vif soutien à ce programme, tout en notant qu'il fournirait des données générales fondamentales qui permettraient

d'approfondir notre connaissance de l'océan Austral, aussi de la relation de ses écosystèmes associés avec les autres océans, ainsi que du rôle joué par cet océan dans les changements climatiques. Plusieurs Membres ont exprimé leur intérêt à participer à ce programme, notamment l'Australie qui soutient le bureau du SOOS à Hobart, et aussi la Fédération de Russie qui mène un projet de recherche visant à recueillir des données sur tous les océans provenant de sources diverses et dont la première phase pourrait être menée en synergie avec les travaux du SOOS. L'Inde a élargi son invitation aux programmes nationaux à venir participer à son expédition annuelle dans l'océan Austral.

247. Le Comité a exprimé sa vive gratitude au SCAR pour la grande qualité et la valeur de ses travaux, et a signifié l'intérêt qu'il porte aux résultats futurs du SOOS.

248. Le SCAR a présenté le document IP 40 rév. 1 intitulé « *SCAR Products available to support the deliberations of the ATCM* », préparé à la demande du CPE XIV, et a indiqué que la liste des produits du SCAR est disponible sur *www.scar.org/researchgroups/productsandservices/*.

249. L'Argentine a fait savoir qu'elle utilise ces précieuses ressources régulièrement et les a recommandées aux autres Membres ; la Norvège a souligné qu'il s'agissait d'un excellent exemple du genre d'informations et d'outils qui pourraient être disponibles sur le portail de données environnementales de l'Antarctique qui a été discuté. Le Royaume-Uni a réaffirmé qu'il se chargerait de coordonner trois des huit produits figurant sur la liste.

250. Les États-Unis se sont réjouis de la contribution accrue du SCAR, au cours des dernières années, pour approfondir des questions et pour jouer un rôle déterminant dans les travaux du CPE, et ont félicité le SCAR de la qualité de ces produits qui répondent aux attentes du CPE.

251. Le Chili a présenté le document IP 76 intitulé « *Antarctic Environmental Monitoring Centre* », dans le quel il fait part des activités menées par le projet de surveillance du programme antarctique chilien.

252. L'ASOC a présenté le document IP 53 intitulé « *Antarctic Treaty System Follow-up to Vessel Incidents in Antarctic Waters* », qui traite des lacunes actuelles dans le système de reportage des incidents maritimes. En remerciant l'ASOC pour ces informations utiles, le Comité a noté que le

document sera discuté de manière plus détaillée au point 10 de l'ordre du jour de la RCTA.

Point 10 - Rapports d'inspection

253. La Fédération de Russie et les États-Unis d'Amérique ont présenté le document IP 47 intitulé « *United States-Russian Federation Report of Inspection* », qui porte sur les observations et les conclusions des inspections menées conjointement par les deux Parties à la base Scott (Nouvelle-Zélande), la station Concordia (France et Italie), et à la station Mario Zucchelli (Italie). Cette inspection était une première pour le programme antarctique de la Fédération de Russie, et aussi la première inspection menée conjointement par les États-Unis. L'équipe d'inspection a apprécié l'accueil chaleureux que le personnel des stations lui a offert, d'autant plus que les membres du personnel ont dû abandonner leurs tâches habituelles au pied levé pour faciliter les inspections.

254. Le Comité a remercié la Fédération de Russie et les États-Unis pour la haute qualité de leur rapport, tout en remarquant que le mécanisme des inspections était fondamental à l'application pratique du Protocole environnemental.

255. La France et l'Italie ont été ravis que la station Concordia ait été désignée comme un modèle exemplaire en ce qui concerne les mesures de traitement des eaux et leur gestion commune de la station, mais ils ont fait part de leur surprise par rapport aux commentaires concernant l'inégalité des salaires entre le personnel de soutien français et italien, et ne considéraient pas cette question comme pertinente à l'application du Protocole environnemental. Les États-Unis ont noté que l'inspection avait été menée dans une station conjointement gérée, et qu'à ce titre la question de cette inégalité des salaires entre les programmes nationaux avait été soulevée comme cause possible de tensions.

256. En réponse aux commentaires du rapport d'inspection concernant l'application du Protocole environnemental, l'Italie a informé le Comité qu'elle était l'une des rares Parties a avoir ratifié l'annexe VI, soulignant son vif intérêt à conserver les valeurs environnementales de l'Antarctique. En effet, depuis le début de ses activités en 1986, l'Italie a toujours traité des problèmes relatifs à l'environnement. La prévention, la sélection d'un personnel compétent et la formation sont les éléments clés qui ont permis à l'Italie d'être en conformité avec les dispositions du Protocole. L'Italie

a reconnu qu'il existait en effet une difficulté juridique et elle a informé les Parties qu'un groupe de travail sera établi afin de trouver une solution acceptable, tout en soulignant sa conformité au Protocole, comme l'avait indiqué le rapport d'inspection.

257. Par rapport aux activités menées à la station Concordia et aux questions concernant le trou de forage EPICA, l'Italie a informé le Comité que ce trou continuait à présenter un intérêt scientifique considérable et qu'il faisait l'objet d'une EGIE. Les informations concernant la baisse de niveau du fluide de forage étaient incorrectes et relevaient d'un problème de mesures. Le niveau n'avait pas changé depuis le début des opérations.

258. L'Italie était disposée, le cas échéant, à mettre en œuvre un programme de suivi conjointement avec la France. L'Italie a souligné que ce problème concernerait sans doute tous les autres programmes nationaux antarctiques menant ou ayant mené des activités de forage, et il serait avantageux de trouver une procédure commune de gestion.

259. Prenant la parole en sa qualité de président du projet EPICA, le professeur Dr Heinz Miller d'Allemagne a clarifié le fait que la station Concordia a été terminée une fois le projet EPICA complété, et que les opérations de forage a commencé en 1995 donc avant que le Protocole environnemental n'entre en vigueur. La procédure d'EGIE ou d'EIE n'avait donc pas été requise par la loi. La France avait toute fois procédé à une EIE, qui faisait état de son intention de maintenir le trou de forage du Dôme C ouvert pendant un certain nombre d'années au delà du projet, afin de permettre une étude plus approfondie de la calotte glaciaire. Des mesures ont été effectuées tous les deux ans, et l'accessibilité du trou de forage à la communauté internationale a été maintenue. Le fluide utilisé dans le trou de forage du Dôme C n'était pas du kérosène, mais un solvant non toxique et biodégradable, l'EXXOL-D40, soit le même fluide que celui qui a été utilisé dans le deuxième trou de forage du projet EPICA en Terre de la Reine Maud, fluide qui a aussi fait l'objet d'une EGIE considérée par le CPE. Le fréon a aussi été utilisé dans ces trous de forage, étant à l'époque le seul produit disponible permettant de forer en grande profondeur.

260. La Nouvelle-Zélande a remercié la Fédération de Russie et les États-Unis pour leur inspection de la station Scott, et a noté qu'elle tiendrait pleinement compte du rapport.

261. L'ASOC a noté que l'inspection avait indiqué que les trois stations étaient très efficaces et bien gérées, mais qu'elle avait aussi soulevé des questions générales concernant le vieillissement des installations et les effets à long terme des programmes scientifiques, soulignant de ce fait l'importance de la surveillance à long terme des impacts de toutes les activités menées par les stations.

262. Le Royaume-Uni a chaleureusement invité l'inspection de ses stations scientifiques en Antarctique par d'autres Parties.

263. A la suite de sa récente visite de la station Scott, le délégué australien M. Ewan McIvor a félicité la Nouvelle-Zélande pour le grand nombre d'initiatives environnementales qu'elle a mis en place, notamment son parc éolien et ses pratiques de gestion des déchets et de traitement des eaux usées, ainsi que l'accent qu'elle a mis sur des questions scientifiques importantes très pertinentes aux travaux du CPE.

264. L'ASOC a présenté le document IP 59 intitulé « *Review of the Implementation of the Environmental Protocol: Inspections by Parties (article 14)* », préparé conjointement avec le PNUE, qui traite de l'ampleur des inspections menées par les Parties en vertu de l'article 14 du Protocole environnemental. L'analyse présentée conclut que le nombre d'inspections officielles et d'installations et de sites inspectés depuis l'entrée en vigueur du Protocole environnemental a globalement augmenté, mais que les stations de recherche non actives, d'autres sites terrestres, ainsi que les navires de tourisme, les sites réservés aux touristes et les activités sur les sites destinées aux touristes n'ont reçu que peu d'inspections. La Nouvelle-Zélande a indiqué que ce genre de rapport donnant une vue d'ensemble est très utile, et elle a encouragé les Parties à consulter cette analyse lorsqu'elles ont à organiser des inspections.

265. Le Japon et l'Australie ont encouragé les Parties ayant fait l'objet d'inspections de faire part au Comité des mesures mises en place à la suite des recommandations faites dans des rapports d'inspection, et, à cet égard, et ont félicité l'Inde pour son document BP 22 intitulé « *Measures Adopted at Maitri Station on the Recommendations of Recent Visit of Japanese Inspection Team*».

266. La Belgique a souligné l'importance du mécanisme d'inspection pour veiller au respect du Protocole environnemental, et elle a fait savoir qu'elle était disposée à participer à une inspection dans le futur.

267. Notant qu'elle avait proposé de fournir une mise à jour de ses activités lors du XIVᵉ CPE, la Fédération de Russie a informé le CPE des progrès réalisés en réponse aux inspections de la station Molodezhnaya, de la station Druzhnaya IV, de la station Soyuz, de la station Leningradskaya et de la station Vostok par l'Australie en 2010 et 2011. La Fédération de Russie a réaffirmé son ferme engagement à l'égard du Protocole environnemental.

268. La Fédération de Russie a expliqué que la station Molodezhnaya était la plus grande station datant de l'ère soviétique en Antarctique, et qu'en 1996 elle a été convertie en une station saisonnière où l'on réalise des travaux scientifiques et des mesures de protection de l'environnement sur une base annuelle. En 2010, la Fédération de Russie a procédé à l'examen de son programme national jusqu'à l'horizon 2020, et en a conclu que la station Molodezhnaya deviendrait un site actif en 2014. Ceci impliquait une augmentation des activités liées à la protection de l'environnement à partir de 2014.

269. En ce qui concerne la station Druzhnaya IV, la Fédération de Russie a informé le Comité que c'était une station estivale opérationnelle depuis vingt ans, et que les problèmes environnementaux s'étaient multipliés pendant cette période. La Fédération de Russie est en train de remédier à ces problèmes et a prévu l'utilisation d'équipements supplémentaires afin d'accélérer les activités de nettoyage.

270. La Fédération de Russie a reconnu qu'il existe des problèmes concernant l'environnement aux stations Soyuz et Leningradskaya, qu'elle compte enrayer avec la collaboration d'autres membres. La station Soyuz avait été inoccupée temporairement, et a subi des dommages dus au vent ; elle sera maintenant rétablie. La Fédération de Russie s'est dite consternée par les dommages causés à la station Leningradskaya suite à des visites non autorisées.

271. Notant les inquiétudes concernant la station Vostok, la Fédération de Russie a informé le Comité que la modernisation de la station devrait débuter sous peu.

272. L'Australie a réitéré ses remerciements à la Fédération de Russie pour sa coopération et sa chaleureuse hospitalité lors des inspections, et a favorablement accueilli les informations concernant les efforts considérables

déployés par la Fédération de Russie à la suite des inspections, et ce en dépit des difficultés que pose l'environnement antarctique.

Point 11 - Coopération avec d'autres organisations

273. Le SCAR a présenté le document d'information IP 1 intitulé « *The Scientific Committee on Antarctic Research (SCAR) Annual Report 2011/12* ».

274. Le COMNAP a présenté le document IP 3 intitulé « *The Annual Report for 2011 of the Council of Managers of National Antarctic Programs»*.

275. La CCAMLR a présenté le document IP 28 intitulé « *Report by the SC-CAMLR Observer to the Fifteenth Meeting of the Committee for Environmental Protection»*, qui fournit une mise à jour des discussions ayant eu lieu lors de récents forums de la CCAMLR concernant les cinq points d'intérêt commun au CPE et au CS-CAMLR. Ceux-ci avaient été identifiés en 2009 lors d'un atelier organisé conjointement par le CPE et le CS-CAMLR, à savoir : a) le changement climatique et l'environnement marin de l'Antarctique, b) la biodiversité et les espèces non-indigènes dans l'environnement marin de l'Antarctique, c) les espèces antarctiques nécessitant une protection spéciale, d) la gestion de l'espace marin et les aires marines protégées, et e) le suivi éco-systémique et environnemental.

276. La CCAMLR a aussi attiré l'attention du Comité sur des ateliers techniques récents ayant trait à la mise au point de systèmes représentatifs d'AMP, ainsi que sur la prochaine réunion de la CCAMLR. Il a aussi fait remarquer les progrès réalisés en termes de renforcement des capacités, notamment avec la récente remise de la première bourse scientifique visant à aider des jeunes chercheurs à participer aux travaux du Comité scientifique de la CCAMLR et à ses groupes de travail, et en plus le lancement d'un programme collaboratif de stages d'internat en Antarctique et dans l'océan Austral, qui offre aux étudiants une opportunité leur permettant d'acquérir de l'expérience dans les travaux d'une organisation de gestion et de conservation multilatérale.

277. Au vu de la pertinence de ces rapports à un nombre élevé de points de l'ordre du jour du Comité, la Nouvelle-Zélande et les États-Unis ont proposé qu'à l'avenir, le SCAR, le COMNAP et la CCAMLR seraient invités à présenter leurs rapports plus tôt au cours de la réunion du Comité.

278. Le Comité s'est réjoui des rapports du SCAR, du COMNAP et de la CCAMLR et a convenu d'insérer le point de l'ordre du jour « Coopération avec d'autres organisations » au premier jour de sa réunion l'année prochaine, vu que les questions abordées à ce point étaient pertinentes à la globalité de l'ordre du jour.

279. Dr Polly Penhale, des États-Unis d'Amérique, a été désignée comme Observateur du CPE à la trente-et-unième réunion du Comité scientifique de la CCAMLR à Hobart en Australie, du 22 au 26 octobre 2012.

280. Mme Veronica Vallejos, du Chili, a été désignée comme Observateur du CPE à la trente-deuxième réunion des délégués du SCAR à Portland dans l'Oregon, du 13 au 25 juillet 2012.

Point 12 - Réparation et réhabilitation des dégâts environnementaux

281. L'Australie a présenté le document WP 21, *Manuel pour le nettoyage en Antarctique*, préparé conjointement avec le Royaume-Uni, et s'est référé informations appuyant ce document dans le document d'information IP 6. Le projet de Manuel pour le nettoyage fournit des orientations aux Parties pour qu'elles puissent être en conformité avec les obligations présentées à l'annexe III du Protocole relatif à la protection de l'environnement et qui concernent le nettoyage d'anciens sites d'élimination des déchets, ainsi que de sites de travail abandonnés suite à des activités passées. Le Manuel pourra être régulièrement mis à jour en fonction des connaissances et de l'expérience des Membres et des Observateurs du CPE (comme c'est actuellement le cas pour le Manuel sur les espèces non-indigènes).

282. L'Australie a noté que bien que de nombreux Membres aient fait part au Comité de leurs activités de nettoyage, il n'existait pas de recueil d'orientations centrales et librement accessibles visant à aider les Parties à continuer leurs efforts de nettoyage sur des anciens sites et sur les installations d'élimination de déchets.

283. Plusieurs Membres ont fait part des expériences de leurs programmes nationaux antarctiques concernant le nettoyage des stations, en se réjouissant de ce document fort utile. Ils se sont dits disposés à partager les enseignements acquis à la lumière de leurs expériences. Les sujets à débattre qui aideraient à mieux développer ce projet de Manuel incluent la terminologie spécifique et les objectifs relatifs à la gestion du nettoyage

en fonction des risques, les options disponibles quant aux techniques de réhabilitation, et la possibilité de procéder au recyclage des matériaux récupérés à partir des sites abandonnés.

284. L'Italie a noté que la définition de « nettoyage » proposée dans le document WP 21 semblait exclure tout type de contamination accidentelle autre que les déversements de fioul. L'Italie a noté que les évaluations des risques et les objectifs en matière de qualité de l'environnement utilisés dans d'autres régions étaient fondés sur les impacts éventuels sur la santé humaine.

285. L'Italie a rappelé qu'il fallait tenir compte des aspects éco-toxicologiques liés aux activités de nettoyage et de leur impact éventuel sur la santé humaine.

286. Les États-Unis ont convenu que l'évaluation des risques associés au nettoyage était importante, et ont rappelé au Comité que le recyclage faisait partie des opérations de nettoyage.

287. Plusieurs Membres ont estimé que le Manuel préparé par l'Australie était prêt à être soumis à cette réunion du CPE afin d'être adopté, et le Comité a rappelé que la réparation et la réhabilitation des sites étaient de la plus haute importance.

288. L'ASOC a remercié l'Australie et le Royaume-Uni pour leur document de travail WP 21, tout en notant que le Manuel pour le nettoyage de l'environnement permettrait aux opérations de nettoyage d'être plus efficaces, et permettrait aussi aux divers programmes antarctiques nationaux d'harmoniser les normes à appliquer.

289. Le Comité a décidé de poursuivre l'élaboration du projet de Manuel pour le nettoyage par le biais d'une discussion informelle qui aura lieu pendant la période intersessions. Le Comité a convenu de développer un document actualisé, faisant état des commentaires et des suggestions faites par les Membres, les Observateurs et les experts, qui seront présentés lors du XVIe CPE. Les États-Unis ont noté que pendant cet intervalle les Membres prévoyant des travaux de réparation et de réhabilitation pourraient faire usage du projet de manuel.

290. L'Australie a présenté son document WP 26 *Problèmes environnementaux liés à l'aspect pratique de la réparation des dégâts environnementaux ou de la réhabilitation de l'environnement*, qui représente, en s'appuyant sur les

informations contenues dans le document IP 25, une actualisation mineure d'un document analogue soumis à la RCTA XXXIV (WP 28) lequel était en réponse à la Décision 4 (2010) de la RCTA. Se référant à la demande d'avis relatifs à cette question de la part de la RCTA, ainsi qu'au fait que le CPE avait fait de cette question une des plus hautes priorités dans son Plan de travail quinquennal, l'Australie a présenté une liste de huit points qui pourraient être inclus dans la réponse du CPE à la RCTA.

291. Le Comité a remercié l'Australie pour ses travaux et pour les exemples qu'elle a fournis dans son document d'information IP 25, et a encouragé les membres à partager leurs expériences en matière de réparation et de réhabilitation.

292. L'Italie a souligné qu'en vue de l'extrême vulnérabilité de l'environnement antarctique, il serait difficile de définir des niveaux de risque acceptables spécifiques à cet environnement.

293. Suite à la suggestion faite par l'Italie qu'il existait d'autres technologies de réhabilitation *in situ*, comme par exemple l'oxydation chimique *in situ*, l'Australie a convenu que les méthodes *in situ* présentent des avantages en matière d'environnement et de coûts, et que d'autres technologies pourraient être appropriées, en sus des exemples d'opérations de réparation et de réhabilitation présentés dans les documents WP 21 et BP 11.

294. Les Membres ont convenu que leurs travaux pourraient être guidés par les huit points présentés dans le document WP 26, et que ces points constituaient une bonne base de départ pour les discussions qui auront lieu pendant la période intersessions.

295. Le Comité a convenu qu'un GCI permettrait de faire progresser les délibérations concernant la Décision 4 (2010), dans le but de présenter des avis préliminaires à la XXXVIᵉ RCTA.

296. Le Comité s'est réjoui de l'offre faite par M. Neil Gilbert, de la Nouvelle-Zélande, de coordonner ce groupe et le Comité a approuvé les objectifs suivants :

• S'appuyant sur le document WP 26 *Problèmes environnementaux liés à l'aspect pratique de la réparation des dégâts environnementaux ou de la réhabilitation de l'environnement*, présenté par l'Australie lors de la XXXVIᵉ RCTA, et, le cas échéant, sur d'autres documents soumis au XVᵉ CPE relatifs à la réparation et la réhabilitation des dégâts environnementaux :

- préparer un projet de réponse à la Décision 4 (2010), dans laquelle la RCTA a demandé au CPE « d'examiner les questions environnementales liées à la possibilité de réparer les dommages causés à l'environnement en Antarctique ou d'y remédier » ;

- le cas échéant, chercher des exemples qui puissent être présentés afin d'illustrer les questions soulevées dans le projet d'avis ; et

- présenter un rapport au XVIᵉ CPE sur les résultats de ces travaux.

297. Le COMNAP a présenté le document WP 62 *Réparation ou réhabilitation des dégâts environnementaux : rapport du COMNAP sur ses expériences,* qui fait la synthèse des connaissances acquises durant l'atelier sur la gestion des déchets en Antarctique organisé par le COMNAP en 2006, et il a rappelé au CPE quelques exemples d'opérations de nettoyage menées par des programmes nationaux.

298. Le COMNAP a souligné l'importance du recyclage et de la valorisation des matériaux, et a rappelé aux Membres que les matériaux qu'ils mettaient au rebut pouvaient être utilisés par d'autres programmes nationaux.

299. L'Argentine a informé le Comité qu'un incident a eu lieu lors d'une opération menée par le personnel de la station Belgrano II (77° 52 'S et 34° 37'O) et était dû à une mauvaise interprétation des procédures opérationnelles relatives à la gestion des déchets. L'Argentine a fait savoir qu'elle avait déjà prévu la récupération des fûts au cours du prochain été antarctique.

300. L'ASOC a présenté le document IP 57 intitulé « *Repair or Remediation of Environmental Damage* », qui examine les principales questions liées à la réparation et la réhabilitation des dégâts environnementaux, et a conclut que les dégâts environnementaux en Antarctique, soit les activités passées soit les activités actuelles, mais aussi les activités proposées, les incidents et les accidents, sont généralement bien compris. L'ASOC a souligné que la réparation et la réhabilitation des dégâts environnementaux faisaient partie des exigences du Protocole, et que ces opérations doivent être mises en œuvre autant que faire se peut (le minimum étant l'évaluation et la surveillance des dégâts, et l'enregistrement et le reportage des ces dégâts). L'ASOC a aussi noté que les points soulevés par le document WP 28 présenté par l'Australie lors

de la RCTA XXXIV traitaient des aspects les plus importants de la réparation et la réhabilitation des dégâts environnementaux.

301. Le Président a remercié l'ASOC d'avoir contribué à cette question, et a fait savoir que le Comité serait ravi de recevoir d'autres contributions de l'ASOC sur ce sujet.

302. D'autres documents ont été soumis au titre de ce point de l'ordre du jour, à savoir :

- BP 11, *Clean-up Techniques for Antarctica* (Australie)

- BP 12, *Clean-up of a fuel spill near Lake Dingle, Vestfold Hills* (Australie)

- BP 13, *Development of environmental quality standards for the management of contaminated sites in Antarctica* (Australie)

- BP 14, *Assessment, monitoring and remediation of old Antarctic waste disposal sites: the Thala Valley example at Casey station* (Australie)

- BP 38, *Removal of scrap from Presidente Eduardo Frei Montalva Station, King George Island* (Chili).

Point 13 - Questions générales

303. Le COMNAP a présenté le document IP 32 intitulé « *Survey of National Antarctic Programs on Oil Spill Contingency Planning* », qui inclut les résultats d'une enquête menée pendant la période intersessions 2011/12 et qui actualise une enquête menée auparavant en 1996. Bien que la plupart des stations antarctiques aient mis en place des plans d'urgence en cas de déversement d'hydrocarbures, un grand nombre de ces plans n'ont pas été actualisés au cours de ces dernières années. Le COMNAP a fait savoir que cette question serait abordée lors de sa prochaine réunion en juillet 2012.

304. Le Comité a remercié le COMNAP d'avoir mené cette enquête, et a exhorté les Parties à actualiser leurs plans d'urgence dans le cadre de leurs programmes nationaux antarctiques.

Point 14 - Élection du Bureau

305. Le Comité a élu le Dr Yves Frenot, de France pour un second mandat de Président du CPE de deux ans et il a félicité le Dr Frenot pour sa réélection à ce poste.

306. Le Comité a élu Mme Birgit Njåstad, de Norvège, au poste de Vice-présidente du CPE et il l'a félicitée pour son élection à ce poste.

307. Le Comité a remercié M. Ewan McIvor, de l'Australie, d'avoir exercé la fonction de Vice-président pendant deux mandats successifs et d'avoir coordonné le Groupe Subsidiaire des Plans de Gestion.

Point 15 - Préparatifs de la prochaine réunion

308. Le Comité a adopté l'ordre du jour prévisionnel du CPE XVI (Appendice 2).

Point 16 -Adoption du rapport

309. Le Comité a adopté son rapport.

Point 17 - Clôture de la réunion

310. Le Président a clos la réunion le vendredi 15 juin 2012.

Annexe 1

Ordre du jour du CPE XVe et Récapitulatifs des documents

1. Ouverture de la réunion	
SP 1 rév. 1	***XXXVe RCTA et XVe CPE*** Ordre du jour et calendrier des travaux
SP 15	*XVe CPE Récapitulatif des documents*

2. Adoption de l'ordre du jour

3. Débat stratégique sur les travaux futurs du CPE	
WP 57 Nouvelle-Zélande, Australie et SCAR	*Portail des environnements en Antarctique* Ce document présente un rapport sur le développement d'un portail des environnements en Antarctique, qui vise à être la principale source d'informations sur les environnements de l'Antarctique, en tant que moyen efficace pour renforcer le lien entre la science et la politique en Antarctique, améliorer le rôle de conseiller du CPE auprès de la RCTA, faciliter le rôle de conseiller du SCAR auprès de la RCTA et du CPE et assister dans la communication au public d'informations sur les environnements de l'Antarctique.

4. Fonctionnement du CPE	
SP 10 Secrétariat	*Rapport du groupe de contact informel sur l'amélioration du SEEI et autres questions relatives à l'échange d'informations.* Ce document contient un rapport du groupe de contact informel sur l'amélioration du système électronique d'échange d'informations (SEEI) convoqué par le Secrétariat portant sur les autres améliorations et l'utilisation actuelle du SEEI et sur des questions encore sans réponse concernant le SEEI et les conditions d'échange d'informations que le Secrétariat souhaiterait aborder au cours de la réunion.

5. Conséquences des changements climatiques pour l'environnement : Approche stratégique	
WP 33 Royaume-Uni et Norvège	*RACER1 - 'Évaluation rapide de la résilience des écosystèmes circum-arctiques' : un outil de la région arctique axé sur l'évaluation de la résilience des écosystèmes et des zones importantes pour la conservation, et sa mise en application possible en Antarctique.* Suite à une recommandation de la RETA sur le changement climatique, ce document présente l'évaluation rapide de la résilience des écosystèmes circum-arctiques (RACER) de WWF, un nouvel outil utilisé dans l'Arctique pour identifier et cartographier les lieux d'intérêt en matière de conservation en fonction de la résilience des écosystèmes et il recommande d'accomplir des travaux pour tester la méthodologie de la RACER sur une zone d'essai en Antarctique pour en évaluer la capacité d'application.
SP 8 Secrétariat	*Mesures prises par le CPE et la RCTA par rapport aux recommandations proposées par la RETA sur le changement climatique.* Ce document présente une mise à jour des mesures prises par la RCTA et le CPE concernant les 30 recommandations sur le changement climatique acceptées par la RETA à propos du changement climatique en 2009.
IP 31 COMNAP	*Best Practice for Energy Management – Guidance and Recommendations.* Dans ce document d'information, le COMNAP présente les résultats d'une étude des programmes antarctiques nationaux sur le statut de la mise en œuvre des lignes directrices du COMNAP pour les meilleures pratiques de gestion de l'énergie, comme le suggère la recommandation 4 de la RETA sur le changement climatique.
IP 44 SCAR	*Communicating the Science of Climate Change.* Ce document présente un rapport sur le travail de communications du SCAR concernant le climat, avec un accent sur les éléments à prendre en compte dans la communication de la science du changement climatique en Antarctique.
IP 45 SCAR	*Antarctic Climate Change and the Environment : an Update.* Ce document est la troisième mise à jour présentée à la RCTA depuis la publication du rapport Le changement climatique et l'environnement en Antarctique (ACCE) du SCAR (Turner et al., 2009).
IP 58 rév. 1 ASOC, Australie et Royaume-Uni	*Earth Hour Antarctica (2013).* Conservant les objectifs de l'initiative mondiale Une Heure pour la Terre de WWF, l'ASOC, l'Australie et le Royaume-Uni proposent d'éteindre de manière coordonnée tous les éclairages non essentiels des stations de recherche antarctiques à travers le continent pour l'initiative Une heure pour la Terre le 30 mars 2013, dans les limites des restrictions en matière d'exploitation et de sécurité.

BP 17 Nouvelle-Zélande	*Energy Efficiency and Carbon Reduction Initiatives.* Ce document fournit des informations de contexte sur le travail de la Nouvelle-Zélande concernant l'efficacité énergétique et les efforts pour réduire l'empreinte de carbone laissée par les activités en Antarctique, en conformité avec les recommandations acceptées par la RETA sur le changement climatique.

6. *Évaluation de l'impact sur l'environnement*

a) Projets d'évaluations globales d'impact sur l'environnement

b) Autres questions relatives aux évaluations d'impact sur l'environnement

WP 22 Nouvelle-Zélande	*Aspects et impacts environnementaux du tourisme et des activités non gouvernementales en Antarctique.* Ce document présente les principaux résultats et les recommandations de l'étude du CPE sur le tourisme menée par la Nouvelle-Zélande. Il invite le Comité à considérer des options pour reporter le projet d'étude (présenté dans le document IP33) à la XXXVe RCTA ou d'approfondir le développement de l'étude avant le CPE XVI.
IP 33 Nouvelle-Zélande	*Aspects et impacts environnementaux du tourisme et des activités non gouvernementales en Antarctique.* Ce document présente l'étude sur les aspects et impacts environnementaux du tourisme et des activités non gouvernementales en Antarctique, ainsi que des tableaux et données à l'appui (consulter le document WP 22).
WP 34 Russie	*Technologie pour l'étude de la couche d'eau du lac sous-glaciaire Vostok par le trou de forage de glace 5G à la station antarctique russe Vostok.* Ce document présente la méthodologie et les étapes opérationnelles à mettre en place pour entreprendre des études des strates d'eau du lac Vostok, qui peuvent commencer dès la saison 2014-15.
WP 53 Brésil	*Station Comandante Ferraz : Plan proposé pour la démolition et la construction de modules d'urgence en Antarctique.* Ce document expose le plan du Brésil pour la construction et l'exploitation de modules d'urgence en Antarctique (au même lieu que la Station Comandante Ferraz). En outre, ce document propose un plan de démolition et de déblaiement du bâtiment principal, détruit par un incendie.
SP 6 rév.1 Secrétariat	*Liste annuelle des évaluations préliminaires (EPIE) et globales (EGIE) d'impact sur l'environnement établies entre le 1er avril 2011 et le 31 mars 2012.* Le Secrétariat présentera un rapport sur la liste d'EPIE et d'EGIE pour la période d'établissement de rapports la plus récente.

IP 23 République de Corée	*FINAL COMPREHENSIVE ENVIRONMENTAL EVALUATION (CEE) FOR THE PROPOSED CONSTRUCTION AND OPERATION OF THE JANG BOGO STATION, TERRA NOVA BAY, ANTARCTICA.* Ce document fournit des informations sur l'EGIE finale, y compris un récapitulatif des réponses aux commentaires importants exprimés par le CPE concernant le projet d'EGIE et d'autres améliorations et modifications majeures du projet d'EGIE.
IP 30 Royaume-Uni	*THE FINAL COMPREHENSIVE ENVIRONMENTAL EVALUATION (CEE) FOR THE PROPOSED EXPLORATION OF SUBGLACIAL LAKE ELLSWORTH, ANTARCTICA.* Ce document reconnaît que l'EGIE finale préparé par le Royaume-Uni répond aux commentaires sur le projet d'EGIE reçus par le CPE, les Parties et les experts. Une version complète de l'EGIE finale est jointe au document.
IP 41 Italie	*STARTING A FEASIBILITY STUDY FOR THE REALIZATION OF A GRAVEL RUNWAY NEAR MARIO ZUCCHELLI STATION.* L'Italie informe que cette année, elle démarre une étude visant à évaluer la faisabilité technique, économique et environnementale d'une piste d'envol gravelée dans le voisinage de la station Mario Zuccheli. Le document dresse un rapport indiquant que cette piste d'envol serait très utile, notamment pour soutenir d'autres programmes antarctiques nationaux dans la zone.
IP 43 Inde	*ESTABLISHMENT AND OPERATION OF NEW INDIAN RESEARCH STATION "BHARATI" AT LARSEMANN HILLS.* L'Inde informe que la deuxième phase de la construction de la station Bharati a démarré en novembre 2011 et qu'auparavant elle avait été mise en service le 18 mars 2012. Ce document décrit la deuxième et dernière phase des activités de construction entreprises au cours de l'été austral 2011-12.
IP 74 Russie	*RESULTS OF RUSSIAN ACTIVITY FOR PENETRATING SUBGLACIAL LAKE VOSTOK IN THE SEASON 2011–12.* La Russie présente les détails de l'activité de pénétration au lac Vostok au cours de la dernière saison estivale et les principaux résultats qui en découlent. Le document indique que les suggestions théoriques des spécialistes russes sur la physique des processus au niveau du contact de la foreuse avec la nappe d'eau du lac considérées dans le processus d'EGIE se sont confirmées dans la pratique.
BP 36 Équateur	*RÉCAPITULATIF D'UN AUDIT ENVIRONNEMENTAL À LA STATION ÉQUATORIENNE VICENTE MALDONADO.* Ce document présente un processus d'évaluation environnementale à la station Maldonado au cours des saisons 2011-12.

7. PROTECTION ET GESTION DES ZONES	
a) Plans de gestion	
i.	**Projets de plan de gestion examinés par le groupe subsidiaire sur les plans de gestion**
WP 14 Australie	GROUPE SUBSIDIAIRE SUR LES PLANS DE GESTION – RAPPORT SUR LES TRAVAUX INTERSESSIONS POUR *2011/12* Ce document dresse un rapport sur le travail du GSPG conformément aux Mandats n° à 3 et recommande que le Comité approuve la version révisée de la ZSPA 140 *Parties de l'Île de la Déception* qui est jointe à ce document.
ii.	**Projets de plan de gestion non-examinés par le groupe subsidiaire sur les plans de gestion**
WP 2 Pologne	PLAN DE GESTION RÉVISÉ POUR LA ZONE SPÉCIALEMENT PROTÉGÉE DE L'ANTARCTIQUE *(ZSPA) N°151 LIONS RUMP, ÎLE DU ROI GEORGE, ÎLES SHETLAND DU SUD.* La Pologne a mené un examen du plan de gestion pour la ZSPA 151 et a déterminé que seuls des changements mineurs sont requis. La Pologne recommande que le CPE approuve le plan de gestion révisé.
WP 3 Pologne	PLAN DE GESTION RÉVISÉ POUR LA ZONE SPÉCIALEMENT PROTÉGÉE DE L'ANTARCTIQUE *(ZSPA) N°128 RIVE OCCIDENTALE DE LA BAIE ADMIRALTY, ÎLE DU ROI GEORGE, ÎLES SHETLAND DU SUD.* La Pologne a mené un examen du plan de gestion pour la ZSPA 128 et a déterminé que seuls des changements mineurs sont requis. La Pologne recommande que le CPE approuve le plan de gestion révisé.
WP 8 Royaume-Uni	PLAN DE GESTION RÉVISÉ POUR LA ZONE SPÉCIALEMENT PROTÉGÉE DE L'ANTARCTIQUE *(ZSPA) N°129 POINTE ROTHERA, ÎLE ADÉLAÏDE.* Le Royaume-Uni a entrepris un examen du plan de gestion pour la ZSPA 129. Il recommande que le CPE demande au GSPG de mener une revue intersessions et d'en présenter un rapport au CPE XVI.
WP 9 Royaume-Uni	PLAN DE GESTION RÉVISÉ POUR LA ZONE SPÉCIALEMENT PROTÉGÉE DE L'ANTARCTIQUE *(ZSPA) N°109 ÎLE MOE, ÎLES ORCADES DU SUD.* Le Royaume-Uni a entrepris un examen du plan de gestion pour la ZSPA 109. Il recommande que le CPE demande au GSPG de mener une revue intersessions et d'en présenter un rapport au CPE XVI.
WP 10 Royaume-Uni	PLAN DE GESTION RÉVISÉ POUR LA ZONE SPÉCIALEMENT PROTÉGÉE DE L'ANTARCTIQUE *(ZSPA) N°111 ÎLE POWELL DU SUD ET LES ÎLES ADJACENTES, ORCADES DU SUD.* Le Royaume-Uni a entrepris un examen majeur du plan de gestion pour la ZSPA 111. Il recommande que le CPE demande au GSPG de mener une revue intersessions et d'en présenter un rapport au CPE XVI.

WP 11 Royaume-Uni	*PLAN DE GESTION RÉVISÉ POUR LA ZONE SPÉCIALEMENT PROTÉGÉE DE L'ANTARCTIQUE (ZSPA) N°115 ÎLE LAGOTELLERIE, BAIE MARGUERITE, TERRE DE GRAHAM.* Le Royaume-Uni a entrepris un examen majeur du plan de gestion pour la ZSPA 115. Il recommande que le CPE demande au GSPG de mener une revue intersessions et d'en présenter un rapport au CPE XVI.
WP 12 Royaume-Uni	*PLAN DE GESTION RÉVISÉ POUR LA ZONE SPÉCIALEMENT PROTÉGÉE DE L'ANTARCTIQUE (ZSPA) N°110, ÎLE LYNCH, ORCADES DU SUD.* Le Royaume-Uni a entrepris un examen du plan de gestion pour la ZSPA 110. Il recommande que le CPE demande au GSPG de mener une revue intersessions et d'en présenter un rapport au CPE XVI.
WP 42 Argentine, Chili, Norvège, Espagne, Royaume-Uni, États-Unis	*EXAMEN DU PLAN DE GESTION POUR LA ZGSA N°4 : ÎLE DE LA DÉCEPTION.* Le groupe de gestion de l'Île de la Déception a mené son examen quinquennal du plan de gestion pour la ZGSA 4. Le groupe recommande que le CPE approuve les plans de gestion révisés joints pour ces Zones.
WP 44 Argentine	*PLAN DE GESTION RÉVISÉ POUR LA ZONE SPÉCIALEMENT PROTÉGÉE DE L'ANTARCTIQUE (ZSPA) N°132 PÉNINSULE POTTER.* L'Argentine a entrepris l'examen du plan de gestion pour la ZSPA 132. Les changements incluent des ajustements mineurs des frontières, une carte plus précise et une mise à jour de la description de la Zone. L'Argentine demande au CPE de considérer l'examen et de décider s'il est possible d'adopter la version révisée lors de la réunion ou si le GSPG devrait la considérer en période intersessions.
WP 52 Argentine et Chili	*RÉVISION DU PLAN DE GESTION POUR LA ZONE SPÉCIALEMENT PROTÉGÉE DE L'ANTARCTIQUE N°133 POINTE HARMONIE.* L'Argentine et le Chili ont entrepris l'examen de la ZSPA 133. Les changements incluent des ajustements mineurs des frontières, une carte plus précise et une mise à jour de la description de la Zone. L'Argentine et le Chili demandent au CPE de considérer l'examen et de décider s'il est possible d'adopter la version révisée lors de la réunion ou si le GSPG devrait la considérer en période intersessions.
WP 54 Chili	*PLAN DE GESTION RÉVISÉ POUR LA ZONE SPÉCIALEMENT PROTÉGÉE DE L'ANTARCTIQUE (ZSPA) N°145 PORT FOSTER, ÎLE DE LA DÉCEPTION DANS LES ÎLES SHETLAND DU SUD.* Le Chili a mené le premier examen du Plan de gestion pour la ZSPA 145, après l'entrée en vigueur de l'Annexe V du Protocole. Compte-tenu des modifications importantes proposées pour le plan révisé, le Chili demande au GSPG d'effectuer un examen plus détaillé du plan révisé au cours de la période intersession.
WP 58 Chili	*PLAN DE GESTION POUR LA ZONE SPÉCIALEMENT PROTÉGÉE DE L'ANTARCTIQUE N°112, PÉNINSULE COPPERMINE, ÎLE ROBERT, DANS LES ÎLES SHETLAND DU SUD.* Le Chili présente le Plan de gestion pour la ZSPA 112 conformément au format requis par l'Annexe V du Protocole. Le Chili recommande que le GSPG considère le Plan de gestion au cours de la période intersessions.

WP 60 Chili	*PLAN DE GESTION POUR LA ZONE SPÉCIALEMENT PROTÉGÉE DE L'ANTARCTIQUE (ZSPA) N°146 BAIE DU SUD, ÎLE DOUMER, ARCHIPEL PALMER.* Le Chili présente le Plan de gestion pour la ZSPA 146 conformément au format requis par l'Annexe V du Protocole. Le Chili recommande que le GSPG considère le Plan de gestion au cours de la période intersessions.
WP 61 Chili	*PLAN DE GESTION POUR LA ZONE SPÉCIALEMENT PROTÉGÉE DE L'ANTARCTIQUE (ZSPA) N°144 'BAIE DU CHILI' (BAIE DISCOVERY), ÎLE GREENWICH, DANS LES ÎLES SHETLAND DU SUD.* Le Chili présente le Plan de gestion pour la ZSPA 144 conformément au format requis par l'Annexe V au Protocole. Le Chili recommande que le GSPG considère le Plan de gestion au cours de la période intersessions (consulter également le document WP42).

iii. Nouveaux projets de plan de gestion pour des zones protégées ou gérées

WP 19 Nouvelle-Zélande	*PROPOSITION DE DÉSIGNATION D'UNE ZONE SPÉCIALEMENT PROTÉGÉE DE L'ANTARCTIQUE POUR LES ZONES GÉOTHERMIQUES DE HAUTE ALTITUDE DE LA RÉGION DE LA MER DE ROSS.* La Nouvelle-Zélande propose la désignation d'une nouvelle ZSPA englobant toutes les zones géothermiques de haute altitude dans la région de la mer de Ross (au mont Erebus, au mont Melbourne et au mont Rittmann). La proposition vise à représenter une approche plus stratégique pour protéger un type d'environnement rare dans l'Antarctique et à appliquer des mesures systématiques pour protéger les groupes d'espèces hautement sensibles et uniques au même standard élevé au sein d'un plan de gestion unique.
WP 40 Italie et États-Unis	*PROPOSITION D'UNE NOUVELLE ZONE SPÉCIALEMENT PROTÉGÉE DE L'ANTARCTIQUE POUR LE GLACIER TAYLOR ET LES BLOOD FALLS, VALLÉE TAYLOR, VALLÉES SÈCHES DE MCMURDO, TERRE VICTORIA.* L'Italie et les États-Unis proposent la désignation d'une nouvelle ZSPA dans la partie Nord de la baie Terra Nova.
WP 41 États-Unis	*PROPOSITION D'UNE NOUVELLE ZONE SPÉCIALEMENT PROTÉGÉE DE L'ANTARCTIQUE POUR LE GLACIER TAYLOR ET LES BLOOD FALLS, VALLÉE TAYLOR, VALLÉES SÈCHES DE MCMURDO, TERRE VICTORIA.* Les États-Unis proposent l'établissement d'une nouvelle ZSPA au Glacier Taylor et aux Blood Falls pour protéger les caractéristiques biologiques et physiques uniques de la zone ainsi que ses hautes valeurs scientifiques et éducationnelles. Une augmentation des activités menées sur le glacier Taylor et des projets de forage de glace entrepris récemment ont mis en évidence le besoin de protéger l'environnement des Blood Falls, ces activités pouvant potentiellement avoir un impact sur la communauté microbienne apparemment unique de cette caractéristique et sur sa chimie.

iv.	Autres questions relatives aux plans de gestion pour lez zones protégées/gérées
WP 14 Australie	*GROUPE SUBSIDIAIRE SUR LES PLANS DE GESTION – RAPPORT SUR LES TRAVAUX INTERSESSIONS POUR 2011/12* Ce document fait état des travaux du GSPG conformément aux Mandats n° 4 et n° 5. Le GSPG souhaiterait avoir des conseils du CPE sur le travail d'élaboration des directives pour l'établissement des ZGSA et pour préparer et vérifier les plans de gestion des ZGSA. Conformément aux modalités convenues par la XXXIe RCTA, le Comité souhaitera peut-être envisager de nommer un nouvel animateur de GSPG pour jouer ce rôle à la fin du XVᵉ CPE.
SP 7 Secrétariat	*REGISTRE DE L'ÉTAT DES PLANS DE GESTION POUR LES ZONES SPÉCIALEMENT PROTÉGÉES DE L'ANTARCTIQUE ET LES ZONES GÉRÉES SPÉCIALES DE L'ANTARCTIQUE.* Ce document présente des informations sur l'état des plans de gestion des ZSPA et des ZGSA en fonction des exigences de contrôle de l'Annexe V du Protocole.
IP 24 République de Corée	*MANAGEMENT REPORT OF NARĘBSKI POINT (ASPA 171) AND ARDLEY ISLAND (ASPA 150) DURING THE 2011/2012 PERIOD.* Ce document présente un rapport sommaire du sondage sur la ZSPA n° 171 et ses alentours et la ZSPA n° 150, pour atteindre les objectifs et principes des plans de gestion de la ZSPA pendant la période 2011/2012.
IP 38 IAATO	*ESTABLISHING IAATO SAFETY ADVISORIES.* Ce document décrit la mise en place, par l'Association Internationale des organisateurs de voyages dans l'Antarctique (IAATO), d'un système consultatif formalisé sur la sécurité interne. Les systèmes consultatifs sont destinés à améliorer la sécurité des opérateurs en Antarctique, assurant ainsi l'existence d'une banque d'informations d'accès facile et consultable pour des « connaissances locales » concernant des questions d'ordre général et des conseils spécifiques sur le site.
IP 61 Australie, Inde Chine, Roumanie, Fédération de Russie	*REPORT OF THE LARSEMANN HILLS ANTARCTIC SPECIALLY MANAGED AREA (ASMA) MANAGEMENT GROUP.* Suite à l'adoption des ZGSA les Parties actives dans les ZGSA ont créé un groupe de gestion chargé de superviser la mise en œuvre du plan de gestion. Cet article fait un bref rapport sur les activités du Groupe de gestion en 2011-2012.
IP 66 Brésil	*WORKING PLAN PROPOSAL FOR THE REVIEW OF THE ADMIRALTY BAY ANTARCTIC SPECIALLY MANAGED AREA MANAGEMENT PLAN (ASMA NO. 1).* Dans ce document le Brésil, en tant que coordinateur du Plan de gestion de la ZGSA n° 1 pour une période de 5 ans, décrit le plan de travail proposé pour le contrôle du Plan de gestion de la ZGSA n° 1.

IP 78 États-Unis d'Amérique	AMUNDSEN-SCOTT SOUTH POLE STATION, SOUTH POLE ANTARCTICA SPE-CIALLY MANAGED AREA (ASMA No. 5) 2012 MANAGEMENT REPORT. Le présent document récapitule les défis persistants dans la gestion de diverses activités dans la ZGSA n° 5. Il parle de la mise en œuvre de la zone de camping primaire nouvellement positionnée et de la zone de camping secondaire (ou de dépassement de capa-cité) et la mise en œuvre d'un Centre d'accueil
IP 82 Argentine, Chili, Norvège, Espa-gne, Royaume-Uni, États-Unis d´Amérique	DECEPTION ISLAND SPECIALLY MANAGED AREA (ASMA) MANAGEMENT GROUP REPORT. Le présent document résume les activités menées dans la ZGSA de l'île de la Déception, et le travail du groupe de gestion pour atteindre les objectifs et les principes du plan de gestion de la ZGSA n° 4 pendant la période intersessions de 2011-2012.

b) Sites et monuments historiques

WP 36 Fédération de Russie	PROPOSITION DE RÉVISION DES SITES ET MONUMENTS HISTORIQUES GÉRÉS PAR LA FÉDÉRATION DE RUSSIE. Ce document propose des modifications et mises à jour de la description de plusieurs sites et monuments historiques (SMH) sous la gestion de la Fédération de Russie.
WP 46 Argentine	RAPPORT FINAL SUR LES DISCUSSIONS INFORMELLES CONCERNANT LES SITES ET MONUMENTS HISTORIQUES. Ce document présente le rapport final des discussions informelles sur les sites et monuments historiques, menées par l'Argentine pendant les périodes intersessions 2010-2011 et 2011-2012.
WP 56 Chili	MODIFICATION PROPOSÉE AU SITE HISTORIQUE N° 37. Ce document pro-pose l'ajout de structures et d'éléments nouveaux au SMH n° 37, une statue érigée de Bernardo O'Higgins à la Station O'Higgins. Le Chili propose de modifier le SMH en ajoutant une plaque et une grotte aux structures de l'ancienne Station O'Higgins.
IP 14 Chine	BRIEF INTRODUCTION OF THE MAINTENANCE AND CONSERVATION PROJECT OF NO.1 BUILDING AT GREAT WALL STATION. Ce document fait état du projet d'entretien et de conservation du bâtiment n° 1 à la Station Great Wall (SMH n° 86), dont l'achèvement est prévu au cours des deux ou trois prochaines années. Le bâtiment devrait être un SMH affichant l'histoire de la recherche chinoise en Antarctique.
BP 41 Nouvelle-Zélan-de	ANTARCTIC HERITAGE TRUST CONSERVATION UPDATE. Ce document fournit des informations sur le projet de restauration du patrimoine de la Mer de Ross de l'Antarctic Heritage Trust, entrepris à la ZSPA à l'Île de Ross et au Cap Adare, en rapport avec les bases de l'expédition construites par l'Expédition *Southern Cross* (1898-1900) dirigée par Carsten Borchgrevink ; l'Expédition *Discovery* (1901-1904) et l'Ex-pédition *Terra Nova* (1910-1913), dirigées par Robert Falcon Scott; et l'Expédition *Nimrod* (1907-1909) dirigée par Ernest Shackleton.

c) Lignes directrices de sites	
WP 15 Royaume-Uni, États-Unis d´Amérique, Argentine	*LIGNES DIRECTRICES DE SITES DE L'ÎLE D'HAINAUT, DE PORT MIKKELSEN, ET DE L'ÎLE DE LA TRINITÉ.* Ce document propose l'adoption de lignes directrices de site pour l'Île D'Hainaut, car ce site est reconnu pour son importance historique et contient les vestiges de l'épave d'un baleinier et un amas d'os de baleines. Le site dispose également d'importantes valeurs environnementales. Les promoteurs recommandent que le CPE soumette les lignes directrices de site afin d'être adoptées par la RCTA.
WP 16 Royaume-Uni, États-Unis d´Amérique, Argentine, France, Ukraine	*LES DIRECTIVES DE SITE POUR PORT CHARCOT, L'ÎLE DE BOOTH.* Ce document propose l'adoption des lignes directrices de site pour Port Charcot, car le site est reconnu pour son importance historique et contient les vestiges de la base utilisée par l'expédition française en Antarctique pour passer l'hiver 1904 et dirigée par le Dr Jean-Baptiste Charcot. Le site dispose aussi d'importantes valeurs environnementales, y compris des espèces florales, et le fait qu'un certain nombre d'espèces d'oiseaux se reproduisent dans la zone et que plusieurs espèces de manchots et de phoques utilisent la plage comme lieu de repos.
WP 45 Argentine, Chili, Norvège, Espagne, Royaume-Uni, États-Unis d´Amérique	*LIGNES DIRECTRICES DE SITE POUR LES VISITEURS DE L'ANSE PENDULUM SUR L'ÎLE DE LA DÉCEPTION DANS LES ÎLES SHETLAND DU SUD.* Ce document propose l'adoption de lignes directrices de site qui visent à minimiser le risque de pressions entraînées par les visiteurs sur ce site, d'une valeur exceptionnelle du point de vue historique et naturel, ainsi qu'à garantir la sécurité des visiteurs.
WP 59 Équateur, Espagne	*CONTRÔLE DES LIGNES DIRECTRICES DE SITE POUR LES VISITEURS DES ÎLES AITCHO.* Ce document propose un contrôle des lignes directrices de site pour les Îles Aitcho, adoptées en 2005. En fonction du suivi des activités au cours des dernières années, le document propose des modifications des lignes directrices relatives aux zones d'ancrage, des itinéraires et des cartes de la version actuelle des lignes directrices.
IP 37 IAATO	*REPORT ON IAATO OPERATOR USE OF ANTARCTIC PENINSULA LANDING SITES AND ATCM VISITOR SITE GUIDELINES, 2011-2012 SEASON.* Rapports de l'IAATO sur les niveaux d'activité touristique en Antarctique et sur l'utilisation des lignes directrices de site ou la gestion du programme national sur les sites visités se trouvant à proximité des stations.
BP 3 États-Unis d'Amérique	*ANTARCTIC SITE INVENTORY : 1994 - 2012 :* Ce document fournit une mise à jour sur les résultats du projet d'inventaire des sites antarctiques pendant tout le mois de février 2012, qui a recueilli des données biologiques et des informations descriptives sur le site de la Péninsule Antarctique depuis 1994.

d) Empreinte humaine et valeurs de la nature à l'état sauvage	
WP 50 Nouvelle-Zélande, Pays-Bas	*CONCEPTS POUR LA PROTECTION DE LA NATURE À L'ÉTAT SAUVAGE EN ANTARCTIQUE À L'AIDE D'OUTILS DANS LE PROTOCOLE.* En tenant compte du contexte d'un environnement en Antarctique sensiblement changeant et de l'augmentation de l'activité humaine en Antarctique, ce document propose l'élaboration de documents d'orientation pratique visant à encourager la protection des valeurs de la nature à l'état sauvage lors de l'application d'outils d'évaluation de l'impact sur l'environnement et de protection de la zone figurant dans les Annexes I et V du Protocole. (Voir aussi IP 60.)
IP 52 ASOC	*DATA SOURCES FOR MAPPING THE HUMAN FOOTPRINT IN ANTARCTICA.* Ce document suggère que la compilation d'informations sur l'activité humaine en Antarctique à partir des différents référentiels d'information dans un format commun et en un seul endroit, serait une étape utile dans la construction d'un modèle de l'empreinte humaine en Antarctique et dans l'Océan Austral.
IP 60 Nouvelle-Zélande, Pays-Bas	*FURTHER INFORMATION ABOUT WILDERNESS PROTECTION IN ANTARCTICA AND USE OF TOOLS IN THE PROTOCOL.* Reconnaissant les difficultés inhérentes à la gestion de la nature à l'état sauvage, ce document d'information fournit des informations qui encouragent la protection de la nature à l'état sauvage, quant au développement de documents d'orientation pratique pour soutenir la protection des valeurs de la nature à l'état sauvage lors de l'application d'outils d'évaluation de l'impact sur l'environnement (EIE) et de protection de la zone figurant dans les Annexes I et V du Protocole.

e) Protection et gestion du milieu marin	
IP 34 UICN	*USING ASMAs AND ASPAs WHEN NECESSARY TO COMPLEMENT CCAMLR MPAs.* L'UICN considère que quelques aires marines protégées (AMP) de la CCAMLR peuvent avoir besoin d'une gestion supplémentaire et d'efforts de protection et donc il est important que la RCTA, en tenant compte des recommandations de la CCAMLR, évalue la nécessité d'établir des ZGSA ou des ZSPA, en partie ou en totalité, dans la zone d'une AMP de la CCAMLR.
IP 50 ASOC	*ANTARCTIC OCEAN LEGACY : A MARINE RESERVE FOR THE ROSS SEA.* Le présent document résume une publication de l'Alliance de l'Océan Antarctique (AOA), dont l'ASOC est membre. L'Alliance appelle à la création d'un réseau de zones marines protégées et de réserves marines où toute pêche est interdite dans l'Océan Austral.

IP 51 ASOC	*ANTARCTIC OCEAN LEGACY : A VISION FOR CIRCUMPOLAR PROTECTION.* Le présent document résume le rapport "Antarctic Ocean Legacy: A Vision for Circumpolar Protection" ("Héritage de l'Océan Antarctique : une vision pour la protection circumpolaire") publié par l'Alliance de l'Océan Antarctique (AOA).
IP 54 ASOC	*IMPLICATIONS OF ANTARCTIC KRILL FISHING IN ASMA NO. 1 - ADMIRALTY BAY.* L'ASOC informe que la réunion 2011 du WG-EMM a remarqué qu'en 2009/2010, la pêche au krill était exploitée dans la ZGSA n° 1. La pêche n'était pas identifiée ou prévue lorsque le plan de gestion a été adopté par la RCTA après son approbation par la CCAMLR. L'ASOC offre une série de recommandations afin d'éviter à l'avenir des événements similaires.
IP 68 Ukraine	*PROGRESS OF UKRAINE ON DESIGNATION OF BROAD-SCALE MANAGEMENT SYSTEM IN THE VERNADSKY STATION AREA.* Compte-tenu de l'augmentation des activités scientifiques, logistiques et touristiques autour de la station Verdnasky et des îles environnantes ces dernières années, l'Ukraine se propose de préparer un système de gestion global à grande échelle pour la région et invite toutes les Parties intéressées pour prendre part à d'autres discussions sur les points de vue stratégiques de protection de l'environnement et la gestion éventuelle de cette zone.
IP 80 CCAMLR	*REPORT OF THE CEP OBSERVER TO THE CCAMLR WORKSHOP ON MARINE PROTECTED AREAS. BREST, FRANCE, 29 AUGUST TO 2 SEPTEMBER 2011.* Ce document fournit une synthèse des divers aspects de l'atelier avec une importance particulière pour la collaboration en cours entre le CPE et la SC-CAMLR. Une version complète est disponible en ligne sur le site Internet de la CCAMLR.
f) Autres questions relevant de l'annexe V	
WP 23 rév.1 Australie, Nouvelle-Zélande, SCAR	*RÉGIONS DE CONSERVATION BIOGÉOGRAPHIQUES EN ANTARCTIQUE.* Ce document présente les résultats d'analyses récentes des rapports établis entre les meilleures données disponibles sur la diversité terrestre de l'Antarctique, les domaines environnementaux et d'autres cadres spatiaux pertinents. Les auteurs recommandent que le Comité approuve les « régions de conservation biogéographiques de l'Antarctique » en tant que modèle dynamique pour l'identification des ZSPA au sein d'un cadre environnemental-géographique systématique et en tant que base pour les travaux en cours dans le but de s'occuper des risques touchant les espèces non-indigènes. Un projet de résolution est fourni afin d'être examiné par le Comité.

WP 35 Fédération de Russie	*Propositions pour l'élaboration de plans de gestion révisés pour les zones spécialement protégées de l'Antarctique et les zones gérées spéciales de l'Antarctique.* Ce document propose que, en examinant les plans de gestion des ZSPA et des ZGSA dont les représentants de la nature vivante de l'Antarctique ont été désignés comme les principales valeurs à protéger, la Partie promoteur doive soumettre au CPE un rapport avec les résultats d'un programme de surveillance sur l'état de ces valeurs. Un projet de mesure est joint à ce document.
WP 38 États-Unis d'Amérique, Nouvelle-Zélande	*Instaurer la protection des zones géothermiques : les grottes de glace volcaniques du mont Erebus sur l'Île de Ross.* Ce document propose une stratégie visant à protéger les environnements uniques des zones géothermiques du mont Erebus, recommandant aux Parties intéressées et au SCAR d'élaborer un inventaire sur les caractéristiques des grottes de glace et un code de conduite et d'adopter un moratoire temporaire sur les visites de la région.
IP 26 Australie	*Analyses of the Antarctic protected areas system using spatial information.* L'Australie a acquis un ensemble de données complet sur l'information spatiale qui représente les limites de toutes les ZSPA et ZGSA. Cette base de données est désormais disponible gratuitement, par l'intermédiaire du Secrétariat, pour une utilisation en conformité avec les termes et conditions de base. Ce document présente des exemples sur la façon dont l'ensemble de données peut aider à évaluer et approfondir le développement du système d'aires protégées de l'Antarctique et peut aussi soutenir d'autres activités du CPE.
IP 49 ASOC	*Annex V Inviolate and Reference Areas : Current Management Practices Information.* L'ASOC considère que la désignation de zones fermées et inviolables de taille considérable peut contribuer de différentes façons pour répondre aux objectifs du Protocole, et qu'il s'agit d'un outil qui est déjà dans la boîte à outils des pratiques de gestion environnementales de l'Antarctique pouvant être utilisé plus largement pour compléter les activités de gestion environnementale.

8. CONSERVATION DE LA FAUNE ET DE LA FLORE EN ANTARCTIQUE	
b) Quarantaine et espèces non-indigènes	
WP 5 SCAR	*RÉSULTATS DU PROGRAMME DE L'ANNÉE POLAIRE INTERNATIONALE : ESPÈCES NON-INDIGÈNES EN ANTARCTIQUE.* Ce document fait état des conclusions du projet IPY « Espèces non-indigènes en Antarctique » liées à une évaluation spatialement explicite et différenciée par activités, des risques d'établissement d'espèces terrestres non-indigènes dans toute l'Antarctique, actuellement et en fonction des changements climatiques. Le SCAR recommande au CPE d'inclure cette évaluation dans d'autres développements de stratégies pour réduire les risques posés par les espèces terrestres non-indigènes, d'élaborer une stratégie de surveillance et de fournir une attention supplémentaire aux risques posés par le transfert intra-Antarctique des propagules.
WP 6 SCAR	*RÉDUCTION DU RISQUE D'INTRODUCTION INVOLONTAIRE D'ESPÈCES NON-INDIGÈNES ASSOCIÉE À L'IMPORTATION DE FRUITS ET LÉGUMES FRAIS EN ANTARCTIQUE.* Le SCAR passe en revue la science concernant le risque d'introduction d'espèces non-indigènes liées à l'importation de fruits et légumes frais dans la région de l'Antarctique. Le SCAR recommande que le CPE encourage les Parties à implémenter les recommandations des listes de vérification du COMNAP/SCAR *pour les gestionnaires de la chaîne d'approvisionnement*; et encourage les Parties et/ou le COMNAP à poursuivre la recherche de méthodes pratiques et rentables destinées à réduire le risque d'introduction d'espèces non-indigènes en rapport avec les aliments frais.
WP 25 rév.1 Australie, France	*DIRECTIVES POUR RÉDUIRE AU MINIMUM LES RISQUES LIÉS AUX ESPÈCES NON-INDIGÈNES ET AUX MALADIES DANS LES INSTALLATIONS HYDROPONIQUES EN ANTARCTIQUE.* Ce document présente des *directives pour réduire au minimum les risques liés aux espèces non-indigènes et aux maladies dans les installations hydroponiques en Antarctique* suggérées. L'Australie et la France recommandent que les lignes directrices soient incluses dans le manuel d'espèces non-indigènes du CPE à titre de référence, le cas échéant, par ceux qui utilisent ou envisagent d'utiliser les installations hydroponiques.

IP 13 Espagne, Royaume-Uni, Argentine	COLONISATION STATUS OF THE NON-NATIVE GRASS *POA PRATENSIS AT CIERVA POINT, DANCO COAST, ANTARCTIC PENINSULA.* Ce document propose que, étant donné que le changement climatique peut augmenter et en fonction des procédures proposées dans le manuel d'espèces non-indigènes du CPE, il serait souhaitable d'éradiquer ces espèces, qui ont été introduites accidentellement à Pointe Cierva, Péninsule Antarctique, en 1954.
IP 29 Royaume-Uni	COLONISATION STATUS OF KNOWN NON-NATIVE SPECIES IN THE ANTARCTIC TERRESTRIAL ENVIRONMENT (UPDATED *2012*). Ce document met à jour les informations présentées au CPE en 2010 et 2011 sur l'état de colonisation des espèces non-indigènes connues dans l'environnement terrestre Antarctique. Le document signale que rien n'a été tenté pour éradiquer une des espèces non-indigène connues au cours de l'année dernière.
BP 1 SCAR	CONTINENT-WIDE RISK ASSESSMENT FOR THE ESTABLISHMENT OF NONINDIGENOUS SPECIES IN ANTARCTICA. Cette publication scientifique présente une évaluation fondée sur des preuves, qui démontre quelles parties de l'Antarctique sont en risque croissant de voir des espèces exotiques devenir envahissantes, et qui fournit les moyens d'atténuer cette menace, maintenant et dans l'avenir, puisque le climat du continent est en train de changer.

c) Espèces spécialement protégées

d) Autres questions relevant de l'annexe II

IP 20 Allemagne	EVALUATION OF THE *"STRATEGIC ASSESSMENT OF THE RISK POSED TO MARINE MAMMALS BY THE USE OF AIRGUNS IN THE ANTARCTIC TREATY AREA".* Cet article présente une évaluation, réalisée par l'Agence Fédérale allemande pour l'Environnement, de l'analyse effectuée par l'Institut Alfred Wegner sur les risques encourus par les mammifères marins en raison de l'utilisation de carabines à air comprimé. L'Allemagne remarque que tous les aspects de l'analyse de risques ont été soigneusement évalués, en ayant mis un accent particulier sur l'identification des dangers, le niveau de protection et des zones de sécurité correspondantes des actifs destinés à être protégés.
IP 21 SCAR	ANTHROPOGENIC SOUND IN THE SOUTHERN OCEAN : AN UPDATE. Ce document constitue la base d'une réponse à une demande du XIVe CPE, et présente un rapport sommaire des nouvelles informations sur les sons anthropiques dans l'Océan Austral.

IP 35 SCAR, UICN, Nouvelle-Zélan- de	ANTARCTIC CONSERVATION FOR THE 21ST CENTURY : BACKGROUND, PRO-GRESS, AND FUTURE DIRECTIONS. Reconnaissant la nécessité d'un plan intégré, complet et dynamique pour la conservation de l'Antarctique et les écosystèmes dépendants et associés, ce document décrit l'évolution à ce jour et les plans pour la poursuite du développement d'une stratégie de conservation de l'Antarctique (ACS).

9. SURVEILLANCE DE L'ENVIRONNEMENT ET RAPPORTS

WP 7 Royaume-Uni	TÉLÉDÉTECTION POUR LA SURVEILLANCE DES ZONES SPÉCIALEMENT PROTÉGÉES EN ANTARCTIQUE : UTILISATION DE DONNÉES MULTISPECTRALES ET HYPERSPECTRALES POUR SURVEILLER LA VÉGÉTATION EN ANTARCTIQUE. Cet article décrit le développement et l'application de nouvelles techniques de télédétection en Antarctique pour surveiller la végétation. Le Royaume-Uni recommande que le CPE tienne encore davantage compte de la valeur et de l'application de la méthodologie, et encourage la collaboration future dans le développement et l'application de ces techniques pour surveiller les ZSPA et l'environnement au sens large.
WP 18 Allemagne	SURVEILLANCE DES MANCHOTS PAR TÉLÉDÉTECTION. Compte-tenu de l'appel de la XXXIVe RCTA fait aux Parties pour qu'elles intensifient leurs efforts dans l'utilisation de techniques de télédétection visant à améliorer le suivi des changements de l'environnement et du climat en Antarctique, et les discussions informelles au CPE et sur les forums scientifiques concernant les possibilités de surveillance des pingouins en Antarctique sur la base de techniques de télédétection, ce document propose la création d'un groupe de contact informel pour discuter de cette question entre les sessions.
IP 46 Allemagne	PILOT STUDY ON MONITORING CLIMATE-INDUCED CHANGES IN PENGUIN COLONIES IN THE ANTARCTIC USING SATELLITE IMAGES. Ce document fait état d'une étude de faisabilité sur la surveillance des pingouins à l'aide des techniques de télédétection menées par l'Allemagne. (Voir aussi WP 18.)
WP 20 Nouvelle-Zélan- de	ÉTABLISSEMENT D'UN PROGRAMME DE SURVEILLANCE ÉVALUANT LES CHANGEMENTS SURVENUS DANS LA VÉGÉTATION DE DEUX ZONES SPÉCIALEMENT PROTÉGÉES DE L'ANTARCTIQUE. La Nouvelle-Zélande a établi un programme de surveillance dans deux ZSPA à l'aide de techniques SIG pour surveiller les changements du couvert végétal. Ce document invite le CPE à envisager de quelle manière cette méthode peut être utilisée pour la surveillance des effets des changements climatiques sur la distribution et l'abondance des espèces en Antarctique.

WP 55 Chili	*NOUVEAUX ENREGISTREMENTS DE LA PRÉSENCE DE MICRO-ORGANISMES HUMAIN-ASSOCIÉS DANS L'ENVIRONNEMENT MARIN EN ANTARCTIQUE.* Le Chili informe de l'existence de nouveaux enregistrements de présence de micro-organismes associés à la présence humaine dans l'environnement marin de l'Antarctique et suggère que le CPE recommande au COMNAP de développer des activités de surveillance pour étudier la présence de ces micro-organismes aux alentours des stations et évaluer les précautions et traitements existants des eaux usées que les programmes nationaux ont mis en place, pour éviter l'introduction accidentelle de micro-organismes liée aux activités humaines dans l'environnement en Antarctique.
IP 2 SCAR	*THE SOUTHERN OCEAN OBSERVING SYSTEM (SOOS).* Cet article présente une mise à jour des progrès réalisés dans la conception et la mise en œuvre d'un système d'observation de l'Océan Austral (SOOS) au cours de cette dernière année.
IP 40 rév. 1 SCAR	*SCAR PRODUCTS AVAILABLE TO SUPPORT THE DELIBERATIONS OF THE ATCM.* Suite à une demande du CPE, ce document présente une liste des produits du SCAR qui fournissent des informations scientifiques utiles aux scientifiques et autres, telles que des données météorologiques, des données sur la biodiversité, sous une forme plus facilement utilisable, et des informations sur la bathymétrie dans l'Océan Austral.
IP 53 ASOC	*ANTARCTIC TREATY SYSTEM FOLLOW-UP TO VESSEL INCIDENTS IN ANTARCTIC WATERS.* Ce document procède à une évaluation préliminaire des rapports après un incident de navire. Il aborde l'exhaustivité de l'information, les rapports sur l'impact de la pollution produite à partir d'un incident et la mise en œuvre des leçons apprises et les recommandations dérivées. Il identifie un certain nombre de défauts dans le système actuel et recommande que la RCTA et la CCAMLR traitent ceux-ci comme un problème de haute priorité.
IP 76 Chili	*ANTARCTIC ENVIRONMENTAL MONITORING CENTRE.* Ce document présente une partie des activités développées par le projet de surveillance du Programme antarctique chilien, destinées à contribuer au processus de prise de décision, avec l'appui de l'information environnementale scientifique, pour optimiser l'utilisation des ressources et encourager la création de compétences techniques spécialisées afin de maintenir un programme de surveillance en continu.

BP 10 Australie	*ASSESSMENT OF ENVIRONMENTAL IMPACTS ARISING FROM SEWAGE DISCHARGE AT DAVIS STATION.* Ce document informe sur une étude approfondie réalisée par l'Australie pour évaluer les impacts environnementaux de l'élimination des eaux usées dans l'environnement marin et côtier de la Station Davis.
BP 15 Pologne	*SUMMARY INFORMATION ON IMPROVEMENTS AND MODERNIZATIONS DONE ON POLISH ANTARCTIC STATION "ARCTOWSKI".* Ce document informe sur les importantes modifications effectuées dans la Station Arctowski, destinées à réduire les effets potentiellement néfastes de l'homme sur l'environnement en Antarctique, moderniser la station, réduire la demande d'énergie et améliorer la sécurité de ses opérations logistiques.

10. RAPPORTS D'INSPECTION

IP 47 États-Unis d´Amérique, Fédération de Russie	*UNITED STATES-RUSSIAN FEDERATION REPORT OF INSPECTION.* Les États-Unis d'Amérique et la Fédération de Russie ont effectué une inspection dans le cadre du Traité sur l'Antarctique du 23 au 28 janvier 2012. Le rapport joint au présent document d'information décrit les observations et conclusions de l'équipe d'inspection conjointe sur l'Antarctique. Un rapport sommaire des conclusions générales est inclu.
IP 59 PNUE, ASOC	*REVIEW OF THE IMPLEMENTATION OF THE MADRID PROTOCOL: INSPECTIONS BY PARTIES (ARTICLE 14).* Ce document contrôle la pratique d'inspections menées par les Parties, effectuées en vertu de l'article 14 du Protocole de Madrid.
BP 22 Inde	*MEASURES ADOPTED AT MAITRI STATION ON THE RECOMMENDATIONS OF RECENT VISIT OF JAPANESE INSPECTION TEAM.* Ce document fait état des mesures déjà adoptées ou en cours d'exécution en ce qui concerne les observations effectuées par l'équipe japonaise d'inspection en 2010, sur l'amélioration des conditions de certains systèmes à la Station Maitri.

11. COOPÉRATION AVEC D'AUTRES ORGANISATIONS

IP 1 SCAR	*RAPPORT ANNUEL DU COMITÉ SCIENTIFIQUE POUR LA RECHERCHE EN ANTARCTIQUE (SCAR) 2011-2012.* Ce document résume les derniers moments le plus marquants du SCAR et les futures réunions présentant un intérêt pour les Parties au Traité.
IP 3 COMNAP	*RAPPORT ANNUEL 2011 DU CONSEIL DES DIRECTEURS DES PROGRAMMES ANTARCTIQUES NATIONAUX (COMNAP).* Ce document présente les moments le plus marquants et les réalisations du COMNAP aussi que les produits et les outils développés en 2011.
IP 28 CCAMLR	*RAPPORT DE L'OBSERVATEUR DE LA SC-CAMLR À LA QUINZIÈME RÉUNION DU COMITÉ POUR LA PROTECTION DE L'ENVIRONNEMENT.* Ce document rend compte des questions d'intérêt commun entre la SC-CAMLR et le CPE, débattues pendant la dernière réunion de la SC-CAMLR.

12. RÉPARATION ET RÉHABILITATION DES DOMMAGES SUR L'ENVIRONNEMENT	
WP 21 Australie, Royaume-Uni	*MANUEL POUR LE NETTOYAGE EN ANTARCTIQUE.* Ce document propose que le Comité accepte d'élaborer un manuel de nettoyage contenant des conseils pour assister les Parties dans l'exécution de leurs obligations en vertu de l'Annexe III, afin de nettoyer les anciens sites d'élimination des déchets laissés sur le terrain et les sites de travail abandonnés issus d'activités antérieures. Un projet de résolution et la proposition d'une première version pour un manuel de nettoyage sont fournis en pièce jointe. Le document propose en outre que le Comité encourage les membres et les observateurs qui semblent intéressés à élaborer des directives pratiques et des ressources de soutien destinées à être incluses dans le manuel de nettoyage.
WP 26 Australie	*PROBLÈMES ENVIRONNEMENTAUX LIÉS À L'ASPECT PRATIQUE DE LA RÉPARATION DES DÉGÂTS ENVIRONNEMENTAUX OU DE LA RÉHABILITATION DE L'ENVIRONNEMENT.* Ce document est une mise à jour de la XXXIVe RCTA - Document de travail WP 28 sur des problèmes environnementaux liés à l'aspect pratique de la réparation des dégâts environnementaux, et doit être lu conjointement avec le document d'information 25 de l'Australie.
IP 25 Australie	*EXEMPLES POUR ILLUSTRER LES PROBLÈMES ENVIRONNEMENTAUX LIÉS À L'ASPECT PRATIQUE DE LA RÉPARATION OU LA RÉHABILITATION DES DOMMAGES CAUSÉS À L'ENVIRONNEMENT.* À l'appui du document de travail WP 26, ce document présente des exemples pour illustrer les points qui, sur conseil de l'Australie, doivent être examinés par le Comité au moment d'aborder la Décision 4 (2010).
WP 62 COMNAP	*RÉPARATION OU RÉHABILITATION DES DOMMAGES ENVIRONNEMENTAUX : RAPPORT DU COMNAP SUR SON EXPÉRIENCE.* Le COMNAP fait état des résultats d'une gestion des déchets dans l'atelier sur l'Antarctique, organisé par son Groupe d'experts de l'environnement, et fournit plusieurs exemples d'activités de nettoyage par divers programmes antarctiques nationaux.
IP 6 Australie	*TOPIC SUMMARY: CEP DISCUSSIONS ON CLEAN-UP.* Ce document est un complément du document de travail WP 21 et présente un résumé des documents de réunion du CPE qui ont abordé le nettoyage des sites d'élimination des déchets sur le terrain, des sites de travail des activités antarctiques abandonnés et des sites contaminés par des déversements de carburant.
IP 57 ASOC	*REPAIR OR REMEDIATION OF ENVIRONMENTAL DAMAGE.* Ce document passe en revue quelques problèmes clés en rapport avec la réparation ou la réhabilitation des dommages environnementaux et commente différents points proposés par l'Australie dans le document de travail WP 28 à la XXXIVe RCTA.

BP 11 Australie	**CLEAN-UP TECHNIQUES FOR ANTARCTICA.** Ce rapport informe que le Programme australien de l'Antarctique est en train de développer des techniques appropriées pour le nettoyage de sites contaminés en Antarctique et que les résultats de ce travail peuvent s'avérer utiles pour la gestion d'autres sites antarctiques contaminés.
BP 12 Australie	**CLEAN-UP OF A FUEL SPILL NEAR LAKE DINGLE, VESTFOLD HILLS.** Ce document fait état de l'expérience de l'Australie suite à un déversement de carburant récent dans les collines Vestfold et illustre la façon dont l'évaluation des risques de l'environnement, en suivant une simple arborescence de décisions fondées sur les risques, a joué un rôle dans le choix du plan de nettoyage le plus approprié.
BP 13 Australie	**DEVELOPMENT OF ENVIRONMENTAL QUALITY STANDARDS FOR THE MANAGEMENT OF CONTAMINATED SITES IN ANTARCTICA.** Dans ce document l'Australie présente des informations relatives à la recherche pour élaborer des normes de qualité environnementale basées sur la sensibilité des espèces de l'Antarctique aux métaux et aux contaminations de carburant.
BP 14 Australie	**ASSESSMENT, MONITORING AND REMEDIATION OF OLD ANTARCTIC WASTE DISPOSAL SITES: THE THALA VALLEY EXAMPLE AT CASEY STATION.** Ce document décrit l'approche de l'évaluation et de la surveillance d'impact développée sur le site d'élimination des déchets de Thala Valley à la Station Casey, en tant que partie intégrante du projet de nettoyage, afin de garantir qu'il a été satisfait à toutes les obligations découlant du Protocole.
BP 38 Chili	**RETIRO DE CHATARRA DE LA BASE PRESIDENTE EDUARDO FREI MONTALVA, ISLA REY JORGE.** Ce document indique que, pendant les saisons 2011-2012, une quantité importante de déchets a été retirée de la station par le Chili, avec l'aide d'une entreprise privée.

13. QUESTIONS DE CARACTÈRE GÉNÉRAL

IP 32 COMNAP	**COMNAP SURVEY OF NATIONAL ANTARCTIC PROGRAMS ON OIL SPILL CONTINGENCY PLANNING.** Ce document présente les résultats d'un nouveau sondage du COMNAP mené pendant la période intersessions 2011/2012 en tant que mise à jour d'un sondage effectué en 1996 sur les meilleures pratiques en cas d'accident ou d'un déversement de pétrole.

14. ÉLECTION DES MEMBRES DU BUREAU

15. PRÉPARATIFS DE LA PROCHAINE RÉUNION

16. ADOPTION DU RAPPORT

17. CLÔTURE DE LA RÉUNION

Appendice 1

Plan de travail quinquennal du CPE

Question/ Pression environnementale Actions	Priorité pour le CPE	Période intersessions	XVIe CPE 2013	Période intersessions	XVIIe CPE 2014	Période intersessions	XVIIIe CPE 2015	Période intersessions	XIXe CPE 2016	Période intersessions	XXe CPE 2017
									2016	Période	2017
Introduction d'espèces non-indigènes	1	Les membres intéressés, les experts, et les NAP procèdent aux travaux concernant les mesures de surveillance	Discuter de mesures de surveillance supplémentaires à inclure dans le manuel NSS, y compris une stratégie de surveillance des zones à haut risque d'établissement	Les membres intéressés, les experts, et les NAP travaillent sur les mesures d'intervention et d'éradication	Discuter de mesures d'intervention supplémentaires à inclure dans le manuel NNS	Préparation à la revue du manuel -considérer des groupes de discussion informels	Revue du manuel sur les espèces non indigènes				
Actions :											
1. Continuer l'élaboration des lignes directrices pratiques et des ressources destinées à tous les opérateurs atlantiques		Mise à jour du manuel NNS avec les lignes directrices pour les installations hydroponiques et l'ABCR.									
2. Continuer l'élaboration des recommandations sur les changements climatiques émanant de la RETA											
3. Considérer les évaluations des risques d'activités différenciées spatialement explicites pour atténuer les risques posés par les espèces non indigènes terrestres.		Incorporer la carte de l'Antarctique montrant l'ACBR 15 (se référer à la recommandation 5 dans WP23), et incorporer les lignes directrices pour minimiser les risques d'espèces non-indigènes et les maladies associées aux installations de culture hydroponique en Antarctique (voir WP 25).									
4. Développer une stratégie de surveillance pour les zones à haut risque d'établissement d'espèces non-indigènes.											
5. Accorder une attention supplémentaire aux risques posés par les transferts intra-Antarctique de propagules.											
Tourisme et activités non gouvernementales	1	Dépendent de la réaction de la RCTA	Répondent à la requête de la RCTA.								
Actions :											
1. Donner selon que de besoin des avis à la RCTA 2. Promouvoir la mise en œuvre des recommandations de la RETA sur le tourisme maritime											

177

Question/ Pression environnementale Actions	Priorité pour le CPE	Période intersessions	XVIe CPE 2013	Période intersessions	XVIIe CPE 2014	Période intersessions	XVIIIe CPE 2015	Période intersessions	XIXe CPE 2016	Intersessions Période	XXe CPE 2017
Pression planétaire : Changements climatiques **Actions :** 1. Examiner les implications des changements climatiques pour la gestion de l'environnement antarctique 2. Promouvoir la mise en œuvre des recommandations de la RETA sur les changements climatiques.	1	Continuer à faire avancer les recommandations de l'ATME	Point permanent de l'ordre du jour Le SCAR fournit des mises à jour annuelles	Continuer à faire avancer les recommandations de l'ATME	Point permanent de l'ordre du jour Le SCAR fournit des mises à jour	Continuer à faire avancer les recommandations de l'ATME	Point permanent de l'ordre du jour Le SCAR fournit des mises à jour	Continuer à faire avancer les recommandations de l'ATME	Point permanent de l'ordre du jour Le SCAR fournit des mises à jour	Continuer à faire avancer les recommandations de l'ATME	Point permanent de l'ordre du jour Le SCAR fournit des mises à jour
Instruction des plans de gestion nouveaux et révisés des zones protégées et gérées **Actions :** 1. Peaufiner la procédure d'examen des plans de gestion nouveaux et révisés. 2. Mise à jour des lignes directrices existantes. 3. Promouvoir la mise en œuvre des recommandations de la RETA sur les changements climatiques. 4. Élaborer des lignes directrices pour la préparation de ZSGA	1	Poursuite par le GSPG de ses travaux en fonction du plan de travail révisé Examiner les projets d'examen des plans de gestion mentionnés par le CPE pour une revue intersessions et fournir des conseils aux auteurs de proposition Travailler avec les Parties concernées pour assurer l'avancée de l'examen des plans de gestion en retard pour les cinq examens annuels	Examen du rapport du GSPG Examiner et mettre à jour le plan de travail du GSPG	Poursuite par le GSPG de ses travaux en fonction du plan de travail révisé	Examen du rapport du GSPG	Poursuite par le GSPG de ses travaux en fonction du plan de travail révisé	Examen du rapport du GSPG	Poursuite par le GSPG de ses travaux en fonction du plan de travail révisé	Examen du rapport du GSPG		
Gestion et protection marines territoriales **Actions :** 1. Coopérer avec la CCAMLR sur la biorégionalisation de l'océan Austral et aux autres intérêts communs et principes convenus. 2. Identifier et appliquer les processus de protection de l'espace marin. Promouvoir la mise en œuvre de la RETA sur les changements climatiques.	1	Révision et discussion des ZSGA 1 et ZSPA avec composante marine, avancement des travaux en collaboration avec le SC-CCAMLR	Examiner le résultat de l'atelier sur les ZMP de la CCAMLR et revue du plan de travail du CS-CAMLR pour une coordination future								

Question/ Pression environnementale Actions	Priorité pour le CPE	Période intersessions	XVIᵉ CPE 2013	Période intersessions	XVIIᵉ CPE 2014	Période intersessions	XVIIIᵉ CPE 2015	Période intersessions	XIXᵉ CPE 2016	Intersessions Période	XXᵉ CPE 2017
Fonctionnement du CPE et planification stratégique **Actions :** 1. Tenir à jour le plan quinquennal en fonction de l'évolution de la situation et des exigences de la RCTA 2. Recenser les possibilités d'améliorer l'efficacité du CPE 3. Examiner les objectifs à long terme pour l'Antarctique (50-100 ans)	1		Point permanent Examiner et réviser le plan de travail selon que de besoin		Point permanent Examiner et réviser le plan de travail selon que de besoin		Point permanent Examiner et réviser le plan de travail selon que de besoin		25e anniversaire du Protocole. Examiner et réviser le plan de travail selon que de besoin		
Réparation ou réhabilitation des dégâts environnementaux **Actions :** 1. Développer des avis en réponse à la demande de Décision 4 de la RCTA (2010) afin d'aider la RCTA à adopter une décision éclairée en 2015 sur la reprise des négociations sur la responsabilité découlant de dommages à l'environnement. 2. Dresser un inventaire à l'échelle antarctique des sites ayant fait l'objet d'activités dans le passé 3. Examiner les lignes directrices pour la réparation et la réhabilitation 4. Préparer un manuel des directives de nettoyage	1	GCI prépare un projet d'avis sur la Décision 4 (2010). Préparation de plus de documents par les membres Discussion informelle pour examiner le projet du manuel de nettoyage.	Examiner le Rapport du CGI et, le cas échéant, fournir des avis à la RCTA. Comme requis, établir le GCI pour répondre à la requête supplémentaire de la RCTA. Examiner la révision du manuel de nettoyage.	Examiner une requête supplémentaire par la RCTA GCI possible pour développer davantage d'avis sur la décision 4 (2010)				Le Secrétariat est invité à élaborer et à tenir à jour un inventaire			
Empreinte humaine et gestion de la nature à l'état sauvage **Actions :** 1. Développer une compréhension convenue des termes «empreinte» et «sauvage». 2. Développer des méthodes pour une meilleure protection de la nature sauvage dans les annexes I et V	2	Discussion dans un groupe informel par les Parties intéressées, en utilisant le forum du CPE.	Rapport au CPE Discussion du matériel des directives pour aider les Parties à évaluer et protéger la nature sauvage.								

Question/ Pression environnementale Actions	Priorité pour le CPE	Période intersessions	XVIᵉ CPE 2013	Période intersessions	XVIIᵉ CPE 2014	Période intersessions	XVIIIᵉ CPE 2015	Période intersessions	XIXᵉ CPE 2016	Intersessions Période	XXᵉ CPE 2017
Rapports sur la surveillance continue et l'état de l'environnement	2		Rapport au CPE s'il y a lieu								
Actions : 1. Recenser les principaux indicateurs et outils environnementaux 2. Mettre en place une procédure d'établissement de rapports à la RCTA. 3. Promouvoir la mise en œuvre des recommandations de la RETA sur les changements climatiques. 4. Le COMNAP examine ses informations tirées de l'atelier de gestion des déchets, comme première étape. 5. Le SCAR partage l'information avec le COMNAP (Conseil des directeurs des programmes antarctiques nationaux) et le CPE.											
Connaissances de la diversité biologique	2						Discussion de la mise à jour du SCAR sur le bruit sous-marin.				
Actions : 1. Maintenir la sensibilisation aux menaces qui pèsent sur la biodiversité. 2. Promouvoir les recommandations de la RETA sur les changements climatiques											
Lignes directrices spécifiques aux sites pour ceux visités par les touristes	2	Des recherches plus poussées aux île Barrientos - îles Aitcho, y compris les effets de la fermeture de piste à travers la zone fermée. Les Parties sont encouragées à poursuivre la revue des lignes directrices de site.	Point permanent de l'ordre du jour, rapport des Parties de leur revue des lignes directrices pour les visites de sites. Rapport au CPE avec les résultats de la surveillance des île Barrientos - îles Aitcho. Envisager de renommer cette question comme Gestion du site pour les visiteurs.		Point permanent de l'ordre du jour, rapport des Parties de leur examen des lignes directrices pour les visites de sites		Point permanent de l'ordre du jour, rapport des Parties de leur examen des lignes directrices pour les visites de sites		Point permanent de l'ordre du jour, rapport des Parties de leur examen des lignes directrices pour les visites de lieux		Point permanent de l'ordre du jour, rapport des Parties de leur examen des lignes directrices pour les visites de sites
Actions : 1. Revoir les directives spécifiques à un site tel que requis. 2. Donner selon que de besoin des avis à la RCTA											

Question/ Pression environnementale Actions	Priorité pour le CPE	Période intersessions	XVIe CPE 2013	Période intersessions	XVIIe CPE 2014	Période intersessions	XVIIIe CPE 2015	Période intersessions	XIXe CPE 2016	Intersessions Période	XXe CPE 2017
Aperçu du système des zones protégées	2	Le Secrétariat met à disposition l'ACBR via les bases de données des zones protégées.	Discussion de la surveillance de l'environnement pour les ZSPA et les ZSGA.		Examen des incidences possibles d'une analyse actualisée des lacunes sur la base de l'ADE et l'ACBR							
Actions : 1. Appliquer l'analyse des domaines environnementaux (ADE) et des régions biogéographiques de conservation de l'Antarctique afin d'améliorer le système des zones protégées 2. Promouvoir la mise en œuvre des recommandations de la RETA sur les changements climatiques. 3. Tenir à jour et développer la base de données des zones protégées											
Modifications de la description des Sites et Monuments Historiques (SMH)	3	Actualisation des listes de SMH par le Secrétariat Le Secrétariat publie la liste convenue des informations complètes dans la liste des SMH.	Point permanent	Actualisation des listes de SMH par le Secrétariat	Point permanent	Actualisation des listes de SMH par le Secrétariat	Point permanent	Actualisation des listes de SMH par le Secrétariat	Point permanent	Actualisation des listes de SMH par le Secrétariat	Point permanent
Actions : 1. Tenir à jour la liste et examiner les éventuelles propositions nouvelles 2. Examiner les questions stratégiques si besoin est.											
Échange d'informations	3	Poursuivre les discussions informelles sur l'amélioration des EIE et la mise en place par le Secrétariat de raffinements.	Rapport du Secrétariat		Rapport du Secrétariat		Rapport du Secrétariat		Rapport du Secrétariat		Rapport du Secrétariat
Actions : 1. Attribuer au Secrétariat 2. Suivre et favoriser une utilisation aisée des EEI											

Question/ Pression environnementale Actions	Priorité pour le CPE	Période intersessions	XVIᵉ CPE 2013	Période intersessions	XVIIᵉ CPE 2014	Période intersessions	XVIIIᵉ CPE 2015	Période intersessions	XIXᵉ CPE 2016	Intersessions Période	XXᵉ CPE 2017
Mise en œuvre et amélioration des dispositions de l'annexe I relatives à l'EIE	3	Créer un GCI chargé d'examiner les projets de EGIE selon que de besoin	Examen du rapport du GCI sur les projets d'EGIE selon que de besoin	Créer un GCI chargé d'examiner les projets de EGIE selon que de besoin	Examen du rapport du GCI sur les projets d'EGIE selon que de besoin	Créer un GCI chargé d'examiner les projets de EGIE selon que de besoin	Examen du rapport du GCI sur les projets d'EGIE selon que de besoin	Créer un GCI chargé d'examiner les projets d'EGIE selon que de besoin	Examen du rapport du GCI sur les projets d'EIE selon que de besoin	Créer un GCI chargé d'examiner les projets d'EIE selon que de besoin	Examen du rapport du GCI sur les projets d'EGIE selon que de besoin
Actions : 1. Affiner la procédure d'examen des EGIE et donner à la RCTA des avis en conséquence 2. Élaborer des lignes directrices pour l'évaluation des impacts cumulatifs 3. Réexaminer périodiquement les lignes directrices d' EIE 4. Envisager l'application d'une évaluation stratégique de l'environnement en Antarctique 5. Promouvoir les recommandations de la RETA sur les changements climatiques											
Espèces spécialement protégées	3		Examiner la proposition que de besoin		Examiner la proposition selon que de besoin						
Actions : 1. Examiner les propositions relatives aux espèces spécialement protégées.											
Actions à prendre en cas d'urgence et planification de plans d'urgence	3	Discuter du travail	GCI	Discussion	GCI	Discussion	GCI	Recomm. finales du CPE à la RCTA			
Actions : 1. Promouvoir la mise en œuvre des recommandations de la RETA sur le tourisme maritime											
Mise à jour du Protocole et examen des annexes	3		Le CPE doit étudier la nécessité de réviser les annexes du Protocole et en déterminer les objectifs								
Actions : 1. Établir un calendrier de l'examen par ordre de priorité des annexes restantes											
Inspections (Article 14 du Protocole)	3		Point permanent		Point permanent		Point permanent		Point permanent		Point permanent
Actions : 1. Examiner les rapports d'inspection selon que de besoin											

Question/ Pression environnementale Actions	Priorité pour le CPE	Période intersessions	XVIe CPE 2013	Période intersessions	XVIIe CPE 2014	Période intersessions	XVIIIe CPE 2015	Période intersessions	XIXe CPE 2016	Intersessions Période	XXe CPE 2017
Déchets	3										
Actions : 1. Élaborer des lignes directrices pour l'élimination la plus efficace possible des déchets, y compris les déchets humains					Examens par le COMNAP des informations émanant de l'atelier sur la gestion des déchets en 2006						
Gestion de l'énergie	4										
Actions : 1. Développer les meilleures pratiques de lignes directrices pour la gestion de l'énergie dans les stations et les bases.											
Communication et éducation	4		Temps réservé à la discussion								
Actions : 1. Examiner des exemples actuels et recenser les possibilités d'offrir une meilleure éducation et une plus grande vulgarisation 2. Encourager les Membres à échanger des informations concernant leurs expériences dans cette Zone			Les membres doivent produire des documents pour la Réunion.								

183

Appendice 2

Ordre du jour prévisionnel pour le CPE XVI

1. Ouverture de la réunion
2. Adoption de l'ordre du jour
3. Débats stratégiques sur les travaux futurs du CPE
4. Fonctionnement du CPE
5. Coopération avec d'autres organisations
6. Réparation et remédiation des dégâts environnementaux
7. Conséquences des changements climatiques pour l'environnement : approche stratégique
8. Évaluation d'impact sur l'environnement (EIE)

    a. Projets d'évaluations globales d'impact sur l'environnement

    b. Autres questions relatives aux évaluations d'impact sur l'environnement

9. Protection des zones et plans de gestion

    a. Plans de gestion

    b. Sites et monuments historiques

    c. Lignes directrices pour les visites de sites

    d. Empreinte humaine et valeurs de la nature à l'état sauvage

    e. Gestion et protection marine territoriales

    f. Autres questions relevant de l'annexe V

10. Conservation de la faune et de la flore de l'Antarctique

    a. Quarantaine et espèces non-indigènes

    b. Espèces spécialement protégées

    c. Autres questions relevant de l'annexe II

11. Surveillance de l'environnement et rapports
12. Rapports d'inspection
13. Questions de caractère général
14. Élection des responsables
15. Préparatifs de la prochaine réunion
16. Adoption du rapport
17. Clôture de la réunion

3. Appendices

COMMUNIQUÉ DE LA XXXVᵉ RTCA

La XXXVᵉ RCTA (Réunion consultative sur le Traité sur l'Antarctique) s'est tenue à Hobart, en Australie, pour la première fois dans un format de huit jours du 11 à 20 juin 2012 en même temps que la XVᵉ réunion du Comité pour la protection de l'environnement. La RCTA est le premier forum international sur l'Antarctique à travers laquelle les Parties au Traité sur l'Antarctique se réunissent annuellement pour discuter et décider de mesures pour réaliser leur vision de l'Antarctique comme réserve naturelle consacrée à la paix et à la science. Les résultats de la XXXVᵉ RCTA renforcent et promeuvent cette vision. Cette année marque le centenaire des expéditions d'Amundsen et Scott au Pôle Sud et, pour le Gouvernement hôte de l'Australie, le centenaire de sa première expédition en Antarctique menée par Douglas Mawson.

Plus de 250 représentants des Parties au Traité sur l'Antarctique, des experts et des observateurs, y ont assisté. La réunion a accueilli la Malaisie et le Pakistan en tant que Parties au Traité sur l'Antarctique, dont le nombre total est maintenant de 50.

Les parties ont rappelé, alors qu'ils étaient en réunion, qu'en Antarctique le personnel d'un programme scientifique national travaille en plein milieu de l'hiver. Elles ont également rappelé l'esprit de communauté dans l'Antarctique et ont exprimé leurs condoléances suite à la perte tragique de vies à la station brésilienne de Comandante Ferraz.

Les résultats suivants ont été parmi les points saillants de la réunion.

La RCTA a continué à se concentrer sur la compréhension et les conséquences possibles du changement climatique de l'Antarctique, y compris en identifiant des Zones d'importance de conservation en raison de leur résilience au changement climatique. Les Parties ont réaffirmé leur engagement à entreprendre et à promouvoir la recherche scientifique dans l'Antarctique, afin d'améliorer la compréhension du changement climatique mondial et ses conséquences pour notre planète.

La réunion a convenu d'un certain nombre de mesures visant à s'assurer que les activités touristiques en Antarctique soient menées en toute sécurité et d'une manière qui protège l'environnement. La Réunion a adopté des listes de contrôle pour évaluer les expéditions terrestres et pour soutenir les inspections des activités touristiques à terre. Les Parties ont adopté trois lignes directrices supplémentaires pour les visites de sites par les touristes et ont révisé les lignes directrices existantes pour un lieu. La première étude exhaustive sur les aspects et impacts environnementaux du tourisme dans l'Antarctique a été examinée et fournira une base pour les futures décisions en matière de gestion.

La RCTA a convenu de lignes directrices sur la planification d'expéditions maritimes sûres et écologiquement responsables dans les eaux de l'Antarctique. Les Parties ont confirmé leur engagement à promouvoir la sécurité dans ces eaux, étant donné les incidents graves récents impliquant des navires dans la Zone du Traité sur l'Antarctique. Elles ont décidé de se concentrer sur des mesures pour renforcer davantage la coordination en matière de recherche et de sauvetage en réunissant des experts lors d'une session spéciale au cours de la XXXVIᵉ RCTA.

Les Parties ont convenu d'enganger des discussions visant à promouvoir une coopération plus large sur l'Antarctique.

Les parties ont également convenu d'engager des discussions sur les questions relatives à l'exercice de la juridiction dans la Zone du Traité sur l'Antarctique.

Les Parties ont examiné les moyens de renforcer leur coopération scientifique dans l'Antarctique. Elles ont également échangé des informations sur les activités de recherche majeures, y compris le succès de la Russie d'avoir pu accéder au lac Vostok, le plus grand lac sous-glaciaire au monde situé près de quatre kilomètres sous la glace, et les projets définitifs du Royaume-Uni pour forer dans le lac sous-glaciaire d'Ellsworth pour la recherche scientifique.

Reconnaissant que l'introduction d'espèces non-indigènes est l'une des plus grandes menaces pour les écosystèmes de l'Antarctique, en particulier dans un contexte de réchauffement climatique, la RCTA s'est félicitée de la recherche scientifique révolutionnaire sur les espèces non-indigènes et les régions biogéographiques, qui permettront aux Parties de mieux gérer les risques des espèces non-indigènes et de développer un soutien supplémentaire au système des Zones protégées de l'Antarctique.

La RCTA s'est félicitée des nouvelles sur la station de recherche de l'Inde qui a été récemment terminée et des plans définitifs de construction d'une nouvelle station de recherche par la République de Corée. Ces installations utiliseront des technologies de pointe pour minimiser les impacts environnementaux et fourniront une capacité additionnelle pour la science d'importance mondiale.

La RCTA a convenu d'élaborer un manuel d'ici 2013 sur les approches pratiques pour résoudre le nettoyage de lieux d'activités passées découlant de l'ère avant le Protocole au Traité sur l'Antarctique sur la protection de l'environnement (Protocole de Madrid), tels que les lieux d'élimination de déchets et les installations abandonnées. La RCTA a également convenu de travailler entre les sessions sur les méthodes de réparation et réhabilitation des lieux qui peuvent faire l'objet d'impacts environnmentaux.

Les Parties procèdent à des inspections des installations antarctiques en tant qu'élément pour promouvoir le respect des règles établies dans le système du Traité sur l'Antarctique. Les Parties se sont félicitées du rapport sur les inspections conjointes menées par les États-Unis et la Fédération de Russie depuis la XXXIVᵉ RCTA.

La RCTA a désigné une nouvelle Zone spécialement protégée de l'Antarctique à Blood Falls dans les vallées sèches de McMurdo. Cela porte le nombre de Zones protégées à travers le continent à 72. Les Parties ont également convenu d'améliorations dans la gestion en cours de plusieurs Zones spécialement protégées existantes et à une Zone spécialement gérée.

Les Parties ont partagé leur progrès sur la mise en œuvre, et ont réaffirmé leur engagement à ratifier, l'Annexe VI du Protocole de Madrid, couvrant la responsabilité découlant d'urgences environnementales. La RCTA a continué à encourager les Parties au Traité sur l'Antarctique qui ne sont pas encore des Parties au Protocole de Madrid à y adhérer. Le Protocole de Madrid prévoit une protection globale de l'environnement en Antarctique, notamment par l'interdiction de l'exploitation des ressources minérales et en fournissant un cadre pour évaluer les impacts sur l'environnement des activités dans la zone du Traité sur l'Antarctique (le Sud du 60ème degré de de latitude Sud).

La Réunion a convenu de compléter son ordre du jour existant en développant un plan de travail pluriannuel stratégique.

Conformément à l'engagement des Parties à protéger l'environnement en Antarctique, des dispositions du Gouvernement hôte de la RCTA incluaient des mesures afin de réduire son impact environnemental, comme la minimisation de papier et de déchets et les compensations de carbone.

Les Parties ont réaffirmé leur engagement à continuer à travailler ensemble dans ces domaines et d'autres. La prochaine RCTA sera accueillie par la Belgique du 20 au 29 mai 2013.

Les Parties ont exprimé leur gratitude pour la générosité du Gouvernement australien et leur grande satisfaction pour les excellents services fournis à la réunion dans la belle et historique ville de Hobart. Les Parties ont également exprimé leurs vifs remerciements au Gouvernement et au peuple de Tasmanie.

Hobart, 20 juin 2012

Ordre du jour prévisionnel pour la XXXVIᵉ RCTA

1. Ouverture de la réunion
2. Élection des membres du Bureau et création de groupes de travail
3. Adoption de l'ordre du jour et répartition des points qui y sont inscrits
4. Fonctionnement du système du Traité sur l'Antarctique : Rapports des Parties, observateurs et experts
5. Fonctionnement du système du Traité sur l'Antarctique : Questions de caractère général
6. Fonctionnement du système du Traité sur l'Antarctique : Examen de la situation du Secrétariat
7. Élaboration d'un plan de travail stratégique pluriannuel
8. Rapport du Comité pour la protection de l'environnement
9. Responsabilité : Application de la décision 4 (2010)
10. Sécurité et opérations dans l'Antarctique, y compris la recherche et de sauvetage
11. Tourisme et activités non gouvernementales dans la zone du Traité sur l'Antarctique
12. Inspections effectuées en vertu du Traité sur l'Antarctique et du Protocole relatif à la protection de l'environnement
13. Questions scientifiques, coopération et facilitation scientifiques
14. Conséquences des changements climatiques pour la Zone du Traité sur l'Antarctique
15. Questions éducatives
16. Échange d'informations
17. Prospection biologique en Antarctique
18. Préparatifs de la XXXVIIᵉ réunion
19. Divers
20. Adoption du rapport final
21. Clôture de la réunion

DEUXIÈME PARTIE

Mesures, décisions et résolutions

1. Mesures

Zone spécialement protégée de l'Antarctique n° 109
(Île Moe, îles Orcades du Sud) : Plan de gestion révisé

Les représentants,

Rappelant les articles 3, 5 et 6 de l'Annexe V du Protocole au Traité sur l'Antarctique relatif à la protection de l'environnement, qui prévoient la désignation de Zones Spécialement Protégées de l'Antarctique ("ZSPA") et l'approbation de plans de gestion pour ces Zones ;

Rappelant

- La Recommandation IV-13 (1966), qui a désigné l'île Moe, dans les îles des Orcades du Sud, comme Zone Spécialement Protégée ("ZSP") n° 13 et annexé une carte pour la Zone;

- La Recommandation XVI-6 (1991) à laquelle étaient annexés une description révisée de la ZSP n° 13 et un plan de gestion pour la Zone;

- La Mesure 1 (1995) à laquelle étaient annexés une description révisée et un plan de gestion révisé pour la ZSP n° 13;

- la Résolution 9 (1995), qui a recommandé que la structure du plan de gestion pour la ZSP n° 13 annexé à la Mesure 1 (1995) soit considérée comme un modèle pour tous les plans de gestion nouveaux et révisés pour les zones protégées aux fins de l'Annexe V;

- La Décision 1 (2002), qui rebaptisait et renumérotait la ZSP n° 13 comme ZSPA n° 109;

- La Mesure 1 (2007), qui adoptait un plan de gestion révisé pour la ZSPA n° 109;

Rappelant que la Résolution IV-13 (1966) a été désignée comme caduque par la Décision 1 (2011);

Rappelant que la Recommandation XVI-6 (1991) et la Mesure 1 (1995) ne sont pas entrées en vigueur;

Rappelant que la Résolution 9 (1995) est désignée caduque par la Résolution 1 (2008);

Notant que le Comité pour la Protection de l'environnement a approuvé un plan de gestion révisé pour la ZSPA n° 109;

Désireux de remplacer le plan de gestion de la ZSPA n° 109 actuel par le plan de gestion révisé;

Recommandent pour approbation à leurs Gouvernements la Mesure ci-après conformément au paragraphe 6 de l'Annexe V du Protocole au Traité sur l'Antarctique relatif à la protection de l'environnement.

Que :

1. Le plan de gestion révisé pour la Zone Spécialement Protégée de l'Antarctique n° 109 (l'île Moe, îles Orcades du Sud), qui figure en annexe à la présente Mesure, soit adopté; et que

2. Le Plan de gestion pour la ZSPA n° 109 qui figure en annexe à la Mesure 1 (2007), cesse d'avoir effet.

Zone spécialement protégée de l'Antarctique n° 110 (Île Lynch, îles Orcades du Sud) : Plan de gestion révisé

Les Représentants,

Rappelant les articles 3, 5 et 6 de l'Annexe V du Protocole au Traité sur l'Antarctique relatif à la protection de l'environnement, qui prévoient la désignation de Zones Spécialement Protégées de l'Antarctique (« ZSPA ») et l'approbation de plans de gestion pour ces Zones ;

Rappelant

- La Recommandation IV-14 (1966), qui désignait l'Ile Lynch dans les Orcades du Sud comme Zone Spécialement Protégée (« ZSP ») n° 14 et annexait une carte pour la Zone;

- La Recommandation XVI-6 (1991) à laquelle était annexé un plan de gestion pour la Zone;

- La Résolution 1 (1998), qui attribue la responsabilité entre les Parties consultatives pour la révision des plans de gestion des Zones protégées;

- La Mesure 1 (2000), qui annexait un plan de gestion révisé pour la ZSP n° 14;

- La Décision 1 (2002), qui rebaptisait et renumérotait la ZSP n° 14 comme ZSPA n° 110;

Rappelant que la Recommandation XVI-6 (1991) et la Mesure 1 (2000) ne sont pas entrées en vigueur;

Notant que le Comité pour la Protection de l'environnement a approuvé un plan de gestion révisé pour la ZSPA n° 110;

Désireux de remplacer le plan de gestion de la ZSPA n° 110 actuel par le plan de gestion révisé;

Recommandent pour approbation à leurs Gouvernements la Mesure ci-après conformément paragraphe 1 de l'article 6 de l'Annexe V du Protocole au Traité sur l'Antarctique relatif à la protection de l'environnement.

Que :

1. Le plan de gestion révisé pour la Zone Spécialement Protégée de l'Antarctique n° 110 (île Lynch, îles Orcades du Sud), qui figure en annexe à la présente Mesure, soit adopté; et que

2. Le Plan de gestion pour la ZSP n° 14 qui figure en annexe à la Mesure 1 (2000), qui n'est pas encore entrée en vigueur, soit retiré.

Zone spécialement protégée de l'Antarctique n° 111
(Île Powell du Sud et îles Adjacentes, Orcades du Sud) : Plan de gestion révisé

Les Représentants,

Rappelant les articles 3, 5 et 6 de l'Annexe V du Protocole au Traité sur l'Antarctique relatif à la Protection de l'environnement, qui prévoient la désignation des Zones spécialement protégées de l'Antarctique (« ZSPA ») et l'approbation de Plans de gestion pour ces Zones ;

Rappelant

- La recommandation IV-15 (1966), qui désignait l'Île Powell du Sud et îles Adjacentes, dans les îles Orcades du Sud, comme Zone spécialement protégée (« ZSP ») n° 15 et à laquelle figurait en annexe une carte de la Zone;

- La recommandation XVI-6 (1991) à laquelle était annexé un Plan de gestion pour la ZSP n° 15;

- La mesure 1 (1995) à laquelle étaient annexés une description révisée et un Plan de gestion révisé pour la ZSP n° 15;

- La décision 1 (2002), qui rebaptisait et renumérotait la ZSP n° 15 comme ZSPA n° 111;

Rappelant que la Recommandation XVI-6 (1991) et la Mesure 1 (1995) ne sont pas entrées en vigueur;

Désireux de remplacer le Plan de gestion de la ZSPA n° 111 actuel par le Plan de gestion révisé;

Recommandent pour approbation à leurs Gouvernements la Mesure ci-après conformément au paragraphe 1 de l'article 6 de l'Annexe V du Protocole au Traité sur l'Antarctique relatif à la protection de l'environnement.

Que :

1. Le Plan de gestion révisé pour la Zone spécialement protégée de l'Antarctique nᵒ 111 (Île Powell du Sud et les Îles Adjacentes, Orcades du Sud), qui figure en annexe à la présente Mesure, soit adopté ; et que

2. Les Plans de gestion pour la ZSP nᵒ 15 qui figurent en annexe à la Recommandation XVI-6 (1991) et la Mesure 1 (1995), et qui ne sont pas entrés en vigueur, soient retirés.

Zone spécialement protégée de l'Antarctique n° 112
(Péninsule Coppermine de l'île Robert, îles Shetland du Sud) : Plan de gestion révisé

Les Représentants,

Rappelant les articles 3, 5 et 6 de l'Annexe V du Protocole au Traité sur l'Antarctique relatif à la protection de l'environnement, qui prévoient la désignation de Zones Spécialement Protégées de l'Antarctique ("ZSPA") et l'approbation de plans de gestion pour ces Zone ;

Rappelant

- La recommandation VI-10 (1970), qui désignait la péninsule Coppermine de l'île Robert, dans les îles Shetland du Sud, comme Zone Spécialement Protégée (ZSP) n° 16 et annexait une carte;

- La Résolution 3 (1991), qui adoptait un plan de gestion pour la ZSP n° 16;

- La Résolution 1 (1998), qui attribuait la responsabilité entre les Parties consultatives pour la révision des plans de gestion des Zones protégées;

- La Décision 1 (2002), qui rebaptisait et renumérotait la ZSP n° 16 comme ZSPA n° 112;

Rappelant que la Résolution XVI-6 (1991) n'est pas entrée en vigueur;

Notant que le Comité pour la Protection de l'environnement a approuvé un plan de gestion révisé pour la ZSPA n° 112;

Désireux de remplacer le plan de gestion de la ZSPA n° 112 actuel par le plan de gestion révisé,

Recommandent pour approbation à leurs Gouvernements la Mesure ci-après conformément au paragraphe 1 de l'article 6 de l'Annexe V du Protocole au Traité sur l'Antarctique relatif à la protection de l'environnement.

Que :

1. Le plan de gestion révisé pour la Zone Spécialement Protégée de l'Antarctique n° 112 (Péninsule Coppermine de l'île Robert, îles Shetland du Sud), qui figure en annexe à la présente Mesure, soit adopté; et que

2. Le Plan de gestion pour la ZSP n° 16 qui figure en annexe à la Résolution XVI-6 (1991), qui n'est pas encore entrée en vigueur, soit retiré.

Zone spécialement protégée de l'Antarctique n° 115
(Île Lagotellerie de la Baie Marguerite, Terre de Graham) : Plan de gestion révisé

Les Représentants,

Rappelant les articles 3, 5 et 6 de l'Annexe V du Protocole au Traité sur l'Antarctique relatif à la protection de l'environnement, qui prévoient la désignation de Zones Spécialement Protégées de l'Antarctique ("ZSPA") et l'approbation de plans de gestion pour ces Zones ;

Rappelant

- La Recommandation XIII-11 (1985), qui désignait l'Ile Lagotellerie de la Baie Marguerite, en Terre de Graham, comme Zone Spécialement Protégée (« ZSP ») n° 19 et à laquelle figurait en annexe une carte pour la Zone;

- La Recommandation XVI-6 (1991), à laquelle figurait en annexe un plan de gestion pour la Zone;

- La Résolution 1 (1998), qui attribue la responsabilité entre les Parties consultatives pour la révision des plans de gestion des Zones protégées;

- La Mesure 1 (2000) à laquelle figurait en annexe un plan de gestion révisé pour la ZSP 19;

- La Décision 1 (2002), qui rebaptisait et renumérotait la ZSP 19 comme ZSPA 115;

Rappelant que la Recommandation XVI-6 (1991) et la Mesure 1 (2000) ne sont pas entrées en vigueur;

Notant que le Comité pour la Protection de l'environnement a approuvé un plan de gestion révisé pour la ZSPA 115;

Désireux de remplacer le plan de gestion de la ZSPA 115 actuel par le plan de gestion révisé;

Recommandent pour approbation à leurs Gouvernements la Mesure ci-après conformément au paragraphe 1 de l'article 6 de l'Annexe V du Protocole au Traité sur l'Antarctique relatif à la protection de l'environnement.

Que :

1. Le plan de gestion révisé pour la Zone Spécialement Protégée de l'Antarctique n° 115 (l'île Lagotellerie de la Baie Marguerite, en Terre de Graham), qui figure en annexe à la présente Mesure, soit approuvé; et que

2. Le Plan de gestion pour la ZSP 19 qui figure en annexe à la Mesure 1 (2000), qui n'est pas encore entrée en vigueur, soit retiré.

Mesure 6 (2012)

Zone spécialement protégée de l'Antarctique n° 129
(Pointe Rothera, île Adélaïde) : Plan de gestion réviséé

Les Représentants,

Rappelant les articles 3, 5 et 6 de l'Annexe V du Protocole au Traité sur l'Antarctique relatif à la protection de l'environnement, qui prévoient la désignation de Zones Spécialement Protégées de l'Antarctique (« ZSPA ») et l'approbation de plans de gestion pour ces Zones ;

Rappelant

- La Recommandation XIII-8 (1985), qui désignait la Pointe Rothera de l'île Adélaïde comme site présentant un intérêt scientifique particulier (« SISP ») n° 9 et à laquelle était annexé un plan pour le site;

- La Résolution 7 (1995) qui prorogeait la date d'expiration du SISP 9;

- La Mesure 1 (1996), à laquelle étaient annexés une description révisée et un plan de gestion révisé pour le « SISP » 9;

- La Décision 1 (2002), qui rebaptisait et renumérotait le SISP 9 comme ZSPA n° 129

- La Mesure 1 (2007), qui adoptait un plan de gestion révisé pour la ZSPA n° 129 et révisé ses limites;

Rappelant que la Résolution 7 (1995) est désignée caduque par la Décision 1 (2011);

Rappelant que la Mesure 1 (1996) n'est pas entrée en vigueur et a été retirée par la Mesure 10 (2008);

Notant que le Comité pour la Protection de l'environnement a approuvé un plan de gestion révisé pour la ZSPA n° 129;

Désirant remplacer le plan de gestion existant pour la ZSPA n° 129 par le plan de gestion révisé.

Recommandent pour approbation à leurs Gouvernements la Mesure ci-après conformément au paragraphe 1 de l'article 6 de l'Annexe V du Protocole au Traité sur l'Antarctique relatif à la protection de l'environnement.

Que :

1. Le plan de gestion révisé pour la Zone Spécialement Protégée de l'Antarctique n° 129 (Pointe Rothera, île Adélaïde), qui figure en annexe à la présente Mesure, soit approuvé; et que

2. Le plan de gestion pour la ZSPA n° 129 qui figure en annexe à la Mesure 1 (2007) cesse d'avoir effet.

Zone spécialement protégée de l'Antarctique n° 133
(Pointe Harmonie, île Nelson, îles Shetland du Sud) : Plan de gestion révisé

Les Représentants,

Rappelant les articles 3, 5 et 6 de l'Annexe V du Protocole au Traité sur l'Antarctique relatif à la protection de l'environnement, qui prévoient la désignation de Zones Spécialement Protégées de l'Antarctique ("ZSPA") et l'approbation de plans de gestion pour ces Zones ;

Rappelant

- La Recommandation XIII-8 (1985), qui désignait la pointe Harmonie de l'île Nelson, dans les îles Shetland du Sud, comme site présentant un intérêt scientifique particulier (« SISP ») n° 14;

- La Résolution 7 (1995) qui prorogeait la date d'expiration du SISP 14;

- La Mesure 3 (1997) qui adoptait un plan de gestion révisé pour le SISP 14;

- La Décision 1 (2002), qui rebaptisait et renumérotait le SISP 14 comme ZSPA 133;

- La Mesure 2 (2005) à laquelle est annexé un plan de gestion révisé pour la ZSPA 133;

Rappelant que la Résolution 7 (1995) est désignée caduque par la Décision 1 (2011);

Rappelant que la Mesure 3 (1997) n'est pas entrée en vigueur;

Notant que le Comité pour la protection de l'environnement a approuvé un plan de gestion révisé pour la ZSPA 133;

Désireux de remplacer le plan de gestion de la ZSPA 133 actuel par le plan de gestion révisé;

Recommandent pour approbation à leurs Gouvernements la Mesure ci-après conformément au paragraphe 1 de l'article 6 de l'Annexe V du Protocole au Traité sur l'Antarctique relatif à la protection de l'environnement.

Que :

1. Le plan de gestion révisé pour la Zone Spécialement Protégée de l'Antarctique nº 133 (Pointe Harmonie de l'île Nelson, îles Shetland du Sud), qui figure en annexe à la présente Mesure, soit approuvé; et que

2. Le plan de gestion pour la ZSPA 133 annexé à la Mesure 2 (2005) cesse d'avoir effet.

Zone spécialement protégée de l'Antarctique n° 140
(Parties de l'île de la Déception) : Plan de gestion révisé

Les Représentants,

Rappelant les articles 3, 5 et 6 de l'Annexe V du Protocole au Traité sur l'Antarctique relatif à la protection de l'environnement, qui prévoient la désignation de Zones Spécialement Protégées de l'Antarctique (« ZSPA ») et l'approbation des plans de gestion pour ces Zones ;

Rappelant

- La Recommandation XIII-8 (1985), qui désignait les Rivages de Port Foster de l'île de la Déception, dans les Iles Shetland du Sud, comme site présentant un intérêt scientifique particulier (« SISP ») n° 21 et annexé un plan de gestion pour le site;

- La Résolution 7 (1995) prorogeait la date d'expiration du SISP 21;

- La Résolution 1 (1998), qui attribue la responsabilité entre les Parties consultatives pour la révision des plans de gestion des Zones protégées;

- La Mesure 2 (2000) prorogeait la date d'expiration du SISP 21;

- La Décision 1 (2002), qui rebaptisait et renumérotait le SISP 21 comme ZSPA 140;

- La Mesure 3 (2005), qui adoptait un plan de gestion révisé pour la ZSPA 140;

Rappelant que la Résolution 7 (1995) est désignée caduque par la Décision 1 (2011);

Rappelant que la Mesure 2 (2000) n'est pas entrée en vigueur et a été retirée par la Mesure 5 (2009);

Notant que le Comité pour la protection de l'environnement a approuvé un plan de gestion révisé pour la ZSPA 140;

Désireux de remplacer le plan de gestion de la ZSPA 140 actuel par le plan de gestion révisé;

Recommandent pour approbation à leurs Gouvernements la Mesure ci-après conformément au paragraphe 1 de l'article 6 de l'Annexe V du Protocole au Traité sur l'Antarctique sur la protection de l'environnement.

Que :

1. Le plan de gestion révisé pour la Zone Spécialement Protégée de l'Antarctique n° 140 (Parties de l'île de la Déception), qui figure en annexe à la présente Mesure, soit approuvé; et que

2. Le plan de gestion pour la ZSPA 140 annexé à la Mesure 3 (2005) cesse d'avoir effet.

Zone spécialement protégée de l'Antarctique n° 172
(Partie inférieure du glacier Taylor et Blood Falls de la Vallée Taylor, dans les Vallées sèches de McMurdo en Terre Victoria) : Plan de gestion

Les Représentants,

Rappelant les articles 3, 5 et 6 de l'Annexe V du Protocole au Traité sur l'Antarctique relatif à la protection de l'environnement, qui prévoient la désignation de Zones Spécialement Protégées de l'Antarctique ("ZSPA") et l'approbation de plans de gestion pour ces Zones ;

Rappelant la Mesure 1 (2004), qui désignait les Vallées sèches de McMurdo en Terre Victoria Méridionale comme Zone gérée spéciale de l'Antarctique ("ZGSA") et à laquelle était annexé un plan de gestion pour la Zone;

Notant que le Comité pour la protection de l'environnement a approuvé une proposition visant à créer une nouvelle Zone Spécialement Protégée de l'Antarctique de la Partie inférieure du glacier Taylor et Blood Falls de la Vallée Taylor dans les Vallées sèches de McMurdo en Terre Victoria s'étendant à l'intérieur de la ZGSA 2 et a approuvé le plan de gestion qui figure en annexe à la présente Mesure;

Reconnaissant que cette Zone comprend des valeurs naturelles, esthétiques, historiques, scientifiques et environnementales remarquables, ou des recherches scientifiques en cours ou planifiée, et devrait bénéficier de protections spéciales;

Désireux de désigner la Partie inférieure du glacier Taylor et Blood Falls de la Vallée Taylor dans les Vallées sèches de McMurdo en Terre Victoria comme Zone Spécialement Protégée de l'Antarctique et approuver le plan de gestion pour cette Zone;

Recommandent pour approbation à leurs Gouvernements la Mesure ci-après conformément au paragraphe 1 de l'article 6 de l'Annexe V du Protocole au Traité sur l'Antarctique relatif à la protection de l'environnement :

Que :

1. La Partie inférieure du glacier Taylor et Blood Falls de la Vallée Taylor dans les Vallées sèches de McMurdo en Terre Victoria soient désignées comme Zone Spécialement Protégée de l'Antarctique n° 172; et que

2. Le plan de gestion qui figure en annexe à la présente Mesure soit approuvé.

Zone gérée spéciale de l'Antarctique n° 4
(Ile de la Déception) : Plan de gestion révisé

Les Représentants,

Rappelant les articles 4, 5 et 6 de l'Annexe V du Protocole au Traité sur l'Antarctique relatif à la protection de l'environnement, qui prévoient la désignation de Zones Gérées Spéciales de l'Antarctique ("ZGSA") et l'approbation de plans de gestion pour ces Zones;

Rappelant la Mesure 3 (2005), qui désignait l'île de la Déception comme ZGSA n° 4 et adoptait un plan de gestion pour la Zone;

Notant que le Comité pour la Protection de l'environnement a approuvé un plan de gestion révisé pour la ZGSA n° 4;

Désirant remplacer le plan de gestion de la ZGSA n° 4 actuel par le plan de gestion révisé;

Recommandent pour approbation à leurs Gouvernements la Mesure ci-après conformément au paragraphe 1 de l'article 6 de l'Annexe V du Protocole au Traité sur l'Antarctique relatif à la protection de l'environnement.

Que :

1. Le plan de gestion révisé pour la Zone Gérée Spéciale de l'Antarctique n° 4 (île de la Déception), qui figure en annexe à la présente Mesure, soit approuvé; et que

2. Le plan de gestion pour la ZGSA n° 4 qui figure en annexe à la Mesure 3 (2005) cesse d'avoir effet.

Sites et monuments historiques de l'Antarctique

N° 4 : Bâtiment de la station Pôle d'inaccessibilité
N° 7 : Pierre d'Ivan Khmara
N° 8 : Monument d'Anatoly Shcheglov
N° 9 : Cimetière de l'île Buromsky
N° 10 : Observatoire de la station soviétique Oasis
N° 11 : Tracteur de la station Vostok
N° 37 : Site historique O'Higgins

Les Représentants,

Rappelant les exigences de l'article 8 de l'Annexe V du Protocole au Traité sur l'Antarctique relatif à la protection de l'environnement qui sont de tenir à jour une liste des sites et monuments historiques et de veiller à ce que ces sites et monuments ne soient ni détériorés, ni enlevés ni détruits ;

Rappelant

La Recommandation VII-9 (1972) à laquelle était annexée une « Liste des sites et monuments historiques » révisée et mise à jour;

La Mesure 3 (2003), qui révisait et mettait à jour la « Liste des sites et monuments Historiques »;

Désireux de modifier la description de plusieurs sites et monuments historiques;

Recommandent pour approbation à leurs Gouvernements la Mesure ci-après conformément au paragraphe 2 de l'article 8 de l'Annexe V du Protocole au Traité sur l'Antarctique relatif à la protection de l'environnement :

Que

1. La description du site et monument historique n° 4 (Recommandation VII-9 (1972)) soit modifiée comme suit :

« N° 4 : Bâtiment de la station Pôle d'inaccessibilité

Bâtiment de la station auquel est fixé un buste de V.I. Lénine, avec une plaque à la mémoire de la conquête en 1958 du pôle d'inaccessibilité par des explorateurs antarctiques soviétiques. Le bâtiment de la station a été recouvert par la neige depuis 2007. Le buste de Lénine est érigé sur un support en bois fixé sur le toit du bâtiment, s'élevant à environ 1,5 m au-dessus de la surface de la neige. »

Emplacement géographique : 82°06'42"S, 55°01'57"E.

Partie qui la première a fait la proposition : Fédération de Russie.

Partie qui se charge de la gestion : Fédération de Russie

2. La description du site et monument historique n° 7 (Recommandation VII-9 (1972)) soit modifiée comme suit :

« N° 7 : Pierre d'Ivan Khmara

Pierre avec une plaque portant une inscription, érigée sur l'île Buromsky à la mémoire du conducteur mécanicien Ivan Khmara, membre de la 1ère expédition complexe antarctique de l'URSS (1ère expédition antarctique soviétique) qui périt le 21 janvier 1956 sur une banquise côtière dans l'exercice de ses fonctions officielles. La pierre avait été érigée à l'origine à l'observatoire de Mirny de la pointe Mabus. La 19ème expédition antarctique soviétique avait changé la pierre d'emplacement en 1974 en raison d'activités de construction. »

Emplacement géographique : 66°32'04"S, 92°59'57"E.

Partie qui la première a fait de la proposition : Fédération de Russie

Partie qui se charge de la gestion : Fédération de Russie

3. La description du site et monument historique n° 8 (Recommandation VII-9 (1972)) soit modifiée comme suit :

« N° 8 : Monument d'Anatoly Shcheglov

Stèle de métal avec une plaque à la mémoire d'Anatoly Shcheglov, conducteur mécanicien qui périt dans l'exercice de ses fonctions officielles, érigée sur un traîneau sur la route Mirny – Vostok, à 2 km de la station Mirny. »

Emplacement géographique : 66°34'43"S, 92°58'23"E.

Partie qui la première a fait la proposition : Fédération de Russie

Partie qui se charge de la gestion : Fédération de Russie

4. La description du site et monument historique n° 9 (Recommandation VII-9 (1972)) soit modifiée comme suit :

« N° 9 : Cimetière de l'Île Buromsky

Cimetière sur l'île Buromsky, près de l'observatoire de Mirny, où sont enterrés des ressortissants d'URSS (Fédération de Russie), de Tchécoslovaquie, de RDA et de Suisse (membres des expéditions antarctiques soviétiques et russes) qui périrent dans l'exercice de leurs fonctions officielles. »

Emplacement géographique : 66°32'04"S, 93°00'E.

Partie qui la première a fait la proposition : Fédération de Russie

Partie qui se charge de la gestion : Fédération de Russie

5. La description du site et monument historique n° 10 (Recommandation VII-9 (1972)) soit modifiée comme suit :

« N° 10 : Observatoire de la station soviétique Oasis

Bâtiment de l'observatoire magnétique à la station Dobrowolsky (qui fait partie de l'ancienne station soviétique Oasis transférée à la Pologne) sur les collines Bunger, avec une plaque commémorant l'ouverture en 1956 de la station Oasis. »

Emplacement géographique : 66°16'30"S, 100°45'03"E.

Partie qui la première a fait la proposition : Fédération de Russie

Partie qui se charge de la gestion : Fédération de Russie

6. La description du site et monument historique n° 11 (Recommandation VII-9 (1972)) soit modifiée comme suit :

« N° 11 : Tracteur de la station Vostok

Tracteur lourd ATT 11 à la station de Vostok ayant participé à la première expédition vers le pôle Sud géomagnétique, avec une plaque commémorant l'ouverture de la station en 1957. »

Emplacement géographique : 78°27'48» S, 106°50'06» E.

Partie qui la première a fait la proposition : Fédération de Russie

Partie qui se charge de la gestion : Fédération de Russie

7. La description du site et monument historique n° 37 (Recommandation VII-9 (1972)) soit modifiée comme suit :

« N° 37 : Site historique O'Higgins situé sur le Cap Legoupil dans la Péninsule antarctique et qui comprend les structures de valeur historique suivantes :

- Buste du « Capitán General Bernardo O´Higgins Riquelme », érigé en 1948 en face de la base du même nom. Le général O´Higgins a été le premier dirigeant du Chili à reconnaître l'importance de l'Antarctique. Cela a un sens symbolique dans l'histoire de l'exploration antarctique puisque c'est durant son gouvernement que le navire Dragon a débarqué sur la côte de la Péninsule antarctique en 1820. Ce monument est également représentatif des activités antérieures à l'AGI en Antarctique. (63°19'14.3" S / 57°53'53.9"O)

- Ancienne base antarctique « Capitán General Bernardo O'Higgins Riquelme » inaugurée le 18 février 1948 par le Président de la République du Chili, Gabriel González Videla, le premier président au monde à visiter l'Antarctique. Elle est considérée comme un modèle de base pionnière de la période moderne de l'exploration antarctique. (63°19' S / 57°54'O)

- Plaque à la mémoire des lieutenants Oscar Inostroza Contreras et Sergio Ponce Torrealba, qui ont péri sur le continent antarctique pour la paix et la science, le 12 août 1957. (63°19'15.4" S / 57°53'52.9"O)

- Grotte de la Virgen del Carmen, située dans les environs de la base, construite il y a environ quarante ans. Elle a servi comme lieu de retraite spirituelle pour le personnel des différentes stations et expéditions antarctiques. (63°19'15.9" S / 57°54'03.2" O) »

Emplacement géographique : 63°19' S , 57°54' O

Partie qui la première a fait la proposition : Chili

Partie qui se charge de la gestion : Chili

2. Décisions

Mesures sur des questions opérationnelles désignées comme caduques

Les Représentants,

Rappelant la Décision 3 (2002), la Décision 1 (2007) et la Décision 1 (2011), qui ont établi une liste de mesures* désignées comme dépassées ou caduques ;

Ayant examiné un certain nombre de Mesures relatives aux questions opérationnelles ;

Reconnaissant que les Mesures dont la liste figure en annexe à la présente Décision sont caduques;

Décident :

1. Que les Mesures dont la liste est annexée à cette Décision ne demandent pas de nouvelles actions de la part des Parties; et

2. De demander au Secrétariat du Traité sur l'Antarctique d'afficher sur son site Internet le texte des Mesures dont la liste est annexée à cette Décision en indiquant clairement que ces Mesures sont caduques et que les Parties ne sont pas tenues de mener d'autres actions en relation aux dites mesures.

---

* Remarque :les Mesures préalablement adoptées en vertu de l'article IX du Traité sur l'Antarctique étaient décrites comme des Recommandations jusqu'à la RCTA XIX (1995) et ont été divisées en Mesures, Décisions et Résolutions en vertu de la Décision 1 (1995)..

Mesures sur des questions opérationnelles désignées comme caduques

1. Télécommunications

- Recommandation III-V
- Recommandation VI-2

2. Logistique

- Recommandation IX-4

3. Réglementations en matière de navigation maritime

- Décision 2 (1999)
- Décision 8 (2005)
- Décision 2 (2006)
- Résolution 8 (2009)

Rapport, programme et budget du Secrétariat

Les Représentants,

Rappelant la Mesure 1 (2003) portant création du Secrétariat du Traité sur l'Antarctique (le Secrétariat) ;

Tenant compte du Règlement financier du Secrétariat, qui figure en annexe de la Décision 4 (2003) ;

Décident :

1. D'approuver le Rapport financier 2010/2011 certifié qui figure en annexe à la présente Décision (annexe 1) ;

2. De prendre note du Rapport du Secrétariat 2011/2012 (SP 2 rev.1), qui comprend l'estimation des recettes et dépenses pour l'exercice 2011/2012, qui figure en annexe à la présente Décision (annexe 2) ;

3. D'approuver le Programme du Secrétariat (SP 3 rev.1), qui inclut le budget 2012/2013 et le budget prévisionnel 2013/2014, qui figure en annexe à la présente Décision (annexe 3) ;

4. D'établir un Groupe de contact intersessions (« GCI ») permanent sur des questions financières qui sera réuni par le Gouvernement hôte de la prochaine Réunion consultative du Traité sur l'Antarctique (« RCTA »). Le GCI devra :

    a) Fournir, à la demande du Secrétaire exécutif, des orientations sur l'exécution du budget adoptée à la présente RCTA ;

    b) Tenir compte du rapport trimestriel sur l'exécution budgétaire qui sera fourni par le Secrétaire exécutif ;

    c) Fournir des orientations au Secrétaire exécutif sur le projet budgétaire qui sera soumis à la prochaine RCTA ;

    d) Mener à bien les autres tâches qui lui seront confiées par la RCTA ; et

e) Rendre compte de ses travaux à la prochaine RCTA ;

et,

5. De demander au Secrétaire exécutif d'ouvrir le forum de la RCTA au GCI et de lui apporter toute assistance.

RAPPORT D'AUDIT

XXXVe Réunion consultative du Traité sur l'Antarctique 2012, Hobart, Australie.

1. Rapport sur les états financiers

Nous avons audité les états financiers du Secrétariat du Traité sur l'Antarctique joints au présent rapport, lesquels comprennent : état des ressources et dépenses, état de position financière, état d'évolution de l'actif net, état de la provenance et l'utilisation des fonds et notes explicatives pour la période commençant au 1er avril 2010 et terminant au 31 mars 2011.

2. Responsabilité de la Direction pour les tats financiers

Le Secrétariat du Traité sur l'Antarctique est responsable de l'élaboration et la présentation raisonnable de ces états financiers conformément aux Normes internationales de comptabilités et aux normes spécifiques aux Réunions consultatives du Traité sur l'Antarctique. Cette responsabilité inclut la conception, la mise en œuvre et la maintenance de contrôles internes relatifs à l'élaboration et à la présentation des états financiers de manière à ce que ceux-ci ne soient pas sujet à caution pour cause de fraude ou d'erreur, la sélection et la mise en œuvre de politiques comptables appropriées et l'élaboration d'estimations comptables raisonnables par rapport aux circonstances.

3. Responsabilité de l'Auditeur

Notre responsabilité consiste à exprimer une opinion relative aux états financiers fondée sur l'audite effectué. L'audit a été mené conformément aux Normes internationales d'audit et à l'annexe de la Décision 3 de la XXXIe Réunion consultative du Traité sur l'Antarctique, laquelle décrit les tâches à effectuer pour l'audit externe.

Ces normes exigent de respecter des règles éthiques ainsi qu'une planification et une exécution de l'audit de sorte qu'il existe une certitude raisonnable quant à l'absence de déclarations inexactes contenues dans les états financiers.

Un audit inclut le suivi de procédures afin d'obtenir des preuves des montants et données contenues dans les états financiers. Les procédures choisies dépendent du jugement de l'auditeur, celles-ci comprenant l'évaluation des risques d'affirmation matérielle inexacte dans les états financiers, que ce soit pour cause de fraude ou d'erreur. Lorsqu'il effectue ladite évaluation des risques, l'auditeur examine le contrôle interne relatif à l'élaboration et à la présentation raisonnable pour l'organisation des états financiers afin de sélectionner les procédures adaptées aux circonstances.

Un audit comprend également l'évaluation de la conformité des principes comptables utilisés, du caractère raisonnable des estimations comptables effectuées par la direction ainsi que de la présentation globale des états financiers.

Nous estimons que les preuves d'audit que nous avons obtenues sont suffisantes et appropriées pour fournir une base à notre opinion en tant qu'auditeurs.

4. Opinion

À notre avis, les états financiers présentent raisonnablement, dans tous ses aspects matériels, la situation financière du Secrétariat du Traité sur l'Antarctique au 31 mars 2011 ainsi que sont comportement financier pour la période conclue alors, conformément aux Normes internationales de comptabilité et aux normes spécifiques des réunions consultatives du Traité sur l'Antarctique.

Dr. Edgardo de Rose
Contador Público
Accrédité auprès du Conseil économique
de Buenos Aires (CPCECABA) Livre nᵒ (182)

Page nᵒ (195)

Buenos Aires, 18 avril 2012

Contrôleur général [Sindicatura General de la Nación]
Av. Corrientes 389, Buenos Aires
Argentine Republic

Rapport final 2010/2011

1. État des recettes et des dépenses pour tous les Fonds pour la période du 1er avril 2010 au 31 mars 2011

RECETTES	31/03/2010	Budget	31/03/2011
Contributions	$ 840 740	$ 899 942	$ 899 942
Contributions spéciales	$ 0	$ 0	$ 0
Autres recettes (Note 2)	$ 1 364	$ 1 000	$ 528
Recettes totales	**$ 842 104**	**$ 900 942**	**$ 900 470**

DÉPENSES			
Salaires	$ 403 363	$ 466 419	$ 469 948
Services de traduction et d'interprétation	$ 232 876	$ 212 670	$ 159 270
Voyage et hébergement	$ 56 843	$ 68 800	$ 61 325
Technologie de l'information	$ 35 523	$ 38 700	$ 37 615
Frais d'impression, d'édition et de reproduction	$ 13 581	$ 11 500	$ 15 964
Services généraux	$ 33 147	$ 34 060	$ 38 886
Communications	$ 10 708	$ 12 500	$ 12 207
Frais de bureau	$ 12 220	$ 10 200	$ 8 217
Administration générale	$ 4 786	$ 3 500	$ 4 582
Frais de représentation	$ 2 802	$ 2 000	$ 3 143
Financement	$ 5 117	$ 0	$ 8 477
Total des dépenses	**$ 810 966**	**$ 860 349**	**$ 819 635**

Appropriation des fonds

	31/03/2010	Budget	31/03/2011
Fonds d'indemnisation pour licenciement du personnel	$ 15 662	$ 25 974	$ 25 974
Fonds de remplacement du personnel	$ 0	$ 8 333	$ 8 333
Fonds de roulement	$ 2 475	$ 62 260	$ 62 260
Fonds pour les réunions futures	$ 13 001	$ 0	$ 0
Total des appropriations	**$ 31 138**	**$ 96 567**	**$ 96 567**
Total des dépenses et des appropriations	**$ 842 104**	**$956 916**	**$916 202**
(Déficit) / Excédent pour la période	**$ 0**	**($ 55 974)**	**($ 15 732)**

Ce tableau doit être lu de concert avec les NOTES 1 à 10 ci-dessous.

2. État de la situation financière au 31 mars 2011

ACTIFS	31/03/2010	31/03/2011
Actifs circulants		
Espèces et quasi-espèces (Note 3)	$ 876 024	$ 818 991
Contributions dues (Note 9)	$ 70 159	$ 23 257
Autres débiteurs (Note 4)	$ 12 780	$ 23 606
Autres actifs circulants (Note 5)	$ 34 818	$ 26 658
Total des actifs circulants	**$ 993 781**	**$ 892 512**
Immobilisations		
Actifs immobilisés (Note 1.5 et 6)	$ 66 297	$ 68 727
Total des actifs immobilisés	**$ 66 297**	**$ 68 727**
Total des actifs	**$ 1 060 078**	**$ 961 239**
PASSIF		
Passif exigible		
Fournisseurs (Note 7)	$ 31 357	$ 26 345
Contributions versées à l'avance (Note 1.2 et 9)	$ 407 572	$ 618 929
Salaires à payer et cotisations sociales (Note 8)	$ 22 080	$ 11 298
Total du passif exigible	**$ 461 009**	**$ 656 572**
Passif non exigible		
Fonds de remplacement du personnel (Note 1.7)	$ 23 421	$ 26 510
Fonds d'indemnisation pour licenciement du personnel (Note 1.6)	$ 38 781	$ 64 755
Fonds de remplacement des actifs immobilisés (Note 1.10)	$ 0	$ 2 430
Total du passif non exigible	**$ 62 202**	**$ 93 696**
Total global	**$ 523 211**	**$ 750 268**
ACTIFS NETS	**$ 536 867**	**$ 210 971**

Ce tableau doit être examiné en conjonction avec les NOTES 1 à 10 ci-dessous.

3. État d'évolution de l'actif net 31 mars 2011

Représenté par	Actifs nets 01-04-2010	Revenu	Sorties et appropriation	Actifs nets 31-03-2010
Fonds général	$ 35 051	$ 899 942	($ 915 675)	$ 19 319
Fonds de roulement (Note 1.8)	$ 129 392		$ 62 260	$ 191 652
Fonds pour les réunions futures (Note 1.9)	$ 372 424		($ 372 424)	$ 0
Actifs nets	**$ 536 867**	**$ 899 942**	**($ 1 225 839)**	**$ 210 971**

Ce tableau doit être examiné en conjonction avec les NOTES 1 à 10 ci-dessous.

4. État des flux de trésorerie pour la période allant du 1er avril 2010 au 31 mars 2011

Variations d'espèces et quasi-espèces

Espèces et quasi-espèces au début de l'exercice	\$	876 024
Espèces et quasi-espèces en fin d'exercice	\$	818 991
Diminution nette des espèces et quasi-espèces	(\$	57 033)

Raison des variations d'espèces et quasi-espèces

Activités opérationnelles

Encaissement des contributions	\$	539 272
Règlement des salaires	(\$	469 948)
Règlement des services de traduction	(\$	531 694)
Frais de déplacement et d'hébergement	(\$	61 325)
Frais d'impression, d'édition et de copie	(\$	15 964)
Frais de déménagement	(\$	5 244)
Autres paiements	(\$	86 449)
Espèces et quasi-espèces nettes provenant des activités opérationnelles	(\$	631 353)

Activité d'investissement

Achat d'actif fixe	(\$	17 253)
Autre	\$	0
Espèces et quasi-espèces nettes provenant des activités d'investissement	(\$	17 253)

Activités de financement

Contributions perçues par avance	\$	618 929
Recouvrement Art. 5.6 du Statut du personnel	\$	82 371
Paiement Art. 5.6 du Statut du personnel	(\$	93 197)
Charges constatées d'avance RCTA XXXIV	(\$	9 538)

Espèces et quasi-espèces nettes provenantant de l'activité de financement	\$	598 564

Activité liées aux devises

Change devises net	(\$	6 992)
Espèces et quasi-espèces nettes provenant des activités liées aux l'activité en devises	(\$	6 992)
Baisse nette des espèces et quasi-espèces	(\$	57 033)

Ce tableau doit être examiné en conjonction avec les NOTES 1 à 10 ci-dessous.

NOTES INCLUSES DANS LES ÉTATS FINANCIERS 31 MARS 2011

1. BASE POUR L'ÉLABORATION DES ÉTATS FINANCIERS

1.1 Coût historique

Les comptes sont établis conformément à la convention du coût historique, sauf si indiqué autrement.

1.2 Méthode d'exercice

Les états financiers sont établis sur la base de la méthode de l'exercice conformément aux normes comptables internationales (IAS).

1.3 Devise

Toutes les transactions sont libellées en dollars des États-Unis.

1.4 Locaux

Les bureaux du Secrétariat sont fournis par le Ministère des affaires étrangères, du commerce extérieur et des cultes de la République argentine. Ces locaux sont exemptés de loyer et de charges communes.

1.5 Actifs immobilisés

Les postes sont indiqués au coût historique, imputé de la dépréciation cumulée. Les amortissements sont calculés selon une méthode linéaire à des taux annuels adaptés à leur durée de vie utile estimée. La valeur résiduelle cumulée des immobilisations n'excède pas la valeur d'usage.

1.6 Fonds d'indemnisation pour licenciement du personnel d'encadrement

En vertu du paragraphe 4 de l'article 10 du Statut du personnel, ce fonds devra être suffisamment financé pour indemniser le personnel d'encadrement à un taux équivalent à un mois de salaire de base par année de service. Au 31 mars 2011 le fonds est sous-provisionné à hauter de 11 561.42 $ (onze mille cinq cent soixante et un dollars et quarante deux cents).

1.7 Fonds de remplacement du personnel

Ce fonds sert à couvrir les frais de voyage du personnel d'encadrement du Secrétariat à destination ou en provenance du siège du Secrétariat.

1.8 Fonds de roulement

Conformément à l'alinéa a) du paragraphe 2 de l'article 6 du règlement financier, le fonds a été fixé à un sixième du budget de l'exercice.

1.9 Fonds pour réunion future

En vertu de la décision 7 (2005), ce fonds a été créé pour couvrir les frais de traduction et d'interprétation. Une fois la mesure 1 (2003) entrée en vigueur, ce fonds sera dénommé Fonds de réserve pour la traduction. La mesure est entrée en vigueur le 31 août 2009.

1.10   Fonds de remplacement des actifs immobilisés

Conformément aux normes IAS, les actifs dont la durée de vie utile s'étend au-delà de l'exercice seront inscrits comme actifs dans l'état de la situation financière. Jusqu'à présent, la contrepartie de la charge correspondait à un rajustement du fonds général. À partir de maintenant, la contrepartie sera inscrite comme passif sous cette rubrique.

NOTES INCLUSES DANS LES ÉTATS FINANCIERS (31 MARS 2011)

	31/03/2010	31/03/2011
Note 2 Autres revenus		
Intérêts perçus	$ 1 135	$ 255
Ajustement obtenus	$ 229	$ 273
	$ 1 364	$ 528
Note 3 Espèces et quasi-espèces		
Espèces en dollar US	$ 2 731	$ 1 338
Espèces en pesos argentins	$ 680	$ 544
Compte BNA en dollars US	$ 868 933	$ 755 882
Compte BNA en pesos argentins	$ 3 679	$ 61,227
Total	$ 876 024	$ 818 991
Note 4 Autres débiteurs		
Art. 5.6 du Statut du personnel	$ 12 780	$ 23 606
	$ 12 780	$ 23 606
Note 5 Autres actifs circulants		
Paiements anticipés	$ 28 481	$ 13 676
Remboursement de la TVA	$ 6 338	$ 12 726
Autres dépenses recouvrables	$ 0	$ 256
Total	$ 34 819	$ 26 658
Note 6 Mobilier et équipement		
Livres et abonnements	$ 2 877	$ 4 515
Machines	$ 28 307	$ 30 787
Mobilier	$ 24 374	$ 23 092
Matériel informatique et logiciels	$ 39 747	$ 54 164
Coût original total	$ 95 305	$112 558
Amortissements	($ 29 008)	($ 43 831)
Total net actifs immobilisés	$ 66 297	$ 68 727

Note 7 Fournisseurs

Entreprises	$ 3 483	$ 7 700
Charges engagées	$ 27 197	$ 17 978
Autre	$ 677	$ 667
	$ 31 357	$ 26 345

Note 8 Salaires et cotisations sociales

Salaires	$ 10 800	$ 0
Cotisations sociales	$ 11 280	$ 11 298
	$ 22 080	$ 11 298

NOTES INCLUSES DANS LES ÉTATS FINANCIERS (31 MARS 2011)

Note 9 Contributions

La ventilation des contributions due et versées se présente comme suit :

Exercice	2009/10	2010/11		2011/12	
	Dues	Annoncées	Versées	À recevoir	Comptabili-sées d'avance
Afrique du sud		$ 31 024	$ 31 024		$ 46 181
Allemagne	$ 30	$ 35 102	$ 35 070	$ 62	$ 52 281
Argentine		$ 40 540	$ 40 540		
Australie		$ 40 540	$ 40 540		$ 60 346
Belgique	$ 18	$ 26 946	$ 26 929	$ 36	
Brésil	$ 9 557	$ 26 946	$ 36 491	$ 12	
Bulgarie		$ 22 868	$ 22 868		
Chili	$ 17 859	$ 31 024	$ 48 883		
Chine		$ 31 024	$ 31 024		
Corée		$ 26 946	$ 26 946		$ 40 110
Equateur		$ 22 868	$ 22 868		
Espagne	$ 115	$ 31 024	$ 31 024	$ 115	
Etats-Unis d'Amérique		$ 40 540	$ 40 540		$ 60 346
Fédération de Russie		$ 31 024	$ 31 024		$ 46 181
Finlande		$ 26 946	$ 26 946		
France		$ 40 540	$ 40 540		
Inde	$ 62	$ 31 024	$ 30 962	$ 124	
Italie		$ 35 102	$ 35 102		
Japon	($ 1)	$ 40 540	$ 40 540	($ 1)	
Norvège	$ 30	$ 40 540	$ 40 540	$ 30	$ 60 346

Exercice	2009/10	2010/11		2011/12	
	Dues	Annoncées	Versées	À recevoir	Comptabili-sées d'avance
Nouvelle-Zélande		$ 40 540	$ 40 540		$ 60 320
Pays-Bas		$ 31 024	$ 31 024		$ 46 181
Pérou		$ 22 868		$ 22 868	
Pologne		$ 26 946	$ 26 946		$ 40 110
Royaume-Uni		$ 40 540	$ 40 540		$ 60 346
Suède		$ 31 024	$ 31 024		$ 46 181
Ukraine	$ 42 490	$ 26 946	$ 69 424	$ 12	
Uruguay		$ 26 946	$ 26 946		
TOTAL	$ 70 160	$ 899 942	$ 946 845	$ 23 258	$ 618 929

NOTES INCLUSES DANS LES ÉTATS FINANCIERS (31 MARS 2011)

Note 10 État des recettes et dépenses de tous les Fonds pour la période du 1er avril 2010 au 31 mars 2011 (ancien format)

RECETTES	31/03/2010	Budget	31/03/2011
Contributions	$ 840 740	$ 899 942	$ 899 942
Autres recettes / (dépenses)	($ 3 754)	$ 1 000	($ 7 950)
Total	**$ 836 986**	**$ 900 942**	**$ 891 992**

DÉPENSES
Salaires et traitements

	31/03/2010	Budget	31/03/2011
Personnel d'encadrement	$ 232 425	$ 247 974	$ 250 104
Agents des services généraux	$ 167 876	$ 218 445	$ 219 845
Total	**$ 400 301**	**$ 466 419**	**$ 469 948**

Biens et services

	31/03/2010	Budget	31/03/2011
Affranchissement	$ 1 483	$ 2 500	$ 1 871
Audit	$ 9 248	$ 9 360	$ 9 299
Avis juridiques	$ 3 600	$ 4 200	$ 4 360
Divers	$ 9 950	$ 8 500	$ 10 008
Formation	$ 5 504	$ 4 100	$ 8 208
Frais d'impression, d'édition et de copie	$ 13 581	$ 11 500	$ 15 964
Frais de bureau	$ 10 950	$ 11 700	$ 12 141
Frais de représentation	$ 2 802	$ 2 000	$ 3 143
Saisie des données	$ 0	$ 0	$ 0
Services de documentation	$ 3 062	$ 0	$ 0
Télécommunications	$ 11 720	$ 13 000	$ 12 689

Traduction et édition	$ 232 876	$ 212 670	$ 159 270
Voyage et hébergement	$ 56 843	$ 68 800	$ 61 325
Total	**$ 361 619**	**$ 348 330**	**$ 298 278**

Équipement

Documentation	$ 1 762	$ 1 900	$ 1 137
Mobilier	$ 6 643	$ 5 000	$ 4 179
Matériel informatique	$ 23 729	$ 23 600	$ 21 796
Développement	$ 11 794	$ 15 100	$ 15 820
Total	**$ 43 928**	**$ 45 600**	**$ 42 931**

Appropriation des fonds

Fonds de roulement (Note 1.8)	$ 2 475	$ 62 260	$ 62 260
Fonds de remplacement du personnel (Note 1.7)	$ 0	$ 8 333	$ 8 333
Fonds d'indemnisation pour licenciement du personnel (Note 1.6)	$ 15 662	$ 25 974	$ 25 974
Fonds pour les réunions futures (Note 1.9)	$ 13 001	$ 0	$ 0
Total des appropriations	**$ 31 138**	**$ 96 567**	**$ 96 567**

DÉPENSES TOTALES	**$ 836 986**	**$ 956 916**	**$ 907 725**

(Déficit) / Excédent	**$**	**($ 55 974)**	**($ 15 733)**

Dr. Manfred Reinke
Secrétaire exécutif

Roberto A. Fennell
Agent comptable

Estimation des recettes et des dépenses 2011/12

Estimation des revenus et dépenses tous fonds confondus pour la période du 1er avril 2011 au 31 mars 2012

	Relevé 2010/11	Budget 2011/12	Relevé prov. 2011/12
RECETTES			
Contributions générales	$ 899 942	$ 1 339 600	$ 1 339 600
Autres recettes	$ 528	$ 70	$ 1 506
Total	$ 900 470	$ 1 339 670	$ 1 341 106

	Relevé 2010/11	Budget 2011/12	Relevé prov. 2011/12
DÉPENSES			
Salaires	$ 469 948	$ 578 101	$ 577 637
Services de traduction	$ 159 270	$ 365 825	$ 367 846
Voyage et hébergement	$ 61 325	$ 52 815	$ 52 533
Technologie de l'information	$ 37 615	$ 42 500	$ 40 949
Frais d'impression, d'édition et de copie	$ 15 964	$ 14 000	$ 26 301
Services généraux	$ 38 886	$ 44 060	$ 46 598
Communications	$ 12 207	$ 13 368	$ 13 568
Frais de bureau	$ 8 217	$ 11 983	$ 13 269
Administration générale	$ 4 582	$ 4 698	$ 9 879
Représentation	$ 3 143	$ 4 500	$ 5 446
Financement	$ 8 477	$ 0	$ 7 518
Relocalisation	$ 0	$ 50 000	$ 38 641
Total des dépenses	$ 819 634	$ 1 181 850	$ 1 200 185

	Relevé 2010/11	Budget 2011/12	Relevé prov. 2011/12
APPROPRIATION DES FONDS			
Fonds de roulement	$ 62 260	$ 67 072	$ 44 930
Fonds d'indemnisation pour licenciement du personnel	$ 25 974	$ 42 502	$ 42 502
Fonds de remplacement du personnel	$ 8 333	$ 18 246	$ 23 490
Fonds de réserve pour la traduction	$ 0	$ 30 000	$ 30 000
Total des appropriations	$ 96 567	$ 157 820	$ 140 922

	Relevé 2010/11	Budget 2011/12	Relevé prov. 2011/12
Total des dépenses et des appropriations	$ 916 201	$ 1 339 670	$ 1 341 106

	Relevé 2010/11	Budget 2011/12	Relevé prov. 2011/12
(Déficit) / Excédent pour la période	$ (15 731)	$ 0	$ (0)

	Relevé 2010/11	Budget 2011/12	Relevé prov. 2011/12
RELOCALISATION			
Contribution spécifique de l'Argentine			53 800
Frais de relocalisation			53 831
Total des frais de relocalisation			**-31**

Synthèse des fonds						
Fonds de roulement	$	210 917	$	277 989	$	255 847
Fonds d'indemnisation pour licenciement du personnel	$	64 755	$	107 257	$	107 257
Fonds de remplacement du personnel	$	26 510	$	50 000	$	50 000
Fonds de réserve pour la traduction	$	0	$	30 000	$	30 000

Programme du Secrétariat pour 2012/2013

Introduction

Le présent programme de travail définit les activités proposées au Secrétariat au cours de l'exercice financier 2012/2013 (1er avril 2012 au 31 mars 2013). Les principaux domaines d'activités du Secrétariat sont traités dans les trois premiers chapitres, qui sont suivis d'une section sur la gestion et d'une prévision du programme pour l'exercice financier 2012/2013.

Le projet de budget pour 2012/2013, le budget prévisionnel pour 2013/2014, le barème des contributions et l'échelle des salaires sont inclus dans les appendices.

Le programme, et les montants budgétaires pour 2012/2013, qui l'accompagnent, se fondent sur le projet de budget 2012/2013 (appendice 1 de l'annexe 3 de la Décision 3 (2011)).

Le programme se concentre sur les activités régulières, telles que la préparation de la RCTA XXXV et de la RCTA XXXVI, la publication des rapports finaux, et les diverses tâches assignées au Secrétariat en vertu de la Mesure 1 (2003).

Table des matières :

1. Soutien à la RCTA/du CPE

RCTA XXXV

Le Secrétariat soutiendra la RCTA XXXV en rassemblant et en classant les documents destinés à la réunion, et en assurant leur publication dans une section restreinte de son site Internet. La Section des délégués prévoira également une inscription en ligne pour les délégués et fournira une liste à jour téléchargeable des délégués.

Le Secrétariat soutiendra le fonctionnement de la RCTA, à travers la production des documents du Secrétariat, d'un Manuel pour les délégués et des résumés des documents destinés à la RCTA, au CPE et aux groupes de travail de la RCTA.

Coordination et contact

En dehors du maintien de contacts constants, par courriels, téléphone et autres moyens, avec les Parties et les institutions internationales du système du Traité sur l'Antarctique, la participation aux réunions constitue un outil important pour maintenir la coordination et le contact.

Le personnel du Secrétariat est déjà en coopération rapprochée avec le Gouvernement belge, en ce qui concerne la préparation de la RCTA XXXVI, et sera en coopération avec le gouvernement du Brésil en ce qui concerne la préparation de la RCTA XXXVII

Développement du site Internet du Secrétariat

Le site Internet continuera d'être amélioré en vue d'accroître sa concision et sa facilité d'utilisation, et d'augmenter la visibilité de ses pages et de ses informations les plus pertinentes. Les outils de recherche des bases de données du site, notamment la base de données sur les documents des réunions, seront développés. La base de données sur les zones protégées sera renforcée grâce à l'introduction de nouveaux champs et de nouvelles informations géographiques, dans le cadre d'un projet conjoint avec l'Australie.

Soutien aux activités intersessions

Ces dernières années, le CPE et la RCTA ont tous deux assumé un volume important de travaux intersessions, principalement par le biais des Groupes de contact intersessions (GCI). Le Secrétariat apportera un soutien technique à la création en ligne des GCI décidés lors de la RCTA XXXV et du CPE XV, et à la production de documents spécifiques en cas de demande émanant de la RCTA et du CPE.

Le Secrétariat mettra à jour le site Internet au sujet des mesures adoptées par la RCTA, en incluant les informations produites par le CPE et la RCTA.

Impression

Le Secrétariat publiera et distribuera le Rapport final de la RCTA XXXV et ses annexes dans les quatre langues officielles du Traité. Le texte du Rapport final sera imprimé tandis que ses annexes seront publiées sur un CD joint au rapport imprimé. L'intégralité du texte du Rapport final sera disponible, sous la forme d'un ouvrage, auprès des détaillants en ligne.

Groupe de Contact Intersession (ICG) sur les questions financières

Le Secrétariat coopérera sur toutes les questions financières important avec le GCI sur les questions financières

2. Échange d'informations

Généralités

Le Secrétariat continuera d'assiter les Parties dans la publication de leurs éléments d'échange d'informations et dans l'intégration des informations sur les EIE dans la base de données d'EIE.

Système électronique d'échange d'informations

Au cours de la prochaine saison opérationnelles, le Secrétariat continuera, selon les décisions de la RCTA XXXV, à effectuer les ajustements nécessaires pour faciliter l'utilisation du système électronique pour les Parties, et à développer les outils permettant pour compiler et présenter des récapitulatifs de rapports.

3. Enregistrements et documents

Documents de la RCTA

Le Secrétariat poursuivra ses efforts visant à compléter ses archives concernant les rapports finaux et les documents de la RCTA et des autres réunions du Traité sur l'Antarctique dans les quatre langues officielles du Traité. L'assistance de la part des Parties dans la recherche de leurs activités sera essentielle à l'obtention d'une archive complète. Le Secrétariat s'apprête à recevoir une série de documents de travail émanant des RCTA s'étant tenues entre 1961 et 1998, dans le cadre d'un projet conjoint avec l'Institut écossais de recherche polaire (Cambridge, RU), et l'intégrera dans la base de données du Traité sur l'Antarctique. Cette intervention inclut le scannage, la relecture et l'entrée des données des documents.

Base de données du Traité sur l'Antarctique

La base de données des recommandations, mesures, décisions et résolutions de la RCTA est à ce jour complète en anglais, et quasiment complète en espagnol et en français, bien qu'il manque encore au Secrétariat diverses copies de rapports finaux dans ces langues. Le nombre de rapports finaux manquants en russe est plus important et les documents reçus sont en cours de relecture et de conversion au format électronique.

4. Informations publiques

Le Secrétariat et son site Internet continueront à fonctionner en tant que centre d'échanges d'informations sur les activités des Parties et les faits pertinents concernant l'Antarctique.

5. Gestion

Personnel

Au 1ᵉʳ avril 2012, le personnel du Secrétariat se composait des employés suivants:

Personnel de direction

Nom	Poste	Date d'entrée	Rang
Manfred Reinke	Secrétaire exécutif	1-09-2009	E1
José María Acero	Sous-secrétaire exécutif	1-01-2005	E3

Membres du personnel

Nom	Poste	Date d'entrée	Rang
José Luis Agraz	Fonctionnaire chargé de l'information	1-04-2005	G1
Diego Wydler	Fonctionnaire chargé des techniques de l'information	1-02-2006	G1
Roberto Alan Fennell	Comptable (à temps partiel-25h/semaine)	1-12-2008	G2
Pablo Wainschenker	Rédacteur	1-02-2006	G3
Mme Violeta Antinarelli	Bibliothécaire (à temps partiel-12h/semaine)	1-04-2007	G3
Mme Gloria Fontan	Chef de bureau	1-04-2005	G5
Mme Anna Balok	Assistante chargée de la saisie des données (à temps partiel-20h/semaine)	1-10-2010	G5

Questions financières

Le budget pour 2012/2013 et le budget prévisionnel pour 2013/2014 sont présentés à l'appendice 1. Le budget sera mis en œuvre après consultation avec les Parties lorsque cela est nécessaire.

Traduction et interprétation

En 2010, en coopération avec l'Argentine et l'Australie, les pays-hôtes des RCTA XXXIV et XXXV, le Secrétariat avaient organisé un appel d'offres pour les services de traduction et d'interprétariat destinés aux 34ᵉᵐᵉ et 35ᵉᵐᵉ RCTA.

Les frais de traduction et d'interprétation ont été budgétisés à 365.825 US$ pour la RCTA XXXIV, et à 361.000 US$ pour la RCTA XXXV.

Le Secrétariat a préparé un nouvel appel d'offres pour les services de traduction et d'interprétariat pour la RCTA XXXVI à Bruxelles, la RCTA XXXVII au Brésil et la RCTA XXXVIII en Bulgarie. Il a déjà contacté diverses agences opérant sur le marché. Sept d'entre elles ont déjà exprimé leur intérêt pour les prochaines RCTA

Salaires, informatique, édition, administration et frais de voyage pour l'exercice 2012/13

Afin de respecter les limites du budget, le Secrétaire exécutif propose que les membres du personnel bénéficient d'une augmentation de 14 %. L'autorisation de mise en œuvre de cette augmentation est du ressort du GIC (Groupe de Contact Intersession) sur les questions financières qui fournira son avis d'ici la fin du mois d'août 2012. Le personnel de direction ne recevra aucune compensation. Les membres du personnel recevront des augmentations annuelles par étapes, sous réserve de résultats satisfaisants de leurs fonctions en raison de la règle 5.7 sur le personnel. La grille des salaires pour l'exercice 2012/13 est indiquée à l'annexe 3 du document SP3

Larègle 5.10 du Règlement du personnel exige une compensation en faveur des membres du personnel lorsque ces derniers travaillent plus de 40 heures par semaine. Ces heures supplémentaires sont requises dans le cas des RCTA.

Pour compenser l'augmentation des frais de voyage, le Secrétaire exécutif réduira le taux des indemnités journalières de son personnel à 80 % du taux de la Fonction publique internationale.

Fonds

Fonds de roulement

Selon l'alinéa (a) de la règle financière 6.2, le fonds de roulement doit être maintenu à 1/6 du budget du Secrétariat (223.433 US$) durant la prochaine année.

Lignes de crédits

La RCTA XXXIV a convenu que le budget devait être présenté selon la nouvelle série de lignes budgétaires élaborées en coopération avec l'auditeur externe *Sindicatura General De La Nación* (SIGEN), afin d'améliorer la présentation des dépenses du Secrétariat provenant des contributions.

Les nouvelles lignes de crédits sont les suivantes :

- *Salaires :* cette ligne inclut non seulement les salaires approuvés dans le budget pour le personnel direct du STA, mais également ceux des professionnels qui aident le Secrétariat lors des réunions, ainsi que les heures supplémentaires des membres du personnel durant la RCTA

- *Traduction et interprétation :* toutes les sommes allouées aux frais de traduction effectuées avant, pendant et après la réunion annuelle de la RCTA et les interprétations durant la réunion (y compris les billets d'avions, les frais d'hébergement et les frais divers)

- *Technologies de l'information :* la totalité des investissements relatifs à l'équipement, au développement de logiciels, à l'entretien et à la sécurité des TI

- *Impression, édition et reproduction :* pour l'impression du Rapport final et le support électronique

- *Services généraux :* la totalité des services d'assistance locaux, notamment dans les domaines juridique, l'audit, les opérations bancaires et la formation
- *Communication :* elle inclut le téléphone, l'Internet, l'hébergement internet et les frais d'affranchissements postaux
- *Frais de bureau :*papeterie, livres, assurance et entretien
- *Administration :* transport local, fournitures
- *Financement :* gains ou pertes nettes de change

Le budget de l'EF 2011/2012 et le budget prévisionnel de l'EF 2013/2014 sont présentés sur cette base (appendice 1).

Contribution pour l'exercice 2013/14

Il y aura une augmentation nominale zéro des contributions par rapport à l'exercice 2010/11 et de l'exercice 2011/12.

L'appendice 2b présente les contributions des Parties

6. Programme prévisionnel

Il est prévu que la plupart des activités actuelles du Secrétariat seront poursuivies en 2013/2014 et, à moins que le programme ne subisse d'importants changements, aucune modification de postes du personnel n'est prévue pour les prochaines années.

Appendice 1

Rapport prévisionnel 2011/2012, Budget 2012/13 et prévision 2013/2014

LIGNES DE CRÉDIT	Prévision-nel Relevé 2011/12	Prévisions 2012/13	Budget 2012/13	Prévisions 2013/14
RECETTES				
CONTRIBUTIONS nécessaires	**$ -1.339.600**	**$ -1.339.600**	**$ -1.339.600**	**$ -1.339.600**
Investissements producteurs d'intérêts	$ -1.506	$ -1.000	$ -1.000	$ -1.000
Recettes totales	**$ -1.341.106**	**$ -1.340.600**	**$ -1.340.600**	**$ -1.340.600**
DÉPENSES				
SALAIRES				
Direction	$ 305.654	$ 342.332	$ 311.323	$ 317.001
Personnel	$ 241.159	$ 277.333	$ 294.966	$ 306.860
Personnel d'appui à la RCTA	$ 11.561	$ 12.139	$ 12.750	$ 12.750
Stagiaires	$ 4.800	$ 4.800	$ 4.800	$ 4.800
Heures supplémentaires	$ 14.926	$ 11.565	$ 10.000	$ 10.000
	$ 577.637	**$ 648.169**	**$ 633.839**	**$ 651.411**
TRADUCTION ET INTER-PRÉTATION				
Traduction et interprétation	**$ 367.846**	**$ 358.002**	**$ 361.000**	**$ 400.000**
VOYAGES				
Voyages	**$ 52.533**	**$ 110.380**	**$ 90.000**	**$ 80.000**
TECHNOLOGIE DE L'INFORMATION				
Matériel informatique	$ 11.785	$ 13.000	$ 10.000	$ 10.000
Logiciels	$ 2.823	$ 3.500	$ 3.000	$ 3.000
Développement	$ 15.892	$ 18.400	$ 16.500	$ 16.500
Soutien	$ 10.449	$ 10.000	$ 13.000	$ 13.000
	$ 40.949	**$ 44.900**	**$ 42.500**	**$ 42.500**
IMPRESSION, ÉDITION ET REPRODUCTION				
Rapport final	$ 26.301	$ 15.400	$ 16.500	$ 18.975
Lignes directrices pour les visites de sites	$ 0	$ 0	$ 2.500	$ 2.875
	$ 26.301	**$ 15.400**	**$ 19.000**	**$ 21.850**

	Prévisionnel Relevé 2011/12	Prévisions 2012/13	Budget 2012/13	Prévisions 2013/14
SERVICES GÉNÉRAUX				
Conseil juridique	$ 8.400	$ 9.900	$ 4.000	$ 4.600
Audit externe	$ 10.764	$ 10.764	$ 10.764	$ 12.379
Nettoyage, entretien et sécurité	$ 11.433	$ 11.385	$ 25.093	$ 16.207
Télécommunications	$ 6.979	$ 8.000	$ 6.000	$ 6.000
Opérations bancaires	$ 4.890	$ 5.940	$ 5.624	$ 6.467
Location de matériel	$ 4.132	$ 2.550	$ 4.752	$ 5.465
	$ 46.598	**$ 48.539**	**$ 56.232**	**$ 51.117**
COMMUNICATION				
Téléphone	$ 3.180	$ 3.360	$ 3.864	$ 4.444
Internet	$ 1.879	$ 1.879	$ 2.161	$ 2.485
Hébergement internet	$ 5.995	$ 6.675	$ 6.894	$ 7.928
Affranchissements postaux	$ 2.514	$ 2.814	$ 2.471	$ 2.842
	$ 13.568	**$ 14.728**	**$ 15.390**	**$ 17.699**
FRAIS DE BUREAU				
Papeterie et fournitures de bureau	$ 2.208	$ 2.200	$ 2.200	$ 2.530
Livres et abonnements	$ 1.650	$ 1.650	$ 5.898	$ 6.782
Assurance	$ 2.283	$ 2.280	$ 1.958	$ 2.252
Mobilier	$ 999	$ 800	$ 800	$ 800
Matériel de bureau	$ 4.560	$ 4.610	$ 4.000	$ 4.600
Entretien	$ 1.952	$ 1.961	$ 2.000	$ 2.300
	$ 13.652	**$ 13.501**	**$ 16.856**	**$ 19.264**
ADMINISTRATION				
Approvisionnements	$ 1.920	$ 1.920	$ 2.000	$ 2.300
Transport local	$ 730	$ 800	$ 1.000	$ 1.150
Frais d'impression, d'édition et de reproduction	$ 2.534	$ 2.534	$ 2.500	$ 2.875
Utilités (énergie)	$ 4.695	$ 0	$ 8.000	$ 10.400
	$ 9.879	**$ 5.254**	**$ 13.500**	**$ 16.725**
REPRÉSENTATION				
Frais de représentation	**$ 5.446**	**$ 3.500**	**$ 3.000**	**$ 3.000**
FINANCEMENT				
Pertes de change	**$ 7.518**	**$ 930**	**$ 5.000**	**$ 5.000**
APPROPRIATIONS SOUS-TOTAL	**$ 1.200.185**	**$ 1.263.304**	**$ 1.256.318**	**$ 1.308.566**

	Prévision-nel Relevé 2011/12	Prévisions 2012/13	Budget 2012/13	Prévisions 2013/14
ALLOCATION AU FONDS				
Fonds de réserve pour la traduction	$ 30.000	$ 0	$ 0	$ 0
Fonds de remplacement du personnel	$ 23.490	$ 0	$ 0	$ 0
Fonds d'indemnisation pour licenciement du personnel	$ 42.501	$ 32.778	$ 28.403	$ 28.880
Fonds de roulement	$ 12.516	$ 0	$ 0	$ 0
	$ 108.507	**$ 32.778**	**$ 28.403**	**$ 28.880**

APPROPRIATIONS TOTALES	**$ 1.308.692**	**$ 1.296.082**	**$ 1.284.721**	**$ 1.337.446**

SOLDE	**$ 32.414**	**$ 44.518**	**$ 55.879**	**$ 3.154**

DÉPENSES TOTALES	**$ 1.341.106**	**$ 1.340.600**	**$ 1.340.600**	**$ 1.340.600**

Synthèse des fonds

Fonds de réserve pour la traduction	$ 30.000	$ 30.000	$ 30.000	$ 30.000
Fonds de remplacement du personnel	$ 50.000	$ 50.000	$ 50.000	$ 50.000
Fonds d'indemnisation pour licenciement du personnel	$ 107.257	$ 140.035	$ 135.660	$ 164.064
Fonds de roulement	$ 223.433	$ 223.433	$ 223.433	$ 223.433
Fonds général	$ 32.414	$ 76.932	$ 88.293	$ 91.447
Montant maximum requis Fonds de roulement (Fin. Reg. 6.2)	$ 223.433	$ 223.433	$ 223.433	$ 223.433

Appendice 2

Echelle des contributions 2013/2014

2013/14	Cat.	Mult.	Variable	Déterminé	Total
Argentine	A	3,6	$ 36.424,17	$ 23.921,43	$60.346
Australie	A	3,6	$ 36.424,17	$ 23.921,43	$60.346
Belgique	D	1,6	$ 16.188,52	$ 23.921,43	$40.110
Brésil	D	1,6	$ 16.188,52	$ 23.921,43	$40.110
Bulgarie	E	1	$ 10.117,82	$ 23.921,43	$34.039
Chili	C	2,2	$ 22.259,21	$ 23.921,43	$46.181
Chine	C	2,2	$ 22.259,21	$ 23.921,43	$46.181
Équateur	E	1	$ 10.117,82	$ 23.921,43	$34.039
Finlande	D	1,6	$ 16.188,52	$ 23.921,43	$40.110
France	A	3,6	$ 36.424,17	$ 23.921,43	$60.346
Allemagne	B	2,8	$ 28.329,91	$ 23.921,43	$52.251
Inde	C	2,2	$ 22.259,21	$ 23.921,43	$46.181
Italie	B	2,8	$ 28.329,91	$ 23.921,43	$52.251
Japon	A	3,6	$ 36.424,17	$ 23.921,43	$60.346
Corée	D	1,6	$ 16.188,52	$ 23.921,43	$40.110
Pays-Bas	C	2,2	$ 22.259,21	$ 23.921,43	$46.181
Nouvelle-Zélande	A	3,6	$ 36.424,17	$ 23.921,43	$60.346
Norvège	A	3,6	$ 36.424,17	$ 23.921,43	$60.346
Pérou	E	1	$ 10.117,82	$ 23.921,43	$34.039
Pologne	D	1,6	$ 16.188,52	$ 23.921,43	$40.110
Russie	C	2,2	$ 22.259,21	$ 23.921,43	$46.181
Afrique du Sud	C	2,2	$ 22.259,21	$ 23.921,43	$46.181
Espagne	C	2,2	$ 22.259,21	$ 23.921,43	$46.181
Suède	C	2,2	$ 22.259,21	$ 23.921,43	$46.181
Ukraine	D	1,6	$ 16.188,52	$ 23.921,43	$40.110
Royaume-Uni	A	3,6	$ 36.424,17	$ 23.921,43	$60.346
États-Unis	A	3,6	$ 36.424,17	$ 23.921,43	$60.346
Uruguay	D	1,6	$ 16.188,52	$ 23.921,43	$40.110
		66,2	$ 669.800,00	$ 669.800,00	**$1.339.600**

Montant du budget	$1.339.600
Taux de base	$10.118

Appendice 3

Échelle des salaires 2012/2013

Appendice A

BARÈME DES TRAITEMENTS DE LA CATÉGORIE DES CADRES

(Dollars des États-Unis d'Amérique)

2012/13 Niveau		I	II	III	IV	V	VI	VII	VIII	IX	X	XI	XII	XIII	XIV	XV
													ETAPES			
S1	A	$133.830	$136.320	$138.810	$141.301	$143.791	$146.281	$148.771	$151.262							
S1	B	$167.287	$170.400	$173.512	$176.626	$179.739	$182.851	$185.964	$189.078							
S2	A	$112.692	$114.812	$116.931	$119.050	$121.168	$123.286	$125.404	$127.524	$129.643	$131.761	$133.880	$134.120	$136.210		
S2	B	$140.865	$143.515	$146.164	$148.812	$151.460	$154.107	$156.755	$159.405	$162.054	$164.702	$167.349	$167.650	$170.263		
S3	A	$93.973	$96.016	$98.061	$100.106	$102.151	$104.195	$106.240	$108.285	$110.328	$112.372	$114.417	$114.852	$116.869	$118.886	$120.901
S3	B	$117.466	$120.020	$122.577	$125.133	$127.689	$130.243	$132.800	$135.356	$137.910	$140.465	$143.021	$143.565	$146.086	$148.607	$151.126
S4	A	$77.922	$79.815	$81.710	$83.599	$85.494	$87.386	$89.275	$91.171	$93.065	$94.955	$96.849	$97.377	$99.244	$101.110	$102.977
S4	B	$97.403	$99.768	$102.138	$104.498	$106.868	$109.232	$111.594	$113.964	$116.332	$118.694	$121.062	$121.722	$124.055	$126.388	$128.721
S5	A	$64.604	$66.299	$67.992	$69.685	$71.377	$73.070	$74.763	$76.452	$78.147	$79.841	$81.530	$82.078			
S5	B	$80.755	$82.874	$84.989	$87.106	$89.222	$91.337	$93.454	$95.565	$97.684	$99.801	$101.913	$102.597			
S6	A	$51.143	$52.771	$54.396	$56.025	$57.650	$59.276	$60.905	$62.531	$64.156	$65.146	$65.784				
S6	B	$63.929	$65.963	$67.994	$70.031	$72.062	$74.095	$76.131	$78.164	$80.195	$81.432	$82.230				

Note : La ligne B, qui donne la rémunération de base (ligne A) plus un montant additionnel de 25 % pour les frais indirects (caisse de retraite et primes d'assurance, primes d'installation et de rapatriement, indemnités pour frais d'études, etc.), représente le montant total du traitement auquel ont droit les cadres conformément à l'article 5.1.

Appendice B

BARÈME DES TRAITEMENTS DE LA CATÉGORIE DES SERVICES GÉNÉRAUX

(Dollars des États-Unis d'Amérique)

Niveau	I	II	III	IV	V	VI	VII	VIII	IX	X	XI	XII	XIII	XIV	XV
						ETAPES									
G1	$60.439	$63.258	$66.079	$68.897	$71.836	$74.901									
G2	$50.366	$52.715	$55.066	$57.415	$59.864	$62.417									
G3	$41.970	$43.928	$45.887	$47.845	$49.887	$52.016									
G4	$34.976	$36.608	$38.240	$39.871	$41.573	$43.346									
G5	$28.893	$30.242	$31.590	$32.939	$34.346	$35.814									
G6	$23.684	$24.787	$25.893	$26.998	$28.151	$29.353									

Élaboration d'un plan de travail stratégique pluriannuel pour la Réunion consultative du Traité sur l'Antarctique

Les Représentants,

Réaffirmant les valeurs, les objectifs et les principes contenus dans le Traité sur l'Antarctique et son Protocole relatif à la protection de l'environnement ;

Considérant qu'un plan de travail stratégique pluriannuel (le Plan) contribuerait de manière positive à la réunion consultative du Traité sur l'Antarctique, en lui permettant de se concentrer sur des questions prioritaires et opportunes, et d'adapter son programme de travail en conséquence;

Gardant en considération que le Plan est complémentaire de l'ordre du jour de la RCTA et que les Parties au Traité sur l'Antarctique et autres participants à la RCTA sont encouragés à contribuer comme d'ordinaire aux autres questions figurant à l'ordre du jour de la RTCA; et

Rappelant la RCTA XXXII de Baltimore (2009) au cours de laquelle les Parties ont exprimé leur soutien à un Plan ;

Décident :

1. De développer un Plan de travail stratégique pluriannuel dans les limites des ressources existantes ;

2. D'adopter les principes figurant en annexe de la présente Décision (annexe 1) pour guider la réalisation du Plan ;

3. D'établir un groupe de contact intersessions ouvert, co-réuni par l'Australie et la Belgique, en tant que Présidents respectifs des XXXVème et XXXVIème Réunions consultatives du Traité sur l'Antarctique, afin de coordonner les développement futurs du plan ; et

4. D'organiser un atelier immédiatement avant la XXXVIème RCTA, avec les termes de référence suivants :

    a) Elaborer un projet de Plan qui sera examiné lors de la XXXVIème RCTA ; et

    b) Informer la XXXVIème RCTA des résultats de cet atelier.

Plan de travail stratégique pluriannuel pour la réunion consultative du Traité sur l'Antarctique – Principes

1. Le Plan de travail stratégique pluriannuel (le Plan) reflétera les objectifs et les principes du Traité sur l'Antarctique et de son Protocole relatif à la protection de l'environnement.

2. Conformément au mode de fonctionnement de la réunion consultative du Traité sur l'Antarctique (RCTA), l'adoption du Plan, l'introduction de questions au Plan et les décisions relatives au Plan se feront par la voie du consensus.

3. L'objectif du Plan est de compléter l'ordre du jour en aidant la RCTA à identifier un nombre limité de questions prioritaires, pour rendre ses activités plus efficaces et efficientes.

4. Les Parties du Traité sur l'Antarctique ainsi que les autres participants aux RCTA sont encouragés à contribuer comme actuellement aux autres questions figurant à l'ordre du jour de la RCTA.

5. Le Plan couvrira une période glissante pluriannuelle à déterminer, et il devra être examiné et actualisé selon que de besoin lors de chaque RCTA, afin qu'y figurent les travaux restant à terminer, les questions nouvelles, et les changements de priorités.

6. Le Plan sera dynamique et souple, et inclura les questions émergentes au fur et à mesure qu'elles apparaissent.

7. Le Plan identifiera les questions exigeant l'attention collective de la RTCA, et qui doivent faire l'objet de discussions et/ou de décisions par la RCTA.

8. Le Plan ne devra pas interférer avec le développement régulier de l'ordre du jour de la RCTA.

Système électronique d'échange d'informations

Les Représentants,

Rappelant l'obligation de partage d'information qui incombe aux Parties en vertu de l'alinéa a) du paragraphe 1 de l'article III et du paragraphe 5 de l'article VII du Traité sur l'Antarctique ainsi que de l'article 17 du Protocole au Traité sur l'Antarctique relatif à la protection de l'environnement et ses annexes ;

Rappelant notamment la Recommandation VIII-6 (1975), la Recommandation XIII-3 (1985) et d'autres améliorations réalisées par les Parties afin de se tenir mutuellement informées par le biais d'échanges réguliers ou occasionnels ;

Rappelant la Décision 10 (2005) sur la création d'un Système électronique d'échange d'informations (« SEEI ») et la Résolution 6 (2010) relative à l'amélioration de la coordination des activités de recherche et de secours en mer dans la zone du Traité sur l'Antarctique ;

Soulignant qu'une information rapide, aisément accessible et complète pour toutes les Parties sur les expéditions garantit un meilleur encadrement des activités humaines dans la zone du Traité sur l'Antarctique et réduit les risques pour l'environnement et la sécurité ;

Notant le développement et le fonctionnement du SEEI par le Secrétariat du Traité qui tient compte des observations faites par les Parties durant la période d'essai ;

Désirant s'assurer que l'échange d'informations entre les Parties a lieu de la manière la plus efficace et opportune possible et que la réunion consultative du Traité sur l'Antarctique et le Comité pour la protection de l'environnement ont accès aux informations les plus complètes et les plus fiables sur l'Antarctique ;

Décident :

1. Que les Parties utiliseront le Système électronique d'échange d'informations pour échanger leurs informations conformément au Traité sur l'Antarctique et au Protocole au Traité sur l'Antarctique relatif à la protection de l'environnement et ses annexes ;

2. Que le SEEI sera modifié pour donner aux Parties, s'il y a lieu, l'option :

   a) D'inclure les refus d'autorisation adressés aux opérateurs ; et

   b) D'identifier les activités annulées par un opérateur ayant satisfait aux exigences réglementaires des Parties ;

3. Que les différentes rubriques du SEEI seront mises à jour régulièrement durant l'année par les Parties, afin que ces informations soient connues et accessibles aussi vite que possible des autres Parties ;

4. Que, dans la mesure du possible, les informations requises seront saisies directement et intégralement dans le SEEI, et non sous la forme de liens vers des sites internet ou des fichiers extérieurs au SEEI ; et

5. Que les Parties continueront à travailler avec le Secrétariat du Traité sur l'Antarctique pour affiner et améliorer le SEEI.

3. Résolutions

Renforcement du soutien au Protocole au Traité sur l'Antarctique relatif à la protection de l'environnement

Les Représentants,

Rappelant le Résolution 1 (2011), qui faisait état de l'accord des Parties sur le fait que la réalisation des objectifs et des principes du Protocole au Traité sur l'Antarctique relatif à la protection de l'environnement (le Protocole) ne serait que mieux assurée si le Protocole était soutenu par un plus grand nombre d'États ;

Rappelant en outre que la Résolution 1 (2011) recommandait que toutes les Parties appelent les États parties au Traité sur l'Antarctique mais pas encore parties au Protocole à adhérer à ce Protocole, à accepter l'offre de l'Australie, de la France et de l'Espagne de coordonner les démarches auprès de ces États avec d'autres Parties consultatives, et invitait l'Australie, la France et l'Espagne à rendre compte des résultats de ces démarches à la XXXVème Réunion consultative du Traité sur l'Antarctique (« RCTA ») ;

Saluant l'engagement pris par plusieurs Parties d'adhérer au Protocole ;

Recommandent que :

1. La Réunion consultative du Traité sur l'Antarctique reste saisie de la nécessité d'appeler les États parties au Traité sur l'Antarctique mais pas encore parties au Protocole au Traité sur l'Antarctique relatif à la protection de l'environnement à adhérer au Protocole ;

2. De nouvelles démarches soient requises dans le suivi des activités menées durant la période intersessions 2011-2012 de la RCTA, afin de progresser dans l'augmentation du nombre des Parties au Protocole ;

3. Les Parties consultatives soient invitées à informer, selon que de besoin, les prochaines RCTA, sur cette question et, que le Secrétariat du Traité sur

l'Antarctique publie le texte de la Résolution 1 (2011) sur son site internet en indiquant clairement qu'elle n'a plus d'effet.

Coopération sur les questions liées à l'exercice de la juridiction dans la zone du Traité sur l'Antarctique

Les Représentants,

Rappelant l'alinéa 1 (e) de l'article IX du Traité sur l'Antarctique, qui prévoit que les Parties Contractantes se consultent sur des « questions concernant l'exercice de la juridiction dans l'Antarctique » ;

Convaincus de la nécessité de prendre ces questions en considération à la lumière des activités humaines et des incidents qui se produisent dans la zone du Traité sur l'Antarctique ;

Notant l'accroissement des activités humaines dans la zone du Traité sur l'Antarctique ;

Réaffirmant la nécessité de promouvoir le respect du droit dans la zone du Traité sur l'Antarctique ;

Reconnaissant les défis uniques, aussi bien pratiques que juridiques, inhérents à l'application du droit dans la zone du Traité sur l'Antarctique ;

Recommandent que :

Les Parties coopèrent afin d'instaurer des discussions sur les questions relatives à l'exercice de la juridiction dans la zone du Traité sur l'Antarctique.

Améliorer la coopération en Antarctique

Les Représentants,

Rappelant le rôle central de la coopération scientifique dans le Traité sur l'Antarctique et son Protocole relatif à la protection de l'environnement;

Reconnaissant avec satisfaction les contributions du Comité scientifique sur la recherche en Antarctique et du Conseil des directeurs des programmes antarctiques nationaux en matière de coopération scientifique et logistique entre les Parties au Traité sur l'Antarctique;

Convaincus de la nécessité de promouvoir une coopération antarctique élargie au-delà de la coopération scientifique et logistique afin de faciliter et de renforcer le travail des Parties dans la mise en œuvre du système de Traité sur l'Antarctique;

Convaincus que le partage de connaissances, d'expériences et de soutien technique aidera les Parties à un stade plus précoce de leur développement en Antarctique pour atteindre un niveau plus élevé de conformité à leurs obligations.

Reconnaissant que davantage de coopération permettra de mieux outiller les Parties pour répondre aux multiples défis posés par les activités en Antarctique;

Recommandent que :

Les Parties et les autres participants de la réunion consultative du Traité sur l'Antarctique mènent une discussion sur la promotion d'une coopération antarctique élargie.

Lignes directrices pour les visites de sites

Les Représentants,

Rappelant la Résolution 5 (2005), la Résolution 2 (2006), la Résolution 1 (2007), la Résolution 2 (2008), la Résolution 4 (2009) et la Résolution 1 (2010), par lesquelles ont été adoptées des listes de sites assujettis à des Lignes directrices pour les visites de sites ;

Rappelant la Résolution 4 (2011), qui prévoit que toute modification à des Lignes directrices pour les visites de sites existantes soit débattue par le Comité pour la protection de l'environnement, lequel doit fournir des avis à la réunion consultative du Traité sur l'Antarctique (« RCTA ») en conséquence, et que dans le cas où la RCTA endosserait ces avis, le Secrétariat du Traité sur l'Antarctique (le Secrétariat) devrait apporter sur son site internet les modifications nécessaires aux textes de ces Lignes directrices pour les visites de sites ;

Convaincus que les Lignes directrices pour les visites de sites renforcent les dispositions énoncés dans la Recommandation XVIII-1 (1994) (*Directives pour ceux qui organisent et conduisent des activités touristiques et non-gouvernementales en Antarctique)* ;

Confirmant que le terme « visiteurs » n'inclut pas les scientifiques qui conduisent des recherches dans ces sites, ni les personnes engagées dans des activités gouvernementales officielles ;

Notant que les Lignes directrices pour les visites de sites ont été élaborées en fonction des volumes et des types de visites actuellement observés sur chaque site spécifique et conscient que les Lignes directrices pour les visites de site nécessiteraient des réexamens si des changements significatifs devaient survenir concernant les volumes et les types de visites d'un site ;

Convaincus que les Lignes directrices pour les visites de site pour chaque site doivent être réexaminées et révisées rapidement en cas de changements dans les volumes et types de visites ou en cas d'impacts environnementaux démontrables ou probables ;

Désirant accroître le nombre de Lignes directrices pour les visites de sites élaborées pour les sites visités et pour maintenir actualisées les lignes directrices existantes ;

Recommandent que :

1. La liste des sites soumis à des Lignes directrices pour les visites de site adoptée par la réunion consultative du Traité sur l'Antarctique soit élargie pour inclure trois nouveaux sites (île d'Hainaut, Port Mikkelsen, île de la Trinité ; Port Charcot, île Booth ; anse Pendulum, île de la Déception, îles Shetland du Sud) et que la liste complète des sites assujettis aux Lignes directrices pour les visites de sites soit remplacée par celle qui figure en annexe de la présente Résolution ;

2. Le Secrétariat du Traité sur l'Antarctique publie sur son site internet la liste complète des Lignes directrices pour les visites de site modifiées, telles qu'elles ont été adoptées par la RCTA ;

3. Les Gouvernements exhortent toutes les personnes ayant l'intention de visiter de tels sites à s'assurer qu'elles ont une pleine connaissance des Lignes directrices pour les visites de site telles que publiées par le Secrétariat et qu'elle s'y conforment ;

4. Toute proposition de modification à des Lignes directrices pour les visites de site existantes soit débattue par le Comité pour la protection de l'environnement, qui devra fournir des avis à la RCTA en conséquence, et que dans le cas où la RCTA endosserait ces avis, le Secrétariat devrait apporter sur son site internet les modifications nécessaires aux textes de ces Lignes directrices pour les visites de sites ;

5. Le Secrétariat publie le texte de la Résolution 4 (2011) sur son site internet en indiquant clairement qu'elle n'a plus d'effet.

Liste des sites soumis aux Lignes directrices pour les visites de sites

1. Île du Pingouin (Latitude 62° 06' S; Longitude 57° 54' O) ;
2. Île Barrientos, îles Aitcho (Latitude 62° 24' S; Longitude 59° 47' O) ;
3. Île Cuverville (Latitude 64° 41' S; Longitude 62° 38' O) ;
4. Pointe Jougla (Latitude 64° 49' S; Longitude 63° 30' O) ;

5. Île Goudier, Port Lockroy (Latitude 64° 49' S; Longitude 63° 29' O) ;
6. Pointe Hannah (Latitude 62° 39' S; Longitude 60° 37' O) ;
7. Port Neko (Latitude 64° 50' S; Longitude 62° 33' O) ;
8. Île Paulet (Latitude 63° 35' S; Longitude 55° 47' O) ;
9. Île Petermann (Latitude 65° 10' S; Longitude 64° 10' O) ;
10. Île Pleneau (Latitude 65° 06' S ; Longitude 64° 04' O) ;
11. Pointe Turret (Latitude 62° 05' S; Longitude 57° 55' O) ;
12. Port Yankee (Latitude 62° 32' S; Longitude 59° 47' O) ;

13. Brown Bluff, Péninsule Tabarin (Latitude 63° 32' S; Longitude 56° 55' O) ;
14. Snow Hill (Latitude 64° 22' S; Longitude 56° 59' O) ;
15. Anse Shingle, île Coronation (Latitude 60° 39' S; Longitude 45° 34'O) ;
16. Île du Diable, île Vega (Latitude 63° 48' S; Longitude 57° 16.7' O) ;
17. Baie des baleiniers, île Déception, îles Shetland du Sud (Latitude 62° 59' S; Longitude 60° 34' O) ;
18. Île Half Moon, îles Shetland du Sud (Latitude 60° 36' S; Longitude 59° 55' O) ;

19. Baily Head, île Déception, îles Shetland du Sud (Latitude 62° 58' S, Longitude 60° 30' O) ;
20. Baie Telefon, île Déception, îles Shetland du Sud (Latitude 62° 55' S, Longitude 60° 40' O) ;
21. Cap Royds, île Ross (Latitude 77° 33' 10,7 S, Longitude 166° 10' 6,5 E) ;
22. Wordie House, île Winter, îles Argentine (Latitude 65° 15' S, Longitude 64° 16' O) ;
23. Île Stonington, baie Marguerite, Péninsule antarctique (Latitude 68° 11' S, Longitude 67° 00' O) ;
24. Île Horseshoe, Péninsule antarctique (Latitude 67° 49' S, Longitude 67° 18' O) ;
25. Île Detaille, Péninsule antarctique (Latitude 66° 52' S, Longitude 66° 48' O) ;

26. Île Torgersen, Port Arthur, île Southwest Anvers (Latitude 64° 46' S, Longitude 64° 05' O) ;

27. Île Danco, canal Errera, Péninsule antarctique (Latitude 64° 43' S, Longitude 62° 36' O) ;

28. Seabee Hook, cap Hallett, Terre Northern Victoria, mer de Ross, site pour visiteurs A et site pour visiteurs B (Latitude 72° 19' S, Longitude 170° 13' E) ;

29. Pointe Damoy, île Wiencke, Péninsule Antarctique (Latitude 64° 49' S, Longitude 63° 31' O) ;

30. Zone réservée aux visiteurs de la vallée Taylor, Terre Southern Victoria (Latitutde 77° 37.59' S, Longitude 163° 03.42' E) ;

31. Plage nord-est de l'île Ardley (Latitude 62° 13' S; Longitude 58° 54' O) ;

32. Cabanes Mawson et cap Denison, Antarctique de l'Est (Latitude 67° 01' S; Longitude 142° 40' E) ;

33. Île D'Hainaut, port Mikkelsen, île de la Trinité (Latitude 63° 54' S; Longitude 60° 47'O) ;

34. Port Charcot, île Booth (Latitude 65° 04' S; Longitude 64° 02' O) ;

35. Anse Pendulum, Île de la Déception, îles Shetland du Sud (Latitude 62° 56' S, Longitude 60° 36' O).

Lignes directrices pour les visites de sites pour l'île Barrientos dans les îles Aitcho

Les Représentants,

Rappelant la Résolution 5 (2005) qui a adopté les Lignes directrices pour les visites de sites de l'île Barrientos dans les îles Aitcho ;

Conscients de la nécessité d'assurer la clarté du statut actuel de chaque ZSPA et ZGSA et de leurs plans de gestion, ainsi que de chaque SMH,

Préoccupés par les dommages importants causés aux vastes lits de mousse présents sur l'île Barrientos, dans les îles Aitcho, du fait d'une circulation pédestre régulière ;

Notant la souplesse offerte par le mécanisme des Lignes directrices pour les visites de sites pour permettre de réagir rapidement à des circonstances évolutives en matière environnementale et de gestion ;

Saluant l'effort de recherche et de suivi qui est mené sur le site et qui aidera à fournir l'information utile à de futures options de gestion ;

Reconnaissant que l'Association internationale des organisateurs de voyages dans l'Antarctique appliquera un moratoire sur les visites menées dans la partie centrale de l'île Barrientos, dans les îles Aitcho, parmi ses membres, au moins durant la saison 2012/2013 ;

Désirant, sur l'avis du Comité pour la protection de l'environnement, prendre des mesures à même d'assurer les meilleures conditions de reconstitution des lits de mousse et les meilleurs résultats de gestion possibles ;

Recommandent que :

- Les Parties prennent, dans le cadre de leurs systèmes juridiques et administratifs nationaux, des mesures visant à restreindre l'accès à la partie centrale de l'île Barrientos, dans les îles Aitcho (zone fermée B), pour leurs ressortissants et opérateurs, pour tout autre motif que la recherche scientifique et le suivi lié à la reconstitution du site ;

- Les Lignes directrices pour les visites de site du site de l'île Barrientos, dans les îles Aitcho, soient remplacées par de nouvelles lignes directrices pour les visites de site ;

- Les Parties actives dans la zone coopèrent pour la conception et la réalisation d'études, recherches et plans de surveillance appropriés, qui contribueront à formuler des décisions concernant les futures mesures de gestion, et transmettent des informations résultant de ces efforts à la 16ᵉᵐᵉ réunion du Comité pour la protection de l'environnement (CPE XVI) ;

- Le Comité pour la protection de l'environnement examine de manière plus approfondie la situation lors du CPE XVI ; et que

- Le Secrétariat du Traité sur l'Antarctique publie les nouvelles Lignes directrices pour les visites de site sur son site internet.

Régions de conservation biogéographiques de l'Antarctique

Les Représentants,

Rappelant l'article 3 de l'Annexe V du Protocole au Traité sur l'Antarctique relatif à la protection de l'environnement (le Protocole) qui prévoit la désignation de zones spécialement protégées de l'Antarctique ;

Rappelant en outre que le paragraphe 2 de l'article 3 de l'Annexe V prévoit que les Parties s'efforceront d'identifier ces zones dans un cadre environnemental et géographique systématisé ;

Rappelant également que la Résolution 3 (2008) recommandait que l'« Analyse des domaines environnementaux du continent antarctique », qui figure en annexe de cette Résolution, soit utilisée de manière systématique et de concert avec d'autres outils acceptés dans le système du Traité sur l'Antarctique, en tant que modèle dynamique pour l'identification de zones susceptibles d'être désignées comme zones spécialement protégées de l'Antarctique dans le cadre environnemental et géographique systématisé dont il est fait mention au paragraphe 2 de l'article 3 de l'Annexe V du Protocole ;

Saluant la classification des zones libres de glace du continent antarctique et des îles avoisinantes de la zone du Traité sur l'Antarctique en 15 régions de conservation biogéographiques de l'Antarctique distinctes, basées sur les analyses de données concernant la biodiversité spatialement explicites qui sont disponibles sur la base de données du Comité scientifique pour la recherche en Antarctique (SCAR) relative à la biodiversité.

Recommandent que les Parties :

Les régions de conservation biogéographiques de l'Antarctique qui figurent en annexe à la présente Résolution soient utilisées de concert avec l'analyse des domaines environnementaux et les autres outils acceptés dans le système du Traité sur l'Antarctique pour soutenir les activités utiles aux intérêts des Parties, notamment en tant que modèle dynamique pour l'identification de zones susceptibles d'être désignées comme zones spécialement protégées de l'Antarctique, dans le cadre environnemental et géographique systématisé dont il est fait mention au paragraphe 2 de l'article 3 de l'Annexe V du Protocole relatif à l'environnement.

Régions de conservation biogéographiques de l'Antarctique

L'utilisation des analyses quantitatives pour combiner les données spatialement explicites sur la biodiversité terrestre de l'Antarctique et les autres cadres spatiaux pertinents (une grille de 200 km x 200 km carrés, les neuf domaines libres de glace identifiés dans l'analyse des domaines environnementaux du continent antarctique, et les 22 bio-régions identifiées par le Programme du SCAR sur la sensibilité régionale aux changements climatiques (RiSCC)) a identifié 15 régions libres de glace biologiquement distinctes, qui englobent le continent antarctique et les îles avoisinantes de la zone du Traité sur l'Antarctique (voir le tableau 1). Une description complète des méthodes employées est fournie dans Terauds et al. (2012). Les régions de conservation biogéographiques de l'Antarctique, illustrées au graphique 1, représentent la meilleure classification de la biodiversité terrestre antarctique fondée sur les données actuellement disponibles sur la Base de données du SCAR relative à la biodiversité.

La couche des données spatiales représentant les régions peut être téléchargée, par le public, auprès du Centre des données antarctiques de l'Australie : *http://data.aad.gov.au/ aadc/portal/download_file.cfm?file_id=3420.*

Référence

Terauds, A., Chown, S., Morgan, F., Peat, H., Watts, D., Keys, H., Convey, P. & Bergstrom, D. (2012) Conservation biogeography of the Antarctic. *Diversity and Distributions*, 22 May 2012, DOI: 10.1111/j.1472-4642.2012.00925.x.

Tableau 1 - Description des régions de conservation biogéographiques de l'Antarctique

Région	Nom	Superficie (km²)
1	Nord-Est de la péninsule antarctique	1142
2	Îles Orcades du Sud	148
3	Nord-Ouest de la péninsule antarctique	5081
4	Sud central de la péninsule antarctique	4959
5	Terre Enderby	2152
6	Terre de la Reine-Maud	5502
7	Antarctique Est	1360
8	Nord de Terre Victoria	9522
9	Terre Victoria du Sud	10368
10	Chaînes transantarctiques	19347
11	Monts Ellsworth	2965
12	Terre Marie Byrd	1158
13	Terre Adélie	178
14	Terre Ellsworth	220
15	Sud de la péninsule antarctique	2990

**Graphique 1 - Carte de l'Antarctique sur les 15 régions
de conservation biogéographiques**

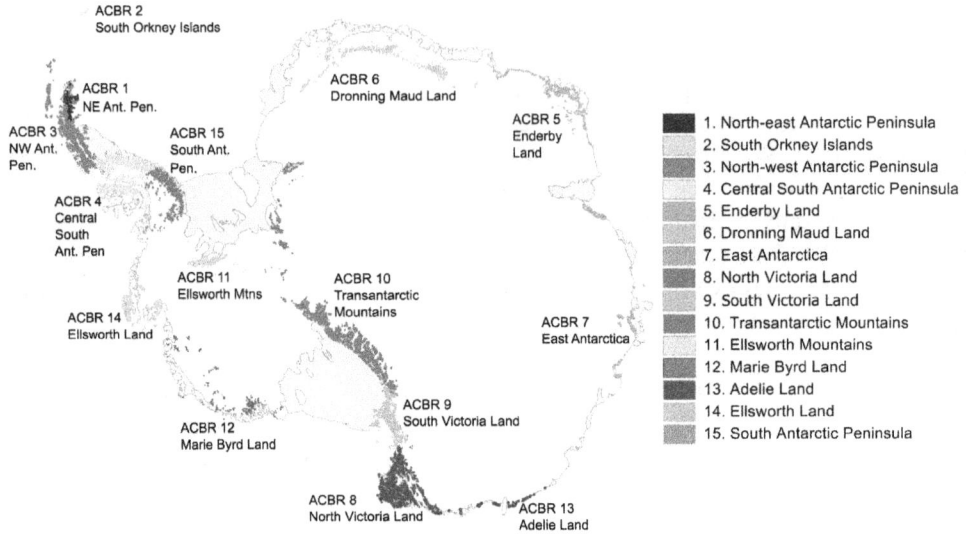

Source : Terauds et al.(2012)

Sécurité des navires dans la Zone du Traité sur l'Antarctique

Les Représentants,

Rappelant le Protocole au Traité sur l'Antarctique relatif à la protection de l'environnement et la Résolution 1 (2004) qui ont fortement appuyé les « progrès rendís possible par la Résolution 20/XXII de la CCAMLR qui exhorte ses membres se livrant à des captures dans les hautes latitudes antarctiques, à ne délivrer de licence de pêche qu'aux navires dont la classification pour la glace correspond à la norme ICE-1C » ;

Convaincus de la nécessité constante d'une protection globale de l'environnement en Antarctique et de ses écosystèmes dépendants et associés ;

Prenant note des préoccupations relatives à la persistance d'incidents impliquant des navires de pêche naufragés disposant d'une licence délivrée par des membres de la Commission sur la conservation de la faune et de la flore marines de l'Antarctique (CCAMLR) dans la région antarctique ;

Notant le rôle de l'Organisation maritime internationale (OMI) en ce qui concerne la sécurité des navires au niveau international ;

Rappelant en outre les autres actions prises par la CCAMLR, à l'appui de l'OMI en ce qui concerne les activités des navires de pêche opérant dans l'océan Austral ;

Réaffirmant le rôle de la réunion consultative du Traité sur l'Antarctique, afin de promouvoir la protection de l'environnement en Antarctique dans la zone du Traité sur l'Antarctique.

Recommandent que les Parties :

1. Continuent de développer sur le code obligatoire de l'Organisation maritime internationale pour les navires opérant dans les eaux polaires et participent

aux prochaines négociations relatives à l'Accord sur le Protocole de Torremolinos ;

2. Envisagent des mesures appropriées pour renforcer les normes de sécurité des navires de pêche qui battent pavillon pour les Parties et qui opèrent dans la zone du Traité sur l'Antarctique;

3. Rendent compte annuellement au Comité pour la protection de l'environnement sur les réponses apportées aux urgences environnementales impliquant des navires qui battent le pavillon d'une des Parties et qui opèrent dans la zone du Traité sur l'Antarctique conformément à l'article 17 du Protocole au Traité sur l'Antarctique relatif à la protection de l'environnement ;

4. Rappellent aux opérateurs dont des navires de pêche battent leur pavillon l'existence du Plan global de recherche et de sauvetage de l'OMI, et plus précisément d'exhorter les membres de la Commission sur la conservation de la faune et de la flore marines de l'Antarctique à fournir ou encourager les navires de pêche battant leur pavillon de rendre disponible leurs coordonnées et autres informations pertinentes au centre de coordination de sauvetage maritime compétent avant de pénétrer à l'intérieur de la zone du Traité sur l'Antarctique conformemente à la Résolution 33/XXX de la CCAMLR ; et

5. Encouragent les membres de la CCAMLR à mettre en œuvre la Résolution 20/XXII de la CCAMLR qui appelle les membres à n'autoriser que les bateaux de pêche dont la classification pour la glace correspond au minimum à la norme ICE-1C à opérer dans la zone du Traité sur l'Antarctique.

Résolution 8 (2012)

Amélioration de la coordination des opérations de recherche et sauvetage (SAR) terrestres, maritimes et aéronautiques

Les Représentants,

Préoccupés par la perte tragique de vies au cours de plusieurs incidents maritimes dans la mer de Ross et dans l'Océan Austral ces dernières années ;

Attentifs au fait que l'augmentation prévisible des activités humaines en Antarctique risquent de compliquer substantiellement les défis et risques associés aux opérations de recherche et de sauvetage (SAR) en Antarctique ;

Conscients de la nécessité de poursuivre les efforts pour prévenir des incidents ;

Rappelant l'engagement des Parties à la Convention internationale de 1979 sur la recherche et le sauvetage en mer et à la Convention de 1944 relative à l'aviation civile internationale, Annexe 12 – Recherche et sauvetage pour coopérer dans l'exécution de missions et d'activités de recherche et sauvetage (SAR) ;

Désirant renforcer la réussite et l'efficacité des opérations de SAR en Antarctique ;

Convaincus que des discussions par les Parties consultatives au Traité sur l'Antarctique des moyens d'améliorer la coordination en matière de SAR en Antarctique pourraient promouvoir la sécurité terrestre, maritime et aéronautique en Antarctique.

Recommandent que les Parties :

1. Convoquent un groupe de travail spécial qui se réunirait sur une journée complète le deuxième jour (actuellement programmé le jeudi 23 mai 2013) de la XXXVIème RCTA pour examiner les moyens d'améliorer la coordination

des opérations de recherche et de sauvetage en Antarctique qui inclueraient entre autres,

a. Une évaluation des risques et plans d'urgence ;

b. Une coordination internationale des opérations de SAR maritimes, aéronautiques et terrestres ;

c. Un établissement des meilleures pratiques et autres dispositions ;

et pour déterminer si un travail complémentaire à ce sujet devrait être entrepris par la RCTA et la nature de ce travail ;

2. Incluent des experts des questions de recherche et sauvetage (SAR) en plus du personnel des programmes antarctiques nationaux dans leurs délégations participant à ce groupe de travail spécial ; et

3. Invitent le Conseil des directeurs des programmes antarctiques nationaux (le COMNAP) à faire une mise à jour complète des actions qui ont été mises en place suite aux discussions des deux ateliers COMNAP/SAR « Vers une Meilleure Coordination et Réponse sur la recherche et le sauvetage en Antarctique » (Valparaiso 2008 et Buenos Aires 2009).

L'évaluation des expéditions à terre

Les Représentants,

Inquiets que des activités terrestres mal planifiées et mal conduites, en particulier celles entreprises dans les régions isolées de l'Antarctique, présentent des risques pour la sécurité de la vie ;

Convaincus également de s'assurer que les activités dans des zones reculées et dans celles les moins bien étudiées de l'Antarctique n'aient pas de répercussions négatives sur des caractéristiques environnementales uniques ;

Rappelant les principes environnementaux contenus dans l'article 3 du Protocole au Traité sur l'Antarctique relatif à la protection de l'environnement ;

Rappelant également la Résolution 3 (2004), Résolution 4 (2004), Résolution 5 (2007) et la Résolution 7 (2009) ;

Notant l'intérêt croissant pour les activités d'expéditions terrestres, en particulier à la suite des récents centenaires des expéditions d'Amundsen et de Scott vers le pôle Sud de 1911 et 1912 ; et

Désirant s'assurer que toutes ces activités soient évaluées d'une manière cohérente et approfondie, conformément à leurs procédures en matière environnementale, de sécurité et opérationnelle ;

Recommandent que :

Les Parties, conformément à leur droit national et de la manière qu'elles jugent appropriée, utiliseront les *Questions à prendre en compte dans le cadre du processus d'autorisation des activités terrestres non-gouvernementales en Antarctique* lorsqu'elles évaluent des propositions d'activités terrestres en Antarctique.

Questions à prendre en compte dans le cadre du processus d'autorisation des activités terrestres non-gouvernementales en Antarctique

La liste de questions suivante peut assister les autorités compétentes dans l'exécution des procédures nationales d'évaluation des projets d'activités terrestres non-gouvernementales en Antarctique. Cette liste a pour but premier de faciliter l'examen des activités terrestres afin de garantir la pleine conformité avec le Protocole relatif à la protection de l'environnement et d'autres instruments pertinents de la RCTA, y compris la mesure 4 (2004), la résolution 4 (2004), la résolution 7 (2009) et la résolution 3 (2011), le cas échéant.

Cette liste de questions n'est ni exhaustive ni prescriptive et elle n'est donnée qu'à titre indicatif. Certaines questions ne seront pas pertinentes pour chaque activité terrestre et les exigences attendues des missions régulières en Antarctique seront nettement différentes des activités exceptionnelles. L'autorité compétente de chaque Partie déterminera la manière dont elle souhaite employer cette liste de questions à examiner au cas par cas.

Questions environnementales d'ordre général

Questions fondamentales généralement pertinentes à toutes les activités terrestres :

- Les activités proposées sont-elles conformes aux principes relatifs à l'environnement de l'article 3 du Protocole sur l'environnement en termes d'échelle (nombre de participants, durée et portée de la zone opérationnelle, par exemple) et de type (c'est-à-dire le détail précis des activités) ?

- L'évaluation d'impact sur l'environnement (EIE) a-t-elle été élaborée conformément aux lignes directrices annexées à la résolution 4 (2005) et aborde-t-elle l'ensemble des activités à entreprendre en Antarctique, y compris celles de tout autre sous-traitant ou collaborateur des organisateurs des activités, lorsque ces opérateurs n'ont pas encore reçu l'autorisation d'une autre Partie du Traité ? L'EIE comprend-elle des activités alternatives offertes pour cause de restrictions météorologiques par exemple ? Les risques environnementaux ont-ils été identifiés pour tous les cas de figure et des mesures d'atténuation appropriées sont-elles prévues ?

- L'évaluation d'impact sur l'environnement précise-t-elle clairement les démarcations géographiques à l'intérieur desquelles se dérouleront toutes les activités proposées, en tenant compte des plans d'urgence et des zones opérationnelles alternatives potentielles (y compris l'emplacement de tous les camps, installations de stockage ou dépôts, ou encore l'itinéraires des traverses) ? Les organisateurs (ou l'autorité compétente) sont-ils informés d'autres activités qui peuvent se dérouler en parallèle dans la zone en question et comment les effets cumulatifs potentiels seront-ils évalués et pris en compte ? Des activités ont-elles déjà été menées dans la zone ou s'agit-il, dans la mesure des informations connues, d'une zone vierge ? L'activité proposée est-elle exceptionnelle ou est-elle susceptible d'être bientôt renouvelée au même endroit ?

- Les organisateurs des activités proposées font-ils preuve d'une compréhension satisfaisante en ce qui concerne les conditions environnementales de l'ensemble de la zone d'exécution des opérations (par exemple du fait de leur expérience passée ou en sollicitant des conseils auprès d'experts compétents) ? Des zones spécialement protégées en Antarctique (ZSPA), des zones gérées spéciales de l'Antarctique (ZGSA) ou des sites et monuments historiques (SMH) se trouvent-ils à proximité des activités prévues ?

- Les activités proposées ont-elles été planifiées conformément aux *Directives pour ceux qui organisent et conduisent des activités touristiques et non-gouvernementales en Antarctique* (recommandation XVIII-1(1994)) ? Existe-t-il des plans visant à garantir que les personnes souhaitant mener des activités en Antarctique sont pleinement conscientes des *Lignes directrices générales pour les visiteurs de l'Antarctique* (résolution 3 (2011)) et du *Manuel sur les espèces non-indigènes* (résolution 2 (2011)) ?

- Les pratiques de gestion proposées en matière de déchets et des eaux usées sont-elles appropriées au vu de l'échelle et de l'emplacement des activités proposées, et plus particulièrement les plans d'élimination des déchets lors de déplacements (il convient notamment de déterminer si les camps temporaires risquent d'être rapidement démontés) ?

- Les plans d'urgence comprennent-ils une disposition relative à l'enlèvement de l'ensemble du matériel en cas d'accident ou d'endommagement du matériel, ou en cas d'évacuation d'urgence ?

- Des mesures appropriées ont-elles été définies afin d'éviter l'introduction d'espèces non-indigènes par les membres des expéditions ou leur fournisseur de soutien logistique, s'il ne s'agit pas des mêmes personnes ?

Questions spécifiques, à considérer comme pertinentes :

- Existe-t-il des mesures détaillées relatives à la manutention du carburant, aux procédures de stockage et aux moyens d'éviter les déversements, y compris des procédures spécifiques à suivre lors du transport de carburant sur de longues distances ou lorsque le ravitaillement en carburant des véhicules ou aéronefs doit d'effectuer sur la glace ? (Le manuel sur les carburants 2008 du COMNAP peut servir à évaluer ces mesures) ;

- Si la proposition inclut l'utilisation d'un véhicule, quelles mesures ont été prises pour démontrer qu'il est adapté à la zone opérationnelle proposée ? Les véhicules proposés seront-ils utilisés dans des zones non enneigées ou libres de glace ? Dans l'affirmative, dans quelle mesure les impacts risquent-ils d'être plus que mineurs ou transitoires (p. ex. traces toujours visibles au terme de l'activité) ?

Plans d'urgence (y compris recherche & sauvetage et évacuation médicale)

Questions fondamentales généralement pertinentes à toutes les activités terrestres :

- Les activités proposées ont-elles été planifiées en conformité avec la Mesure 4 (2004) et / ou le paragraphe 1 de la Résolution 4 (2004), de sorte qu'il existe des plans d'urgence appropriés et des dispositions satisfaisantes en matière de santé et sécurité, recherche et sauvetage, soins médicaux et évacuation ? Ces plans d'urgence visent-ils notamment les situations liées aux intempéries, les urgences médicales et les défaillances techniques ?

- Les organisateurs sont-ils en mesure de prouver la souscription d'une assurance ou d'autres dispositions visant à assumer les coûts associés à la recherche et sauvetage, aux soins médicaux et à l'évacuation, conformément à la Mesure 4 (2004) et au paragraphe 2 de la Résolution 4 (2004) ? Les polices d'assurance font-elles toutes mention spécifique de l'Antarctique et des types d'activités couvertes par la police / les dispositions, que ce soit pour les organisateurs ou le reste des participants ?

- L'évaluation des risques établie par les organisateurs pour les activités proposées est-elle suffisamment détaillée en termes de recherche et sauvetage et évacuation (c'est-à-dire, identification des scénarios pouvant entraîner des activités de recherche et sauvetage et / ou une évacuation ; et plans précis du déroulé des actions pour chaque scénario) ?

- Les communications radio entre chaque composante de l'activité (véhicules, groupes, personnel médical et / ou logistique, etc.) et le camp ou les organisateurs ne se trouvant pas en Antarctique ont-elles été préparées et fonctionnent-elles ?

Questions spécifiques, à considérer comme pertinentes :

- Lorsqu'il est prévu que des activités se déroulent à l'extérieur du camp, des protocoles clairement définis sont-ils en place afin que les participants puissent se présenter régulièrement (p. ex. au moins une fois par jour) au camp ou auprès d'un contact désigné ailleurs ? De plus, le matériel nécessaire aux communications et aux activités sur le terrain et des dispositifs d'appoint seront-ils fournis avant le début des activités) ? Les activités à soutenir se déroulent-elles aussi près que possible du camp et cette situation est-elle satisfaisante ? Des opérations de recherche et sauvetage seront-elles automatiquement engagées après un délai prédéfini sans communications ? Dans le cadre des déplacements, tiendra-t-on un registre continu et régulier de la dernière position connue des participants ?

Santé et sécurité des participants aux activités

- Les organisateurs, ou les responsables désignés des activités en Antarctique s'il ne s'agit pas des mêmes personnes, ont-ils de l'expérience dans le domaine des opérations en Antarctique (ou autres milieux similaires) et une bonne compréhension des différentes conditions et exigences en Antarctique ? Quel matériel de sécurité sera mis à leur disposition et ce matériel convient-il au type et à l'échelle des opérations proposées ?

- Les organisateurs ont-ils identifié les risques potentiels à la santé et à la sécurité découlant de leurs activités en Antarctique ? Le cas échéant, tous les participants potentiels passeront-ils un examen médical afin d'évaluer s'ils sont physiquement aptes à mener les activités prévues ?

- Des procédures opérationnelles standard ont-elles été élaborées pour les cas d'urgence et les accidents, la santé et sécurité et les soins médicaux / de premiers secours ? Quel matériel médical sera disponible ?

- S'il y a lieu : combien de membres du personnel / instructeurs spécialistes du milieu polaire y'aura-t-il par rapport au nombre de participants moins chevronnés ? Ce chiffre est-il approprié et permet-il une couverture continue sur la durée de l'activité proposée ? Ou, lorsque des activités seront effectuées hors du camp, quelles dispositions permettront d'accéder rapidement aux soins médicaux ?

Questions spécifiques, à considérer comme pertinentes :

- Les organisateurs des activités potentielles qui se dérouleront en Antarctique sans l'encadrement ou le soutien d'un membre chevronné se conforment-ils pleinement aux paragraphes 3-7 des lignes directrices annexées à la résolution 4 (2004) (Annexe 1) ?

- Dans le cas des activités de groupe encadrées / assistées où les participants devront faire preuve d'endurance ou d'exercice physique soutenu (évalué selon les capacités des participants), quelles formation préliminaire et préparation spécifiques seront organisées et <u>tous</u> les membres devront-ils y participer (par exemple, conformément aux paragraphes 3, 5 et 6 de l'annexe I de la résolution 4 (2004)), même en présence de guides sur le site ?

- Dans le cas des activités de groupe encadrées / assistées où les participants devront faire preuve d'endurance ou d'exercice physique soutenu (évalué selon les capacités des participants), quelles dispositions seront mises en place afin de surveiller régulièrement le bien-être des participants (il pourrait par exemple être question d'établir des postes de contrôle pour les courses) ? Existe-t-il des procédures formelles en cas de désistement ou de renvoi des participants pour raisons médicales ?

- Pour les déplacements, un tracé général prédéfini (fixe) a-t-il été créé (sous réserve des imprévus) et, dans l'affirmative, a-t-on procédé à la reconnaissance et à la cartographie de ces tracés (en prenant soin de souligner l'emplacement des crevasses et d'autres dangers naturels) ? Les organisateurs ont-ils connaissance des dernières données météorologiques sur les tracés proposés ?

- Lorsqu'on emploiera des véhicules (y compris tous les engins à roues, à chenilles ou à skis, alimentés ou non, tels que les voitures, les motoneiges, les quads ou les « remorques tractées »), ont-ils été adaptés aux conditions antarctiques. À titre illustratif, seront-ils munis d'un radar au sol ou d'autres dispositifs de navigation et les conducteurs ont-ils suivi une formation leur permettant de s'en servir convenablement ? Y'a-t-il suffisamment de véhicules pour soutenir les activités proposées et quelles pièces de rechange appropriées seront transportées ?

- La perte d'un ou de plusieurs véhicules a-t-elle été prise en compte et cela mettrait-il des vies en danger ?

Lien avec d'autres autorités compétentes et Parties du Traité

- Conformément à la résolution 3 (2004), quelles autres autorités nationales pouvant s'intéresser aux activités ont été contactées (p. ex. sous-traitants, participants) ?
- Les activités proposées auront-elles lieu à proximité d'emplacements faisant l'objet de recherches scientifiques ou de stations scientifiques ? Quels programmes antarctiques nationaux pertinents ont été contactés ?

Éducation et vulgarisation

- Comment les activités viseront-elles l'enrichissement et l'éducation des visiteurs avant et pendant la période en Antarctique, conformément à la résolution 7 (2009) ?
- Les organisateurs ont-ils tenté de définir pleinement si les activités susciteront un intérêt public pour la protection de l'Antarctique (et si oui, comment), notamment en termes d'éducation et de vulgarisation, etc. ?

Lignes directrices relatives aux yachts

Les Représentants,

Rappelant la Résolution 1 (2003) concernant la fourniture d'avis aux propriétaires de yachts et navires au sujet du Protocole au Traité sur l'Antarctique relatif à la protection de l'environnement ;

Rappelant les travaux de la réunion d'experts du Traité sur l'Antarctique sur la gestion du tourisme maritime (Wellington, 2009);

Préoccupés par la sécurité des navires dans l'Océan Austral et par le risque possible d'accidents impliquant ces navires et par les préjudices qui en résulteraient tant pour les personnes que pour l'environnement;

Désirant faire avancer les questions de sécurité pour les opérateurs de yachts et les marins privés, afin de promouvoir les bonnes pratiques et de mieux protéger l'environnement;

Recommandent que :

1. Conformément à leurs droits nationaux et, de la manière qu'elles jugeront appropriée, les Parties utiliseront la *Liste de contrôle des éléments spécifiques aux yachts pour la préparation de voyages sûrs en Antarctique* lors de l'évaluation des visites de yachts proposées en Antarctique;

2. Le Secrétariat du Traité sur l'Antarctique (le Secrétariat) publie les *Lignes directrices relatives aux yachts pour les croisières en Antarctique*, telles que discutées par la réunion consultative du Traité sur l'Antarctique, sur son site internet;

3. Les Parties fournissent des détails au Secrétariat, afin de lui permettre de maintenir sur son site internet conjointement avec les *Lignes directrices relatives aux yachts pour les croisières en Antarctique :*

a) Les coordonnées des autorités compétentes nationales; et

b) Les coordonnées pertinentes des centres de coordination de sauvetage maritime;

Et que

4. Les Parties exhortent tous ceux qui envisagent d'entreprendre une visite en yacht en Antarctique à prendre en compte dans la planification de leur voyage, la *Liste de contrôle des éléments spécifiques aux yachts pour la préparation de voyages sûrs en Antarctique* et, le cas échéant, les *Lignes directrices relatives aux yachts pour les croisières en Antarctique*.

Liste de contrôle des éléments spécifiques aux yachts pour la préparation de voyages sûrs en Antarctique

Préambule :

L'Antarctique est l'une des destinations de navigation les plus isolées et les plus rudes des océans du monde. Les conditions météorologiques peuvent être extrêmes, la glace peut constituer un danger à tout moment et l'aide extérieure est souvent limitée en cas de difficulté. Toutes les expéditions en yacht prévoyant de naviguer au sud du 60ème degré de latitude Sud doivent être rigoureusement planifiées et préparées, et disposer d'un équipage composé de navigateurs expérimentés.

La liste de contrôle a pour but de faciliter la planification de ces opérations de navigation et de servir d'orientation quant aux normes applicables pour chaque opération de navigation en Antarctique. La sécurité du yacht et de son équipage relève absolument et inévitablement de la personne responsable, qui doit tout mettre en œuvre pour s'assurer que le matériel complet est à bord du yacht, que celui-ci est en état de naviguer et que son équipage est expérimenté, qu'il a suivi les formations nécessaires et qu'il est physiquement apte à affronter le mauvais temps et les conditions générales rapidement changeantes de la navigation en Antarctique.

Les yachts à destination de l'Antarctique doivent être complètement autonomes pour de très longues périodes, capables de résister aux violentes tempêtes et prêts à se retrouver en situation d'urgence grave sans compter sur aucune aide extérieure. Les diverses parties structurelles du navire doivent être fabriquées à partir de matériaux suffisamment robustes et ductiles afin de minimiser le risque de défaillance structurelle suite à un choc, un écrasement, une rupture fragile ou autre. Les yachts doivent être prêts à faire face aux chavirements et aux conditions de la mer et météorologiques extrêmes.

Les éléments de la liste de contrôle à appliquer par les parties prenantes ne remplacent pas les exigences des autorités nationales, les États du pavillon ou la règlementation internationale mais les complètent. Les yachts sont en outre tous tenus de se conformer aux règlementations pertinentes de l'OMI dans le cadre des conventions SOLAS et MARPOL et aux dispositions pertinentes qui s'inscrivent dans le Protocole sur l'environnement et les Résolutions de la RCTA, de même qu'aux exigences nationales applicables.

Préparation personnelle :

- S'assurer que les protocoles et règlementations relatifs à l'environnement du système du Traité sur l'Antarctique sont connus et bien compris.
    - Il faudrait envisager des visites dans les eaux de l'Antarctique au cours des mois de l'été austral et de préférence dans des zones à faible concentration de glace pour éviter les dangers. Seuls les équipages expérimentés et très

bien préparés devraient envisager de voyager pendant d'autres périodes de l'année ou dans des zones moins visitées.

- Consulter les sites Internet pertinents (Gouvernements nationaux, IAATO, OMI, et autres sites Internet recommandés par le système du Traité sur l'Antarctique) et d'autres sources d'informations relatives à l'Antarctique ; par exemple, publications techniques spécialisées.

- Les évaluations des risques pour toutes les activités planifiées doivent être préalablement fournies.

- Il peut s'avérer difficile de trouver des sites d'ancrage / de mouillage à l'abri du vent, des vagues / des marées et les glaces flottantes. Consulter les publications pertinentes et demander l'avis d'experts de la navigation en Antarctique afin d'identifier les zones les plus appropriées de votre voyage.

- L'expérience, la formation et les connaissances sont la base des décisions préalables à une expédition :

  - Impliquer des navigateurs expérimentés, particulièrement dans la navigation dans des hautes latitudes.

  - Assurer une autonomie absolue d'au moins deux semaines de plus que la durée prévue du voyage lors d'activités au sud du 60ème degrés de latitude Sud : cela demande un inventaire exhaustif de pièces de rechange et d'outils et par-dessus tout de savoir comment les installer / utiliser. Emportez une réserve suffisante de nourriture, d'eau potable et de carburant.

  - Il faut tenir compte du fait que l'Antarctique est une vaste zone isolée des services de recherche et sauvetage et que l'arrivée des secours peut prendre plusieurs jours voire semaines.

  - Ne pas uniquement s'appuyer sur des cartes et un positionnement GPS basé sur des cartes marines.

  - Étudier en détail les cartes marines de la zone de navigation envisagée.

  - Mettre à jour les coordonnées et les informations sur les centres de coordination des secours et leurs responsabilités et les contacter en temps opportun.

  - Formation à l'utilisation de l'équipement de premiers soins pour les membres de l'équipage et vérification des certificats nécessaires.

- Tout l'équipage et les passagers doivent être totalement informés sur les activités du navire, les procédures de sécurité, les considérations environnementales et la biosécurité.

  - Formation spécialisée pour les membres de l'équipage sur le navire et les techniques de navigation concernant des activités en haute latitude (par exemple, stages de survie en mer de l'ISAF). Les formations spécifiques de navigation dans les eaux glacées ou par conditions météorologiques extrêmes, associées à l'expérience personnelle, seraient particulièrement utiles.

- Rapports / informations :

    - Les procédures en vigueur qui s'inscrivent dans les législations nationales, y compris les rapports présentés aux autorités compétentes, doivent être organisées avant le départ pour l'Antarctique.

    - Soumettre à votre autorité nationale compétente un préavis comprenant les détails exigés de vos activités (dates et lieux de l'expédition prévue) à inclure dans le système électronique d'échange d'informations (SEEI).

    - Informer le centre de coordination des secours en mer (MRCC) compétent du tracé prévu pour votre voyage, de l'immatriculation du navire, du matériel emporté et du personnel à bord. Dans la mesure du possible, fournir à ce MRCC, ou à un navire situé à proximité en mesure de communiquer ces informations au MRCC, la position du navire à 08h00 et à 20h00.

    - Présenter un rapport post-visite aux autorités qui accordent les autorisations.

    - Les observations sur les conditions météorologiques et la glace devraient faire l'objet de rapports réguliers soumis au Programme d'observation facultatif.

Préparation technique :

- Structure des navires et équipements généraux :

    - Les types de coques devraient être solides. Les coques solides et robustes en métal sont préférables pour les yachts qui visitent régulièrement l'Antarctique. Se rappeler que la coque devrait être accessible de l'intérieur à des fins de contrôle des dégâts.

    - Le navire lui-même devrait être stable et capable de supporter des conditions météorologiques extrêmes et des grosses mers. Examiner l'étanchéité du navire. Les petits navires risquent de ne pas supporter ces conditions et de se renverser.

    - Tous les éléments à bord doivent être préparés pour supporter des conditions extrêmes ; ils doivent être protégés de manière à ne rien endommager s'ils se détachent.

    - Inventaire exhaustif de la trousse à outils et des pièces de rechange.

    - Les ponts devraient être équipés de contre-étais à harnais de sécurité et de points d'attache.

    - Mâts et gréements robustes sur les voiliers.

    - Voiles pour gros temps sur les voiliers (tourmentins, y compris une voile de cape et un foc de brise).

- Il convient d'emporter des coupe-boulons ou d'autres outils appropriés (par exemple cisailles hydrauliques) sur les voiliers afin de libérer un gréement cassé.

- Spécifications propres à l'Antarctique :

  - Spot de pont pour identifier la glace de nuit.
  - Radar.
  - Plusieurs embarcations de débarquement, si possible.
  - Moyens de lutte contre l'accumulation de glace sur le navire et le gréement en cas de gel.
  - Anti-gel pour temps froid pour le carburant.
  - Abris d'orage (contrevents ou plaques d'obturation) avec capacité de remplacer, couvrir ou réparer une écoutille ou une ouverture.

- Ancrage et mouillage :

  - Plusieurs jeux de dispositifs d'ancrage et des câbles doivent être emportés et ils doivent être adaptés à la taille du navire, au type de fond marin et à la profondeur probable des eaux qui seront rencontrées. Envisager une ou plusieurs ancres et chaînes plus lourdes que la norme habituelle pour la taille du navire.
  - Des équipements de littoral et autres associés / un bon appareil de mouillage sont recommandés dans la mesure du possible.

- Le matériel de communication (installé à bord du navire et portable à emporter dans les bateaux ou radeaux de sauvetage) :

  - Des systèmes de communication à longue portée : satellite (Iridium, Inmarsat) et / ou radio HF/BLU.
  - Radio maritime VHF pour communiquer avec d'autres navires et aéronefs en cas d'opération de sauvetage, y compris un ou plusieurs appareils portables à utiliser hors du navire.
  - Moyens adaptés pour recevoir des informations météorologiques et sur la glace.
  - De préférence deux 406 RLS (radiobalise de localisation des sinistres).

- Matériel de sauvetage :

  - Équipement de premiers soins complet tel qu'une trousse de secours de « catégorie A ».
  - Marquage maritime d'homme à la mer et équipement de récupération (par exemple, bouées fer à cheval jetables).
  - Radeaux de sauvetage (radeaux SOLAS avec pack « SOLAS A »), gilets de sauvetage (par exemple, ISO12042 partie 2 275N) ou vêtements de

survie et harnais de sécurité de capacité hauturière d'au moins 100 %. Une combinaison d'immersion ou de survie par personne à bord, compatible avec les gilets de sauvetage, devrait être embarquée.

- Transpondeur de recherche et sauvetage (SART) ou radiobalise de localisation des sinistres par GPS pour permettre de concentrer les efforts sur le sauvetage plutôt que la recherche en cas d'incident.

- Il est recommandé de posséder un système d'identification automatique (SIA) pour éviter les collisions d'une part et pour permettre aux aéronefs ou bateaux de secours de détecter le navire d'autre part.

- Les balises de localisation personnelle (BLP) ou appareils similaires tels que les balises « Homme à la mer » sur les plus grands navires, peuvent faciliter les opérations de sauvetage d'une personne.

- Extincteurs et couvertures anti-feu.

- Fusées éclairantes et autres dispositifs pyrotechniques.

- Paillet lardé ou matériau similaire à haler sur une partie endommagée de la coque.

- Torche portable.

- Bouchons coniques.

- Une échelle de coque ou une plate-forme robuste est fortement recommandée.

- Autre matériel nécessaire :

  - Carte marine adaptée, pertinente et mise à jour de l'ensemble de la zone du voyage prévu.

  - Système de navigation avec rappel historique.

  - Les autres systèmes de bord essentiels (c.à.d. pilotage, pilotage automatique) doivent être robustes et si possible avec système de secours (c.à.d. avec rappel historique).

Liste de contrôle pour les activités sur le terrain avec des visiteurs

Les Représentants,

Rappelant l'article VII du Traité sur l'Antarctique qui autorise la désignation d'observateurs chargés d'effectuer toute inspection, ainsi que l'article 14 du Protocole au Traité sur l'Antarctique relatif à la protection de l'environnement (le Protocole) qui prévoit que les inspections seront effectuées en vue de promouvoir la protection de l'environnement en Antarctique et des écosystèmes dépendants et associés, et d'assurer le respect du Protocole ;

Tenant compte de la Résolution 5 (1995) (*Listes de vérification pour les inspections dans l'Antarctique*), de la Résolution 4 (2008) (*Liste de vérifications pour faciliter l'inspection des zones spécialement protégées et des zones gérées spéciales de l'Antarctique*) et de la Résolution 3 (2010) (*Liste de contrôles « A » révisée pour les inspections dans l'Antarctique*) qui propose plusieurs listes de contrôles pour guider la planification et la conduite des inspections prévues à l'article VII du Traité sur l'Antarctique ;

Considérant la Résolution 7 (2009) (*Principes généraux du tourisme en Antarctique*) qui affirme que les Parties au Traité sur l'Antarctique devraient chercher à faire en sorte, dans la mesure du possible, qu'elles continuent de manière proactive à mettre en place des règlements relatives aux activités touristiques qui visant à établir un cadre cohérent pour la gestion du tourisme ;

Réaffirmant que les listes de contrôle pour les inspections sont utiles en temps que lignes directrices aux personnes qui planifient et conduisent des inspections sur la base de l'article VII du Traité sur l'Antarctique, et sont utiles pour évaluer la mise en œuvre des dispositions du Protocole ;

Notant que les listes de contrôle pour les inspections ne sont pas obligatoires et ne sauraient être utilisées en tant que questionnaires ;

Recommandent que :

Leurs gouvernements encouragent l'utilisation de la liste de contrôles ci-jointe pour les activités menées sur le terrain par des visiteurs.

Pièce A jointe : Liste de contrôle pour les activités sur le terrain avec des visiteurs

La liste de contrôle suivante vise à aider les inspections en vertu de l'article VII du Traité sur l'Antarctique et de l'article 14 du Protocole de Madrid.

Les questions contenues dans cette liste de contrôle sont destinées à compléter (sans toutefois remplacer) les informations qui ont été obtenues dans le cadre du mécanisme d'évaluation d'impact sur l'environnement, d'échanges d'informations, de rapports par les Parties et les experts à la RCTA et au CPE et des pratiques et procédures industrielles documentées (le cas échéant). Cette liste de contrôle n'est ni exhaustive ni prescriptive, et n'est destinée qu'à des fins d'orientation.

Sauf indication contraire, toutes les informations nécessaires pour répondre à ces questions seront obtenues à partir de sources sur le site (par ex. : entretiens + observation sur le terrain)

SECTION A. DÉTAILS DES INSPECTIONS

1. Lieu (nom du site inspecté)
2. Date et heure de la visite d'inspection
3. Mode de transport vers le site (mer/air/terre)
4. Nom et pavillon du navire (le cas échéant)
5. Le navire est-il conforme aux restrictions acceptées sur le nombre de passagers transportés jusqu'au site en question (relativement à la Mesure 15, 2009 et aux lignes directrices de site en vigueur pour les visiteurs)
6. Visite guidée/ organisation non gouvernementale/ autre opérateur (nom, nationalité)
7. Toute autre société impliquée dans l'opération (par ex. : exploitant de navire, voyagiste, sous-affréteur, prestataires d'autres services)
8. Affiliation à l'IAATO (oui/non)
9. Nom du responsable de l'expédition (ou personne chargée du débarquement des visiteurs)
10. Durée de la visite
11. Personnes menant l'inspection (nom, nationalité)

SECTION B. PRÉAVIS ET AUTRES EXIGENCES JURIDIQUES

12. L'activité a-t-elle passé par des procédures d'autorisation/de permis/d'évaluation sur l'environnement et une copie de l'EIE est-elle disponible ?
13. Identifier si elle était valable pour une ou plusieurs années et si elle couvre les activités d'une société à un ou plusieurs navires et sociétés.

14. Quelle Partie a fourni l'autorisation/le permis ou a administré les procédures d'évaluation sur l'environnement ?

15. L'activité a-t-elle été notifiée à la Partie au Traité appropriée ?

SECTION C. GESTION DU SITE

16. La zone est-elle soumise à des exigences de gestion particulières, comme des lignes directrices de site pour les visiteurs, un plan de gestion/des codes de conduite de ZSPA/ZGSA, des politiques internes de l'installation ou éléments similaires ?

Ces informations devraient être recueillies avant le déploiement de l'équipe d'inspection, auprès de sources hors du site, comme les sites internet du STA, de l'IAATO et des programmes nationaux.

SECTION D. GESTION DES INFORMATIONS

17. L'équipe d'expédition (navire de croisière/aéronef/autre) a-t-elle contacté l'installation (station, refuge, hutte, campement) avant l'arrivée afin de coordonner la visite ? (si nécessaire)

18. Le responsable de l'expédition (ou la personne chargée de débarquer les visiteurs) connaissait-il les dispositions générales du Traité sur l'Antarctique et de son Protocole sur la protection de l'environnement ?

19. Avant leur arrivée sur le site, les visiteurs ont-ils reçu des informations sur :

    • les valeurs présentes dans la zone et sur les manières d'éviter leur dégradation ? et sur

    • le contenu des lignes directrices et des documents de gestion pertinents sur le tourisme dans l'Antarctique ? (par ex. : lignes directrices du site pour les visiteurs, lignes directrices générales pour les visiteurs dans l'Antarctique, les règles de comportement et les engagements de la Recommandation XVIII-I ou du plan de gestion de ZSPA/ZGSA)

    Décrire les moyens par lesquels ces informations ont été transmises (présentation sur tableau, réunion d'information avant le débarquement, réunion d'information immédiatement après le débarquement)

SECTION E. DESCRIPTION DE LA VISITE

20. Nombre total de visiteurs débarqués au cours de la visite

21. Y avait-il plusieurs navires touristiques à la fois sur le site de débarquement ?

22. Pour les débarquements de navires, quel était le nombre maximal de passagers qui ont simultanément débarqué à terre ? (Noter que la limite doit être 100, à moins qu'un nombre inférieur soit spécifié dans les Mesures ou les lignes directrices de site de la RCTA en vigueur)

23. Le rapport minimal personnel/passager de 1:20 (sauf mention contraire dans les Mesures ou les Lignes directrices de site de la RCTA en vigueur) a-t-il été maintenu au cours de la visite ?

24. Quels types d'activités ont été menées par les visiteurs au cours de leur visite sur le site ? (par ex. : marches à terre, baignades en mer, natation, kayak, plongée, randonnées pédestres, trekking, escalade, camping, marathons, courses, snowboard, ski, deltaplane, observation de la faune et de la flore, etc.).

25. Fournir des détails sur toutes les mesures de gestion des visiteurs à terre ou de protection de l'environnement mises en œuvres au cours de la visite (par ex. : balises de zone temporaires pour guider les visiteurs, guides supplémentaires)

26. Décrire les mesures de sécurité sur place qui ont été mises en œuvre au cours de la visite (par exemple, si le navire/l'aéronef n'est pas en mesure de prendre les visiteurs à l'heure prévue)?

27. Les dispositions établies dans tout plan/code de conduite de ZSPA/ZGSA, politique interne des installations ou éléments similaires ont-elles été intégralement respectées ?

28. Les dispositions exposées dans toutes les lignes directrices de site en vigueur pour les visiteurs (par ex. : sites de débarquement préférables, plans de zonage, comportement à terre, notes de mise en garde, etc.) ont-elles été intégralement respectées ?

SECTION F. IMPACTS/CONDUITE DE LA VISITE SUR LE SITE

29. Avez-vous identifié au cours de la visite un incident ou un indice d'impacts directs causés par les visiteurs sur :

    • la flore et la faune du site ?

    • les valeurs du paysage et de la nature sauvage présentes sur le site ? (par ex. : piétinement de surfaces vierges, le fait d'avoir creusé des trous de baignade, construction d'un cairn, graffiti sur des rochers, etc.)

30. Décrire les procédures de gestion des déchets sur place qui ont été mises en œuvre au cours de la visite.

31. Selon les besoins et si cela n'est pas couvert dans les lignes directrices ou plans de gestion spécifiques du site, décrire comment la visite a été gérée afin d'éviter des impacts sur les sites et monuments historiques (y compris les éléments historiques immobiles et mobiles) présents sur le site.

32. Décrire les procédures mises en œuvre au cours de la visite pour éviter d'entraîner des perturbations aux activités scientifiques et/ou logistiques (ne s'applique notamment qu'aux visites des stations, refuges, huttes et campements).

SECTION G. INFORMATIONS SUPPLÉMENTAIRES SUR LES PRATIQUES ET PROCÉDURES POUR ASSURER LA SÉCURITÉ ET/OU LA PROTECTION DE L'ENVIRONNEMENT

33. Les pratiques ou procédures d'exploitation standards de l'industrie ont-elles été employées (si oui, préciser) ?

34. Les guides / le personnel de l'expédition étaient-ils accrédités conformément à des normes de formation spécifiques ? (Veuillez préciser)

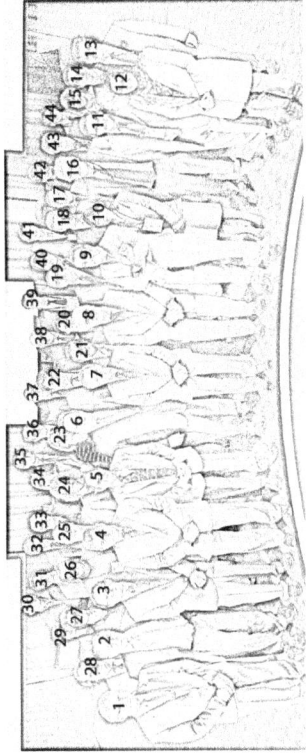

1 Andrew Jackson, Secrétariat du Gouvernement Hôte
2 Michel Rocard, France
3 Yeadong Kim, Corée (RDC)
4 José Olmedo Morán, Équateur
5 Rasik Ravindra, Inde
6 Evan T. Bloom, États-Unis
7 Richard Rowe, Président
8 Ariel Mansi, Argentine
9 Camilo Sanhueza, Chili
10 Masami Fujimoto, Japon
11 Yves Frenot, Président du CPE
12 Sharifah Zarah Syed Ahmad, Malaisie
13 Greg French, Australie
14 Fábio Vaz Pitaluga, Brésil
15 Michelle Rogan-Finnemore, COMNAP (Conseil des directeurs des programmes antarctiques nationaux)
16 Jean-Arthur Régibeau, Belgique
17 Serge Segura, France
18 Krassimir Stefanov, Bulgarie
19 Ismael Alonzo, Uruguay
20 Kim Crosbie, IAATO (Association internationale des organisateurs de voyages dans l'Antarctique)
21 Feng Gao, Chine
22 Dmitry Gonchar, Fédération de Russie
23 Helena Ödmark, Suède

24 Liisa Valjento, Finlande
25 Luis Quesada, Pérou
26 Andrii Gurzhii, Ukraine
27 Carolyn Schwalger, Nouvelle Zélande
28 Henry Valentine, Afrique du Sud
29 Olga Bula, Colombie
30 Miroslav Ondras, OMM (Organisation météorologique mondiale)
31 Stein Paul Rosenberg, Norvège
32 Warren Papworth, ACAP (Accord sur la conservation des albatros et des pétrels)
33 James Barnes, ASOC (Coalition sur l'Antarctique et l'océan Austral)
34 Jane Rumble, Royaume-Uni
35 Ryszard Sarkowicz, Pologne
36 Marcos Gomez Martinez, Espagne
37 Oscar Moze, Italie
38 Hugo Gorziglia, OHI (Organisation Hydrographique Internationale)
39 René J.M. Lefeber, Pays-Bas
40 Sönke Lorenz, Allemagne
41 Manfred Reinke, ATS
42 Mike Sparrow, SCAR (Comité scientifique pour la recherche antarctique)
43 Andrew Wright, CCAMLR (Commission pour la conservation de la faune et la flore marines de l'Antarctique)
44 Kamuran Sadar, Canada

www.ingramcontent.com/pod-product-compliance
Lightning Source LLC
Chambersburg PA
CBHW051407200326
41520CB00023B/7140